统一的前夜

秦始皇横扫六国

张前 著

辽宁人民出版社

© 张前 2025

图书在版编目（CIP）数据

统一的前夜. 秦始皇横扫六国 / 张前著. -- 沈阳：辽宁人民出版社，2025．1．-- ISBN 978-7-205-11367-4

Ⅰ．K220.9

中国国家版本馆 CIP 数据核字第 20247H420T 号

出版发行：辽宁人民出版社
　　　　　地址：沈阳市和平区十一纬路 25 号　邮编：110003
　　　　　电话：024-23284191（发行部）　024-23284304（办公室）
　　　　　http：//www.lnpph.com.cn

印　　刷：嘉业印刷（天津）有限公司
幅面尺寸：160mm×230mm
印　张：21
字　数：269 千字
出版时间：2025 年 1 月第 1 版
印刷时间：2025 年 1 月第 1 次印刷
责任编辑：赵维宁
封面设计：人马艺术设计·储平
版式设计：一诺设计
责任校对：吴艳杰
书　　号：ISBN 978-7-205-11367-4
定　　价：79.80 元

前言

秦朝是我国历史上一个极为重要的朝代。提起秦朝，大部分人的脑海里第一闪现出的便是秦始皇——一位饱受争议的帝王。但不能否认，秦朝正是在秦始皇的统治下得以建朝，中国亦是在秦始皇的统治时期完成了第一次大一统。秦始皇所创造的奇迹，足以说明他身上存在闪光点。

当然，秦始皇能够在短短十年间横扫六国，其中亦包含了秦国历任国君的艰苦奋斗和不懈努力。如果说这十年的时间，是秦始皇完成一统大业的准备时间，那么，秦国历任国君所奠定的基石就是秦始皇统一的"前夜"，因为没有这一块块基石的积累，秦始皇便无法做到在这么短的时间内，就完成一统大业。

秦朝能够创造辉煌，也能承受黑夜，它也曾历经波折，起伏动荡，走过极其艰难的岁月。自秦非子为周孝王养马，得到周孝王的赏识，并收获封地，以此开国。至公元前770年，秦襄公护送周平王东迁，立下大功，以关中之地，正式位列诸侯国。此间，秦国从默默无闻，险遭灭亡，被各国排挤一步一步地崛起、强大。

到了秦穆公时期，秦国终于迎来第一个黄金时代。在秦穆公的统治下，秦国的国力突飞猛进，其强盛的速度堪比如今的高铁速度，为秦国

统一的前夜：秦始皇横扫六国

的统一之路，奠定了一块儿坚固的基石。

之后的秦孝公时期，秦国迎来了第二个黄金时代。一个国家，要想得到质的发展，提高国力是重中之重，而提高国力的办法，就是改革。秦孝公重用商鞅，力排众议，在国内积极实行变法改革，也就是著名的商鞅变法。商鞅变法之所以会如此成功，是因为它符合当时秦国的基本国情，而非毫无章法的变革。自商鞅变法后，秦国的军事力量得到惊人的提高，国力的增强也是大家有目共睹的。当时的其他六国中，没有一个国家敢轻易挑衅秦国，即便是六国的力量集结在一起，在攻打秦国的军事上，也没占到什么便宜。

好景不长，秦孝公去世时，秦国的国力开始走下坡路，失去了往日的神采。直到秦昭王时期，才得以迎来第三个黄金时代。

秦昭王在位的五十六年时间里，致力于秦国版图的扩大。在穰侯与白起的辅佐下，蹈锋饮血，强而有力地削弱了其他六国的实力，为秦国完成统一大业，打下了雄厚的基础。

秦始皇继位后，秦国可以说基本上大势已定。在秦始皇的睿智决断下，王翦、王贲、蒙武等大将一路披荆斩棘，奋勇向前，以秋风扫落叶之势，横扫六国，结束了自春秋时期开始的五百多年的分裂局面，完成了我国历史上第一次大一统，建立了我国历史上第一个中央集权制国家，并创建帝制，中央行政机构以三公九卿为结构，全国范围内实行郡县制，从而维护了国家的统一，成为后来历代王朝所效仿的模板。

完成大业之后，秦始皇又完成了一系列的政治改革。首先把秦国的圆形方孔钱，作为全国通行的统一货币。这一举措无疑改善了原六国货币不通为经济发展带来的弊端；还有文字的统一，把简化的字体小篆，后来流行的隶书作为全国使用的标准字体，促进了人民之间的文化交流，也为我国的楷书字体奠定了基础；度量衡的统一、车同轨的规定、授田制的制定，都与人民日常生活息息相关，密不可分，经过统一的规定，为人民带来巨大的便利，使经济得到了稳定的发展。

除此之外，秦始皇也没有停下对外扩张的脚步，南平百越，北伐匈奴，使得我国的版图进一步扩大。

现在仍有很多人对秦朝、对秦始皇抱有强烈的主观看法，我们不能以现代盛世的眼光去看待过去的历史。当我们能够认真地去了解这个朝代，了解秦始皇，了解当时的历史背景，观念一定会有所改观，哪怕只是一点点，至少不要忽略秦始皇是头一次做皇帝，经验尚且不足，他也竭尽所能地想要建立一个盛世，一个千代、万代、世世代代相传的大业。

可以说，秦始皇所创造的功绩，以及秦朝为中国文化的开创奠基做出了任何朝代都无法比肩的辛勤实践。

目录

前　言 //001

第一章
擐甲挥戈　睥睨天下

一、一波三折初登场　//002

二、划时代的飞跃　//017

三、治世不一道，便国不法古　//042

四、法，治国之根本　//053

五、图强后的锋芒　//063

六、纵横之术引领风尚　//078

七、版图的扩大　//090

第二章
金戈铁马　蹈锋饮血

一、战乱中的合纵　//102

二、征战不断遇强敌　//114

三、威震楚国　//130

四、一场政治对决　//139

五、政乱于内，痛失战神　//153

001

第三章
卧薪尝胆 拨云见日

一、奇货可居　//176

二、秦始皇诞生　//188

三、秦始皇无法治愈的童年　//193

四、艰辛的亲政之路　//199

第四章
戎马倥偬 披荆斩棘

一、走向灭亡的先行国　//228

二、残喘的赵国　//237

三、临战而亲奸佞，邯郸沦陷　//243

四、燕国自食恶果　//247

五、调虎离山，魏国难逃厄运　//259

六、王翦、李信之争　//265

七、南方霸主的覆灭　//278

八、齐国心存侥幸却被辗轧　//291

九、唯一的小幸存，卫国　//297

十、横扫六国的辛路历程　//301

第五章
气吞山河 唯我独尊

一、千古一帝式的统一 // 314
二、秦始皇有话说 // 321

第一章

擐甲挥戈　睥睨天下

统一的前夜：秦始皇横扫六国

一、一波三折初登场

公元前221年，公历闰年，共366天，52周零两天，论天干地支则为庚辰，属龙。

这一年，看似普通，实则内有乾坤。

外国依旧战乱不断，第一次布匿战争结束后不久，迦太基便着手准备新的战争。汉尼拔为了夺回失地，制订了详细的战略计划，在征服的伊比利亚（西班牙）境内建立了一支强大的军队，越过阿尔卑斯山，从北面对罗马实施猛烈的突击，继而开始了第二次布匿战争。

安条克三世在其兄塞琉古三世死于意外后登上王位，在继位之初便铲除了朝中异己及各地不服王命的总督，继而确立了威信，并于此年发动了对托勒密王朝的战争，目标直指被托勒密控制的科勒叙利亚。此时的古埃及第三十一王朝的托勒密王朝第三位法老已经去世，他的儿子托勒密四世继任。这是发生于托勒密和塞琉古王朝之间的第四次叙利亚战争。

相较于外国的动荡不安，我国历史在这一年迎来了前所未有的飞跃。

该年为秦王二十六年，秦始皇统一六国，建立秦朝。

自公元前230年至公元前221年，秦国先后消灭韩、赵、魏、楚、燕、齐六国，完成了统一中国的大业，建立起第一个以早期汉族（华夏族）为主体的强大的多民族统一的国家——秦朝，定都咸阳，并创立了一套专制主义的中央集权制度。

弹指十年间，秦始皇终圆梦。然而这场梦并不是秦始皇一个人的，也是秦朝历代君主的愿望。曾经他们为了创立秦国、保住家园，也身陷险境；为了秦之壮大，也煞费苦心。正是有了历代君王、臣民不断地付出与奋斗，才为秦始皇消灭六国打下了坚固的基石，成就了统一大业。

而秦朝的建立并不顺利，曾遭遇各种危难，历经波折。

秦之先祖，可追溯到上古时期。

相传，秦人是大名鼎鼎的"三皇五帝"之一——颛顼大帝的后裔。

颛顼，姬姓，高阳氏，是黄帝的孙子，昌意的儿子。他的丰功伟绩流传已久，天下无人不知，无人不晓。

颛顼诞生于潺潺的若水河畔，因其在辅佐少昊（被尊为华夏人文始祖，以黄帝长子身份成为部落联盟首领）期间功勋卓著，而被赐予高阳（今河南省杞县高阳镇一带）作为封地。在少昊去世后，颛顼力克劲敌共工氏（源自炎帝血脉，祝融之子），成功登顶部落联盟首领之位。成为天下共主后，颛顼定都于穷桑，后经深思熟虑迁至商丘。

彼时，正值轩辕黄帝晚年，九黎部落盛行巫教，社会风气迷信鬼神，日常琐事乃至重大决策皆依赖于占卜，家家户户几乎都有从事巫术活动之人。面对此情此景，颛顼毅然决然地发起了宗教改革，他身体力行，虔诚地祭祀天地祖先，以此树立榜样。同时，他委任南正重——一位精通天文、深谙巫术之道的人，专职负责祭天事宜，以求和谐天地神灵；而北正黎则被赋予管理民间事务的重任，致力于引导百姓遵循自然法则生活，严厉禁止民间泛滥的占卜活动，逐步恢复了社会的正常秩序。

《史记·五帝本纪》中曾记载："帝颛顼高阳者，黄帝之孙而昌意之子也。静渊以有谋，疏通而知事，养材以任地，载时以象天，依鬼神以制义，治气以教化，絜诚以祭祀。北至于幽陵，南至于交阯，西至于流沙，东至于蟠木。动静之物，大小之神，日月所照，莫不砥属。"

从文中记载可以看出太史公对颛顼的评价很高。

颛顼性格比较沉静，遇事稳练，而且很有智谋，通达而知事理。他通晓因地制宜的原理，种植了不同种类的庄稼，养殖了很多不同的牲畜，根据天象推算四时节令，以适应自然的变化，还依从鬼神来制定礼义，并理顺四时五行之气，用来教化万民，诚敬祭祀。他曾北至幽陵，南至交趾，西至流沙，东至蟠木。视察所到之处，几乎所有问题都被他平定了，而且受到了部落民众的热情接待。

有如此闻名遐迩的先祖，秦人的历史起点也算是很高的了。

颛顼死后，帝喾即位，王位就这样一代代相传，但直到颛顼的后裔孙女女脩诞下男婴，秦人的历史才逐渐明朗。

传说中，一名女子正在自家院子中织布。突然，天空中出现一只玄鸟，拍打着翅膀，呼啸而过。女子听到声音，抬头看向天空，只见一枚玄鸟蛋从天而降。女子的瞳孔慢慢放大，嘴巴微张，而这枚玄鸟蛋不偏不倚，正好落入女子的口中。没过多久，女子便产下一名男婴。

这倒是很符合我国古代凡有大人物出生，就会有一些类似的、惊奇的怪象出现，比如刮风、下暴雨、冒香气、天上星星闪、到处放红光等等，以此来告诉我们，这个人可不是寻常人，史书上也都会有一些怪象的记载。

例如：光武帝刘秀出生当晚没有灯火，却有赤色亮光照耀整个房间；魏文帝曹丕出生时，天上出现青色云彩，形如车盖，终日环绕其上，望见祥云之人都认为这是至尊至贵的象征；明太祖朱元璋，他出生时，红光满地，夜间房屋中出现异光，以至于邻居以为失火了，跑来相救。诸如此类的异象还有很多。

女脩产下的这名男婴自然也绝非寻常之辈，她给自己的儿子取名为大业。大业是嬴姓部族第一位有名字的男性始祖。大业长大成人后，承继皋陶（上古时期华夏部落首领）的理司之职，推五刑以正民，立九德以安民，提倡五伦五教，制定了五种典章法规，完善刑罚，为各氏族部落和社稷立下了赫赫功勋。

大业还娶了少典部族的女华为妻,并生下一个儿子,取名大费。

虽然大业的出生极具玄幻色彩,在政绩上也较为显著,但他在历史上却不是很有名。他的儿子大费,要比他著名得多。

大费,又称伯益,最突出的贡献便是与禹一同治水。不仅如此,伯益在治水的过程中,还立下了其他功劳。

伯益根据被洪水侵袭的地方的地势特点,教百姓如何种植稻谷,从而促进了当时农业的发展。相传,伯益还发明了凿井技术。《淮南子·本经训》中曾说:"伯益作井,而龙登玄云,神栖昆仑"。大意是伯益凿出水井后,龙和神都视为天下发生的大变故,龙腾空乘云而去,众神跑回了昆仑山;《吕氏春秋·勿躬篇》中记:"伯益作井。"虽然是传说,但长期与水土打交道的人,更容易发现地下水的秘密,若是真的发明出凿井技术,也不足为奇。

据《史记·秦本纪》记载:"禹受曰:'非予能成,亦大费为辅。'帝舜曰:'咨尔费,赞禹功,其赐尔皂游(旌旗上的黑色飘带)。尔后嗣将大出。'乃妻之姚姓之玉女。大费拜受,佐舜调训鸟兽,鸟兽多驯服,是为伯翳。舜赐姓嬴氏。"

舜帝为了表彰禹的功劳,赐给他一块黑色的玉圭。禹接受赏赐时并没有独占功劳,他十分谦虚地向舜帝禀明,若是没有伯益的帮助,治水不会那么顺利。舜帝作为首领,臣子谦和是他所欣赏的,遇到人才,更是喜闻乐见。舜帝一并嘉赏了伯益,赐给他黑色的旌旗飘带,以示他的后代将会兴旺发达,并且把一个姚姓的贤德之女嫁给了他。伯益拜谢并接受了舜帝的赏赐,从此就为舜帝驯养禽兽、管理山林。

在伯益有条有序的管理之下,森林茂盛,禽兽大多被驯服。因此,舜帝十分欣赏伯益,并赐他嬴姓,以示赞许。

秦朝,从此便有了自己的姓氏。

舜帝十分看好禹,认为他德才兼备,便以实际行动向大家展示了什么叫"禅让制"，舜帝将帝位传给了禹。

舜帝去世后，禹并没有直接继位，他想让舜帝的儿子商均继位。奈何，天下诸侯只朝拜他一人，纷纷上前劝说，禹实在是没有办法了，才接下了帝位。禹的人品，大家有目共睹，对他更是打心底的臣服。

禹继位以后，伯益继续辅佐，治理水土、开垦荒地、种植水稻、凿挖水井。而且他时常在旁劝谏禹，凡事要有前瞻性，要思虑周全；不要违背法规制度，不可过度游乐享受，更不要为了去追求百姓的称誉、满足自己的欲望，做一些违背法例轨制的事情。

在处理民族矛盾方面，伯益也曾展现出他的远见。舜帝在世时，三苗族分崩离析，舜帝曾派禹率军出征，三苗族奋力抵抗，坚决不臣服。这时，伯益提议恩威并举，德武相济。禹接受了伯益的建议，当即撤军，实行文教德治。三苗族受到感化，终于归顺。

伯益的才高行洁、高瞻远瞩，深深地走进了禹的心里。禹在晚年时，也想效仿舜帝，将帝位传给伯益。

禹在东方视察时，于会稽山去世。虽然禹将帝位传给了伯益，但伯益并没有坐上帝位，他深知自己辅佐禹的时间尚短，在臣民之间难以服众。服丧三年后，伯益便把帝位让给了禹的儿子启，自己则隐居到箕山之南。

《史记·夏本纪》中有相关记载："帝禹东巡狩，至于会稽而崩。以天下授益。三年之丧毕，益让帝禹之子启，而辟居箕山之阳。禹子启贤，天下属意焉。及禹崩，虽授益，益之佐禹日浅，天下未洽，故诸侯皆去益而朝启，曰：'吾君帝禹之子也。'于是启遂即天子之位，是为夏后帝启。"

最终，由启继位，建立了我国第一个世袭制朝代——夏朝，定都阳城（今河南郑州登封）。从此，凡提到启，大都称为夏启。

至此，史书中对伯益的记载基本告一段落，但他并没有完全消失在历史中，他的后代，在夏朝和商朝时期都出现过不少名人。其中，较为关键的人物便是伯益的后代孙蜚廉（又称飞廉）。蜚廉之所以关键，完全是因为他的两个儿子：一个名叫恶来，一个名叫季胜。

秦国，源于恶来一族；赵国，则源于季胜一族。

史书中，对恶来、季胜的记载较少。只有《史记·秦本纪》中，有略微详细的记载："恶来有力，蜚廉善走，父子俱以材力事殷纣。周武王之伐纣，并杀恶来。是时蜚廉为纣石北方，还，无所报。为坛霍太山而报，得石棺，铭曰'帝令处父不与殷乱，赐尔石棺以华氏'。死，遂葬于霍太山。"

从一国源于一族不难看出，恶来与季胜所辅佐的帝王是不同的。恶来遗传了蜚廉力气大的特性，蜚廉擅长奔跑，父子俩凭借着这两项特长，为商纣王所重用。

商纣王，众所周知，绝对的反面人物，以暴虐、无德所著称。

周武王伸张正义、兴兵伐纣，浩浩荡荡的大军向商都朝歌（今河南鹤壁）进发。恰巧此时蜚廉正在为纣王出使北方。等他完成任务归来之时，发现儿子恶来与纣王都已死去。为了向死去的商纣王汇报工作，蜚廉竟然在霍太山筑起了祭坛，向纣王汇报工作成果。在蜚廉修建祭坛时，曾挖到一具石棺，石棺上刻着："帝令处父不与殷乱，赐尔石棺以华氏"。蜚廉死后，便埋在了霍太山。

周武王大胜，好在当时西周的政治文明程度较高，恶来的子孙并没有因他受到株连，否则，历史的长河中也就没有秦国什么事儿了。

恶来一族经历了女防、旁皋、太几、大骆四代之后，直到五世孙非子，才迎来了新的篇章。

而蜚廉的另一个儿子季胜，因为跟随的是周王，所以，在大家眼里是个正面角色，赵国便是季胜这一支衍生而来的。关于这一点，《史记·秦本纪》中也做了简略的记载："季胜生孟增。孟增幸于周成王，是为宅皋狼。皋狼生衡父,衡父生造父。造父以善御幸于周穆王……徐偃王作乱,造父为穆王御,长驱归周,一日千里以救乱。穆王以赵城封造父,造父族由此为赵氏。"

季胜一族,一直备受周王的青睐。儿子孟增,受到周成王的信赖,被称为"宅皋狼";皋狼的儿子衡父,被周穆王重用;衡父的儿子造父,即季胜的四世孙,比其父知名度高,周穆王对他十分赞赏。

造父曾师承著名车手泰豆氏,跟老师学习的过程中,天赋显露无遗,学了一身驭车的好本领,算是当时最好的车手了。因此,得到了周穆王的赏识。

史书记载,周穆王曾得到了骥、騄駬等八匹骏马,十分高兴,迫不及待地想要展示一下他的骏马,于是决定驾车西游。孰料车队走到半路时,部下匆忙来报,徐国趁周穆王巡游之际,发动叛乱。周穆王得知后,一脸怒容,当即命令车队掉头返回。造父得知情况以后,自告奋勇,做起了车手,以熟练的驭车技术,仅仅用了一天的时间,便把周穆王安全地送回了镐京。周穆王赶回的及时,得以平定叛乱。造父的驭车技术,令周穆王赞叹不已,便把赵城赏赐给了他,以做嘉奖。

从此,造父一族便以赵为姓,赵姓由此登场。

按辈分来讲,造父算是非子的叔父。叔父的成功,显然对非子产生了巨大的影响。他不甘落于人后,也想有一番作为。当时,非子居住在犬丘(西周时,被称为西犬丘,今甘肃礼县城东)。他喜好马匹和牲畜,而且还善于饲养。

在那个战乱的时代,马匹作为特殊的战略资源,重要性可想而知。非子仿佛也找到了通往成功之路,更加潜心养马。

这时的西周,是周孝王时期,也是西周逐渐走向衰败的时期。

由于屡遭西戎的侵扰,战争频发,所需的战马数量更是可观;祭祀,农耕也都需要大量优良健壮的马匹。马匹问题成为周孝王首先要解决的问题。

犬丘的人把非子善于养马的长处告诉了周孝王。周孝王欢喜万分，召见了非子，并派他在汧河、渭河一带管理马匹。在非子的悉心管理下，马匹得到了大量的繁殖。

周孝王为了奖励非子，于是把一小块叫秦的地方赐给了非子作为封邑，并让他接续嬴氏的祭祀，号称秦嬴。

秦国正式建立。秦朝的历史，也由这一块小小的封地，正式拉开了序幕。

非子成为秦国的第一任国君。

然而，这国君之位的背后，承载的是更多的责任。虽然秦国只是西周的一个附属国，但西周的边疆重任，着着实实地落在了秦国的肩上。

西戎，又称犬戎，（上古时期在西北地区的一个以犬为图腾的非华夏部落。）《汉书》中曾记："王室遂衰，戎狄交侵，暴虐中国。"对于当时的西周来说，西戎是一个巨大的外患问题。

周孝王五年，西周与西戎达成暂时的和解。但对于刚刚开国的秦国来说，是福是祸，全凭造化。

秦国已然成为周王室的先锋部队，如何处理与西戎部落的关系，是非子首要面临的难题。野蛮是西戎的代名词，跟他们打交道，要打起十二分精神，时时刻刻地提防着他们暗中乱来。当时的秦国，可谓是在刀尖儿上度日。

到了周厉王时期，发生了一件令非子十分痛苦的事情。非子哥哥的家族遭到了西戎的侵犯，几乎全族被屠。非子得知后，悲愤交加。血浓于水，西戎屠灭秦之亲族，就是与秦国结下了不共戴天之仇。而这份仇恨，延续到了秦国的后代。

公元前 827 年，即周宣王元年。此时的秦国经历了四代君主，作为第四任国君的秦仲，在周宣王中兴事业的感召下，主动请战，欲率军讨伐西戎，报亲族被灭之仇。

然而秦仲此举，确实草率了。以当时秦国的国力而言，想要征伐西戎，犹如天方夜谭。没有开始就注定了结局的战争，没有给秦仲带来一点儿惊喜。他的勇气在这场硝烟中没有带来任何加持，在西戎军势如破竹的反攻下，秦军一败涂地。

公元前822年，即周宣王六年，秦仲战死沙场，秦国全军覆没。

秦国，从开国到灭亡，仅仅数十年。这样的结果，任谁都没有想到。

当然，秦国的历史并没有就此结束。此事件只能作为秦朝历史中的一个重大转折点，转折过后便是绝地反击。

秦仲战死沙场，他的五个儿子逃到周都镐京。周宣王得知秦仲战死的消息，感到惋惜，并召见了他的五个儿子。周宣王被他们要为父报仇的勇气所感染，当即借出一支有七千人的军队，由秦仲的长子其掌管，以示对他们的支持。

秦仲死后，由他的长子其继位，是为秦庄公。

以当时西周的军力来说，周宣王绝对是"慷慨解囊"，足足借给秦庄公中央军十分之一的军力。

要知道借兵与借钱不同，兵借出去，基本是有借无还。周宣王也因此时的善举，得到了秦国对周王室的一颗感恩之心。在以后的岁月里，即便是周王室一步步走向衰落，辉煌不再，秦国仍念及周宣王的滴水之恩，勤王的义举就是秦国对周王室的涌泉相报。

七千兵力的军队，在秦庄公的率领之下，勇往直前，视死如归。西戎军见秦军如此阵势，被震慑住。曾被周王室视为最危险的敌人，在区区七千人的秦军面前，变得畏首畏尾，连连败退，最终败逃。秦庄公大获全胜，夺回了曾经失去的土地。

秦庄公在这场基本毫无胜算的反击战中，冷静自持，谋略过人，出类拔萃，可谓是全场最佳。

周宣王得知战果，难以置信，对秦庄公刮目相看，十分赞赏，决定要更加倚重秦庄公，以阻止戎人的再犯。为了表示对秦庄公的赞许，周宣王铁树开花，将他们先祖大骆的封地犬丘，赐给了秦国，并任命秦庄公升任西陲大夫。

秦庄公并没有被这场侥幸的胜利冲昏头脑，他知道接下来面对的局面，要比这场反击战严峻许多。国土的面积、人口的数量、国家的军力，都是需要身为一国之君的他带领整国臣民去拼搏的。

秦庄公这一搏，便是四十四年，可以说是秦国历史上一位十分伟大的君主。

随着周宣王的去世、周幽王的上台，西周离灭亡更近了一步。

公元前779年，周幽王命伯士为统帅，统领六个师的兵力，大举征伐六济之戎。结果周军惨败，统帅伯士战死沙场。周王室的军力已经很强大了，但是在与西戎的对战中，却屡战屡败，这足以证明了西戎的强大与凶猛。

秦国微弱的军力与之相比，更是微乎其微。相较于周王室，秦国幸运的是有一位顽强的君主在支撑着这个国家。秦庄公为了全身心地投入到与西戎的战争中，将朝中政事全都交由弟弟负责，自己则带着三个儿子，奋战在前线。

后世秦人以尚武而著称，锲而不舍、坚定不移的精神，正是在秦庄公的引领下注入到每个战士的灵魂中，这便是令人为之惊叹的秦国血脉精神。

长年累月的劳心劳力，致使秦庄公病逝。按照当时的世袭制，继承君位的应该是秦庄公的长子世父。但世父一生戎马，无心政治，心中唯一的目标便是为祖父报仇。他曾立下誓言："戎杀我大父仲，我非杀戎王则不敢入邑。"（《史记·秦本纪》）就这样，世父把君位让给了弟弟，自己继续奋战一线，血战沙场。

公元前 778 年，秦襄公继位。

随着时间的推移，西戎的势力日益强大，已然成为周王室政权的重大威胁。而秦国作为周王室的附庸国，肩上的责任更加沉重，面临的形势更加严峻。如何解决复杂的局面，是秦襄公继任后面临的主要问题。而秦襄公解决问题之法，颇符合古代王权贵族常用的一种社交手段，便是和亲。

很快秦襄公把自己的妹妹缪嬴嫁给了西戎丰王，希望以这段姻亲关系，来缓和与西戎日渐紧张的局面。

令秦襄公没想到的是，中间竟出了纰漏。公元前 777 年，即秦襄公二年，西戎突然发兵进攻犬丘，一心想要报仇的世父怎么可能错过这么好的机会，他亲自率领大军迎战，双方展开激烈的战斗，结果秦军惨败，世父更是沦为了西戎的俘虏。世父被关押了一年多后，西戎把他释放回国。成为西戎的俘虏是世父一生中最大的耻辱。

经过这场战争，秦国与西戎的战事暂时告一段落。休战对双方来说，绝对是百利无一害的。各自可以安稳地提升国力，百姓也能过上一阵消停日子。

只是，双方的休战，并没有给周幽王带来什么利益。相反，因为他自己的昏庸不作为，堪堪将自己的后路切断。

周幽王是中国历史上一个有名的昏庸君主。他的故事如果拍成电视剧，可以拍成很多集，其中最广为人知的就是"烽火戏诸侯"的故事。

周幽王的妃子褒姒很少笑。为了让褒姒笑，周幽王点燃了烽火，这是古代用来召集军队的信号。诸侯们看到烽火，以为有敌人入侵，纷纷带兵赶来。但到了之后，他们发现并没有敌人，褒姒看到诸侯们惊慌的样子，终于笑了。周幽王看到褒姒笑了，非常高兴，就多次故意点燃烽火。时间一长，诸侯们就不再相信这个信号，也不再响应了。

更离谱的在后头。周幽王竟为了改立褒姒为王后、伯服为太子，废掉了王后（申后）与太子宜臼，这简直是前所未闻之事。废后之举，让申后的父亲申侯大怒，随即与犬戎（西戎的一支）合谋进攻镐京。

周幽王因曾经的荒唐行为，诸侯们都拒绝出兵勤王。危难之际，是心怀感恩、不在诸侯之列的秦国伸出了援手。《史记·秦本纪》中简短的一句话，却包含了太多："秦襄公将兵救周，战甚力，有功。"

秦襄公始终记着当年若是没有周宣王的援助，恐怕秦国早已亡国。只是孤军奋战的力量有限，秦襄公没有救出周幽王，周都镐京最终被犬戎攻克，周幽王在骊山脚下被杀，这便是历史上著名的"骊山之变"。

骊山之变后，前太子宜臼继位，是为周平王。此时的镐京在这场浩劫中千疮百孔，破烂不堪。

公元前770年，周平王开始了东迁之路，决定迁都洛邑。随着周平王的东迁，我国历史上的西周时代已然结束，东周时代悄然开始。这是周王朝的一个历史性转折点。

曾经的天下共主，已没了往日的辉煌与尊贵，在诸侯并起、群雄争霸的时代，完全丧失了领袖的地位。

至此，天下不再是周天子一人的独角戏，我国进入到了波澜壮阔的春秋战国时代。

在各路诸侯忙着你争我夺、全力争霸的时候，只有秦国默默地守护周平王东迁，仿佛这场你方唱罢我登场的戏码跟自己无关。

周平王对秦襄公的义举是打心底的感激，想大方地赏赐一番，奈何囊中羞涩。周平王心想，自己好歹是天子，一定不能失了身份，只见他大笔一挥，封秦襄公为诸侯。周王室虽然已经落败，但名义上依旧是至高无上的天子，册封个虚名的权力还是有的。

别看这诸侯的名号是个虚名，也足以让秦国名正言顺地与东方诸侯们平起平坐。秦襄公也算是善有善报，起码让秦国摆脱了附庸国的称号，政治地位有很大的提升。

名号有了，得有相匹配的封地才是。让秦襄公大跌眼镜的是，周平王把岐山以西的土地赐封给了秦国。《史记·秦本纪》中，周平王是这样说的："戎无道，侵夺我岐、丰之地，秦能攻逐戎，即有其地。"岐西之地，早就被西戎占为己有。受封的地竟要自己去争夺回来，周平王此举，多少有点儿恩将仇报的意思。秦襄公心里就是万般不愿，也只能忍着。

公元前766年，即秦襄公十二年。秦襄公亲自率军，讨伐西戎。到达岐山后，不料秦襄公病亡，夺取岐西之地的重任便落在了他的儿子秦文公身上。

夺岐西之地，无疑是虎口夺食。为了摆脱空有诸侯之名，没有诸侯之地的尴尬局面，秦文公决定迎难而上，一场拉锯战就此展开。

直到公元前750年，即秦文公十六年，秦文公才大败西戎，得以夺回属于秦国的封地。

秦文公不仅为秦国赢得了尊严，也为父亲及自身荣耀添上了浓墨重彩的一笔。他吸纳了周朝遗民，壮大了秦国的实力，还成功地将秦国的疆域拓展至岐山之地。尤为难能可贵的是，秦文公展现出了诚信，他遵循与周天子的协议，仅保留了岐山以西的领土作为秦国的疆域，而将岐山以东的广袤土地无偿归还给了周王室。这一举动，让周王室在未经任何军事行动的情况下，意外地获得了大片土地。

秦文公夺回岐山以西的土地，也是秦国历史上的第一次领土扩张。不仅领土面积得到了增加，人口数量也有了大幅度的增长。在战火不断的时代，无论是军士需要，还是经济建设，人口都是极其重要的发展因素。周人本身的文明程度较高，有了他们的归入，也大大地提高了秦人的文化水平。

经此战，秦国暂时可以进入到一个相对稳定的时段，这也让秦文公有时间认真思考一下秦国接下来的发展。

秦文公勤勤恳恳、兢兢业业，在政绩上做出了很多努力。公元前753

年，即秦文公十三年，他设立了记载大事的史官。由于秦国所处的地理环境，文明程度的确不如东方诸侯。但是，在秦文公内心深处，不愿意让人认为秦国是毫无文化的诸侯，他在努力地改变现状；公元前746年，即秦文公二十年，他制定了诛灭三族的刑法。秦文公制定的律法看似野蛮、残酷，实际上也是自保的一种手段。秦国的生存环境十分恶劣，强敌环伺，之前是附庸国的时候，还有周王室作靠山，如今秦国只能依靠自己，稍有不慎，便有灭国之患。

在秦文公这一系列的举措之下，初步奠定了秦国的制度基础。

长期以来，秦国都是以附庸国的形式存在，在文化方面极其落后，经常被东方诸侯藐视。非子开国后，秦国的任务就是养马。自秦仲去世后，七十多年的时间里，基本都是为了生存而战斗。地狭人少，根本谈不上治理国家、制定法律法规等问题。成为诸侯国后，就不一样了。不仅地位得到了提升，人口、土地也得到了增长。所以，在国家治理方面，秦文公是绞尽脑汁，希望秦国可以赶上东方诸侯。尽管秦文公的制度建设有些粗糙、野蛮，但毕竟是从无到有，进步是显而易见的。

在秦文公五十年的在位期间，秦国也进入到一个较长的政治稳定期。同时，也给秦国埋下了一个隐患。由于秦文公在位时间过长，太子没有等到继位的时间，便英年早逝。秦文公只能把君位传给孙子，但是孙子年幼，这对秦国的政治稳定是非常不利的。

秦文公于公元前716年去世，因政绩卓越，他的谥号为"文"，这也是对他文治成就的肯定。秦文公去世后，年仅十岁的嫡长孙秦宪公（《史记·秦本纪》中唤作秦宁公）继位。

秦国终究是没逃过国君年幼，将引来政治动荡的魔咒，令人担忧的一幕还是出现了。执掌国家的权力落入到权臣大庶长弗忌、威垒、三父三人的手中。而这三人可以用一个词概括，便是奸佞。在他们的唆使下，长达三十六年没有与西戎迸发过大规模战争的秦国，与西戎开始了新一轮之战。

公元前714年,即秦宪公二年,秦军与亳戎(西戎的一支)交手,二者旗鼓相当。次年,秦军再次与亳戎开战,战果不错,亳戎首领战败而逃。

公元前704年,即秦宪公十二年,秦军再次征伐西戎小国荡氏。荡氏很快战败,被秦军收入囊中。

由此可见,秦国的战斗力相较于之前,有所提升。虽然文化相对落后,常被东方诸侯视为蛮夷,但这不能否定秦国在西方战斗中,对捍卫中原文明有着至关重要的作用。

随着秦宪公的去世,秦国内政的动荡更加白热化。《史记·秦本纪》中有简略的记载:"宁公卒,大庶长弗忌、威垒、三父废太子而立出子为君。"文中记载,秦宪公去世后,大庶长弗忌、威垒、三父这三位奸佞之臣,竟离经叛道,废黜太子,拥立秦宪公的幼子出子为国君,窃国之心显露无遗。岂料,年仅五岁的出子国君的宝座还没坐热,又被三人的政变从国君的宝座上拉了下来,最后小命都没能保住。

出子死后,三位奸臣没有停下脚步,为了继续把控朝政,积极物色下一任傀儡的人选。可笑的是,这次的傀儡竟是被废黜的前太子,即秦武公。

别看秦武公十几岁,年纪轻轻,却深沉得多。许是特殊的经历,让秦武公明白了圭角不露的道理,学会了韬光养晦,懂得隐藏自己的情绪,不动声色地培养自己的势力。

公元前695年,即秦武公三年,秦武公以暗杀出子为由,给这三位奸臣来一个措手不及,将这三人一并诛杀,并诛灭他们的三族。秦武公的出其不意,果断绝伐了结了后顾之忧,开始了慢慢亲政之路。

公元前688年,秦武公派兵攻打邽、冀两地的戎族,大获全胜,占领两地,并将两地设置为秦国的县。这是中国历史上第一次设立县制。

第二年，秦武公又将杜、郑两地设立为县，与此同时，消灭小虢国。此时秦国的国土，西起甘肃中部，东至华山，关中的渭水流域基本都在秦国控制的范围。

公元前678年，即秦武公二十年，秦武公去世，葬于雍邑的平阳。秦武公在位期间，为秦国开疆拓土，并设立县制，为后来秦国的郡县制奠定了稳定的基础。令人感到意外的是，一位在秦朝发展史中起着积极作用的君主，会因自己的离世，差点儿毁了自己的一世英名，他竟用六十六个活人为他陪葬。这无疑暴露了秦国的骨子里，或多或少存在的残酷本性，而这种本性的产生，跟秦国生存的环境是分不开的。

秦武公以活人陪葬之举确实令人咋舌，但好在他还有一丝的明智，为了秦国的政局稳定，他没有把君位传给自己的幼子，而是把君位传给了弟弟，即秦德公。然而，任谁都没有想到，秦德公仅仅在位两年，便撒手人寰，由他的长子秦宣公继位。

秦宣公在位时间也不长，仅十二年，于公元前664年去世。同样，秦宣公为了国家内政安稳考虑，临死前将君位传给弟弟，即秦成公。

自秦文公以后，秦国的国君大都在位很短的时间便去世了。秦成公也没能逃过这个厄运，仅在位四年便去世。他效仿哥哥秦宣公，把国君之位传给了弟弟，秦国终于迎来了历史上一位划时代的君主——秦穆公。

秦穆公继位之时，秦国的实力已经日渐强大，经过一百多年的拼搏努力，已然从一个小小的附庸国，崛起成为西部的一方诸侯。而这位划时代的君主，又会带领秦国走向怎样的未来呢？

二、划时代的飞跃

百年的星云变换，秦国迎来了一位划时代的君主，进入一个崭新的时期。然，无独有偶，在秦国为提高国力奋发拼搏时，其他诸侯国也不甘示弱，其中以晋国尤为突出。

秦穆公即位的时候，晋国的君主是晋献公。晋献公，晋国第 19 任君主，可以说是晋国崛起的推动者。在晋献公的治理下，晋国的声望得以大大地提高，实力不断地扩大，成为秦穆公登上君王宝座后，首要面对的强邻。

从表面上看，秦国、晋国各自发展、各自为营，但实质上却有千丝万缕的关联，而两国之间这微妙的关系，恰恰成为秦国将在以后掀起波澜的机缘。

俗语说："多个朋友多条路，多个敌人多堵墙"，以当时秦国的国力而言，若是多了晋国这堵"墙"，绝对没有益处。于是秦穆公煞费苦心找到了一条与晋国的相处之道，便是以联姻的方式缔结"秦晋之好"。联姻，在古代是一种较为常见的政治手段。秦穆公以这种方式，于公元前 656 年，迎娶了晋献公的女儿，史称"穆姬"。

政治婚姻，在大部分人的印象中，多半是没有爱情的，秦穆公与穆姬的联姻也不例外。虽然在这场政治婚姻中，秦穆公没能享有美好的情感，但是收获了一位在秦国发展道路上起着重要作用的奇才——百里奚（《史记·秦本纪》里记百里傒），史称"五羖大夫"。

百里奚为何被称为"五羖大夫"呢？若是无关紧要之人，自然不必理会，但他是秦穆公执政时期的重臣，更是为秦国发展做出重要贡献的人，其间的关系因果，往往便是历史的重点。

百里奚曾是虞国大夫，以贤能而闻名，奈何命蹇时乖、怀才不遇，虞国的国君昏聩无能，百里奚在虞国的日子并不得志。然而世间之事，瞬息万变，得失之间，幸与不幸，见心见性。百里奚幸运的是遇见了赏识他的秦穆公，不幸的是，这个过程过于难堪曲折。

百里奚能够在秦国得志，还要感谢不畏强势的虢国和视他为奴隶的晋国。

虢国虽小，却不容小觑，曾多次出兵攻打晋国。晋国在当时，已然成为军事力量十分强大的国家，连秦穆公都要想方设法缔结"秦晋之好"，而虢国对晋国的强大选择无视，屡屡挑衅。晋国看似不在乎虢国的屡次进犯，实则已暗暗制订讨伐虢国的计划，于是"假道伐虢"这出戏码上演了，虞国便是这出戏的最佳配角。

据《史记·秦本纪》中记载："（穆公）五年，晋献公灭虞、虢，虏虞君与其大夫百里傒，以璧马赂于虞故也。既虏百里傒，以为秦穆公夫人媵于秦。"

晋国欲借虞国之道，突袭虢国。百里奚获悉此事，极力劝阻虞国国君，万不可为晋国开启借道之门。谁承想虞国国君见钱眼开，任百里奚如何晓之以理、动之以情，都没能改变借道的事实。结果如百里奚所料，晋国乃虎狼之国，怎会放过唾手可得的虞国，在灭掉虢国后，转身毫不犹豫地将虞国一举歼灭。

虞国灭亡，百里奚成为亡国奴，晋献公则成为他要效忠的新君王。晋献公原有自己委以重任的文武大臣，自然不会瞧得上一个亡国大夫，当然，晋献公也没有想到一个亡国的大夫会有那般能耐，便随手将百里奚当作普通的奴隶打发到了秦国，以充当女儿穆姬的奴仆。

晋献公的无意之举，深深地伤害了百里奚的自尊心，想他一身才华无处施展，一腔热血被人无视，怎会甘愿被人当作奴仆？最终，百里奚做出一个改变后半生命运的决定，便是为自由放手一搏。

关于百里奚逃亡之始末，《史记·秦本纪》中有详细的记载："百里傒亡秦走宛，楚鄙人执之。穆公闻百里傒贤，欲重赎之。恐楚人不与，乃使人谓楚曰：'吾媵臣百里傒在焉，请以五羖羊皮赎之。'楚人遂许与之。当是时，百里傒年已七十余。"大意是，百里奚从秦国逃到楚国边境时，被楚人所抓。秦穆公听闻百里奚的才能，便想以重金将百里奚赎回，又怕重金会引起楚国的怀疑，毕竟在楚国的眼里，百里奚只是一个逃跑的奴仆，若是被楚国知晓百里奚的潜在价值，定不会轻易放人。于是秦穆公以五张黑公羊皮的价格，派人前去与楚人交涉。以一个奴仆换取五张黑公羊皮，对楚国来说，是稳赚不赔的买卖，他们自然接受，爽快地把百里奚放了。

《吕氏春秋·孝行览》中也曾记载："百里奚之未遇时，亡虢而虏晋，饭牛于秦，传鬻于五羊之皮。公孙支得而说之，献诸缪公，三日，请属事焉。缪公曰：'买之五羊之皮而属事焉，无乃为天下笑乎？'公孙支对曰：'信贤而任之，君之明也。让贤而下之，臣之忠也。君为明君，臣为忠臣。彼信贤，境内将服，敌国且畏，夫谁暇笑哉？'缪公遂用之。"秦穆公也曾犹豫过，百里奚是否值得这五张黑公羊皮，幸好有公孙支的举荐，百里奚得以机会在秦穆公面前展示了自己过人的智慧。自此，百里奚得名"五羖大夫"。

从史料的记载中可以得知，百里奚到秦国时，已是七十多岁。古人云："酒债寻常行处有，人生七十古来稀"，古人活到七十多岁已经难得，而七十多岁才被重用，更属不易。秦穆公的慧眼识得了百里奚，百里奚以过人的智慧回报秦穆公的赏识，给秦国带来了质的飞跃，促使秦国进入一个崭新的时代。

自秦国建国以来，秦国凭借满腔热血、勇猛果敢闯出了一方天地，但在政治、文化方面，尚有很多不足，属于半开化的水平。随着秦国土地不断扩大、人口不断增加，治理国家、完善制度、提升文明这些问题迫在眉睫，该如何解决这些难题，对统治者的执政能力是一种考验，更是一种要求。

这种情况下，百里奚充分发挥了自己的作用，他在治理国家方面经验丰富，卓识远见，使得秦国的政治文化水平有了明显的提升。

公元前651年，晋献公去世，晋国发生内乱。晋献公临终前曾嘱托大夫荀息辅佐骊姬的儿子奚齐继位，但大夫里克（《史记》中记李克）、邳郑欲接回公子重耳，并借助公子申生、公子重耳、公子夷吾的党徒作乱。里克找到大夫荀息，说道："三怨将起，秦、晋辅之，子将如何？"，荀息回道："吾不可负先君言。"（《史记·晋世家》）。荀息不愿违背晋献公的遗言，可是没能阻止里克杀害了公子奚齐、公子卓子和骊姬。

除掉晋献公传位的公子后，晋国还是需要新君，于是里克派人到翟国去接漂泊在外的公子重耳，没想到公子重耳不肯回国。里克只得又派人到梁国去接公子夷吾，公子夷吾想回晋国登上王位，可他身边的吕省、郤芮说："内犹有公子可立者而外求，难信。计非之秦，辅强国之威以入，恐危。"这是在劝公子夷吾，若是没有秦国的帮助，不要轻易回到晋国，晋国内有公子可以立为新君，还要到外面寻公子夷吾，其中怕是另有隐情。公子夷吾恍然大悟，派人到秦国请求帮助，并承诺："即得入，请以晋河西之地与秦。"（《史记·晋世家》）

乍一看，晋国内乱原本与秦国没有半点儿关系，但从史料的记载中不难发现，其中与秦国有着千丝万缕的联系。《史记·晋世家》中还记载："李克书曰：'诚得立，请遂封子于汾阳之邑。'秦穆公乃发兵送夷吾于晋。齐桓公闻晋内乱，亦率诸侯如晋。秦兵与夷吾亦至晋，齐乃使隰朋会秦俱入夷吾，立为晋君，是为惠公。"

秦穆公认为护送公子夷吾这事儿，得找个稳妥之人，百里奚是不二人选，于是就由他护送公子夷吾返回晋国。

公元前650年，公子夷吾成为晋国新任君王，史称晋惠公。晋惠公君王的宝座还没坐热，就下令处死了里克，并派邳郑前往秦国感谢秦穆公。让人惊讶的是，只是口头感谢，没有把当初承诺的河西之地送给秦国。

秦穆公的满怀热情，真诚相助，却换来了晋惠公的背信弃义，曾经那么努力地缔结"秦晋之好"，因为晋惠公的言而无信，两国关系出现裂痕。然而，让秦穆公更为接受不了的事情还在后面。

公元前648年，晋国遭遇大旱，百姓生活苦不堪言，到处都闹饥荒，于是晋惠公派人到秦国请求援助。正所谓"一朝被蛇咬十年怕井绳",秦穆公犹豫了,他把百里奚找来,询问百里奚的意见。百里奚说道:"夷吾得罪于君,其百姓何罪?"(《史记·秦本纪》)秦穆公听后,认为百里奚说的有道理,百姓是无辜的,随即便派人用船和车给晋国送去了粮食。

百里奚来自中原地区,受到中原地区民本思想的影响很大。而秦国由于地理位置的原因,民本思想这方面的意识就稍显落后。秦穆公在作出决策时,百里奚能够本着民意的立场出发,给秦穆公提供中肯的建议,这让秦穆公快速地发现民心向背对于一个国家的政治发展的重要性。所以,当三百多个百姓在岐山下偷吃了秦穆公的良马时,秦穆公以"君子不以畜产害人"赦免了他们的罪责。秦穆公的仁慈在不久之后便得到了回报。

晋国大旱向秦国请求援助,再次显出秦穆公作为一位英明领导者该有的"兼听则明"的特质,采纳了百里奚的意见,重视民生,伸出援手,从而赢得了民心,提高了秦穆公在中原各国中的名望。

然而,大自然的变幻莫测是我们无法预料的,正如荒歉与丰收是交替出现的这件事,我们难以掌控一样。

公元前646年,秦国发生饥荒,秉着互帮互助的想法,秦穆公派人去晋国请求粮食援助。按照正常人的办事风格,晋惠公应该毫不犹豫地伸出援助之手,尽最大的努力去帮助有恩于自己的人。然而,晋惠公并没有。不仅没有出手相助,还想趁着秦国粮食紧缺的时机派兵攻打秦国。

晋惠公把言而无信、背信弃义表现得淋漓尽致,在这样的君主统治下,晋国很难有实质性的发展,甚至会给晋国惹来不必要的麻烦。

晋惠公的所作所为,伤了秦穆公的心。这边秦穆公还没缓过来呢,晋惠公伸出欲望的小手,派兵攻打秦国。秦穆公得到消息后,勃然大怒,当即任命丕豹为将,亲自率领军队迎战。

秦军与晋军在韩原(今山西河津、万荣之间)交战,晋惠公一马当先,抛下自己的军队独自向前冲,欲与秦军争夺财物,谁知驾车的战马陷入泥潭中拔不出来。秦穆公领兵奋起直追,却反被晋军包围,两军交战时,秦穆公被伤。在这危急时刻,曾在岐山下偷吃秦穆公良马的众人为报秦穆公宽恕之恩,以身奋战,冲破了晋军的包围圈,秦穆公这才得以脱险,而深陷泥潭的晋惠公却被秦军生擒。秦穆公把晋惠公带回秦国,心中十分欢喜。

周天子和秦穆公的夫人穆姬听闻晋惠公被俘,纷纷前来求情,秦穆公不好驳了周天子的面子,又要顾及夫人的感受,最终同意将晋惠公放回晋国。晋惠公也终于履行承诺,献出晋国河西之地给秦国,并派他的儿子公子圉到秦国来做人质,以示求和的诚心。秦穆公为了掌控公子圉,再一次使用政治联姻的手段,将同宗的女儿许配给了公子圉,再次缔结"秦晋之好"。

自韩原之战后,秦国东面的领土已扩大至黄河,可以说韩原之战是秦穆公时期秦国崛起的关键。

当然,崛起只是秦穆公迈出的第一步。为了使秦国得到更好的发展,百里奚向秦穆公推荐了一位贤才,此人是百里奚的故友蹇叔。蹇叔的才能连百里奚都自愧不如。他为人低调,淡泊名利,深居简出,所以很少有人知道他的才能。

早年间,百里奚十分热衷于功名,经常游走于各诸侯国之间,希望以自己的才能博取功名,从而可以进阶到社会的高层当中。蹇叔却恰恰相反,他不愿向外人展露自己的智慧,更不想参与到世间的纷争中,有股子"本来无一物,何处惹尘埃"的清冷劲儿。正因为他的淡泊,所以他看待时局反而看得更加透彻、深远。

百里奚决定前往虞国寻求机会时,蹇叔就劝阻过百里奚,像虞国国君这样昏庸无道、刚愎自用的君主,绝非明主,跟着这样的君主不会得到出路,一身才智更是无处发挥,保不齐还会招来祸端,还需三思。此时的百里奚,一心求取功名,根本劝不住,铁了心地奔赴他自以为的光明未来。结果虞国被晋国所灭，自己也沦为亡国奴。

如今，百里奚得到了秦穆公的赏识和重用，总是能想起蹇叔曾经的帮助，百里奚不想让蹇叔的才智就这么被埋没，同时也为了感激秦穆公的知遇之恩，所以他向秦穆公举荐蹇叔。秦穆公一直求贤若渴，当即以重金礼聘蹇叔前往秦国，并拜为上大夫。

秦穆公的五张黑公羊皮，得到了超值的回报，不仅换来了一个百里奚，同时还得到了蹇叔，以及他们出色的儿子。百里奚的儿子名叫孟明视，又作孟明，蹇叔的儿子叫西乞术，在不久之后，他们会成为秦国的重要将领。

此时的秦穆公文有百里奚、蹇叔、公孙枝等，武有孟明视、西乞术、白乙丙三大将领，这些有勇有谋，有胆有识之才，实实在在地撑起了秦国人才的半壁江山。

有了人才的辅佐，接下来秦穆公致力于秦国的发展，只是，动荡的时代注定了没有安稳的日子。公元前637年晋惠公去世，潜逃回国的公子圉一跃成为晋国新任君主，被称为晋怀公。

"秦怨圉亡去，乃迎晋公子重耳于楚，而妻以故子圉妻。"（《史记·秦本纪》）秦穆公对于晋怀公潜逃这事儿耿耿于怀，于是从楚国把公子重耳护送回晋国，并把晋怀公在秦国的妻子嫁给了重耳。

公元前636年，公子重耳登位，成为晋国君主，史称晋文公。晋怀公仅在位几个月的时间就被暗杀了，倘若他当时没有私自逃走，也许结局会好一点儿。欲成事者，首先得能力超群，晋怀公明显高估自己了。

秦穆公助晋文公登上王位，秦、晋两国的关系暂时重修旧好，还来了一次军事合作。

在当时的历史背景下，除了秦、晋两国之外，楚国是实力最强大且个性十足的诸侯国。

楚国崛起的时间要比秦国和晋国都早，在西周中后期势力日益强大。

进入春秋时期后，实力更盛，成为名副其实的南方霸主，气势磅礴地出现在世人的面前。

人们惊叹于楚国的迅速崛起。在周代五等爵中，楚国被周天子列为最低一级的"子爵"，这对实力堪比周王室的楚国来说，是轻视，是侮辱，楚国君主不甘心居于他国之下，于是找到周天子，要求提升爵位，没承想竟被周天子一口回绝。周天子的拒绝激发了楚国君主的斗志，他没有委曲求全，相反，大刀阔斧地自立为王。

其他的诸侯仍被称为"公侯"，楚国的君主却已自称为"王"，与周王分庭抗礼，就算是周天子，也只能眼巴巴地看着，因为他没有阻止楚国的实力。自从楚国自立门户后，便不再受周王室的管制，自成一派。经过楚武王、楚文王两任君主的埋头苦干，楚国在楚成王执政时期，实力如日中天，楚成王不断地派兵北进，蚕食中原。

楚国来势汹汹，各诸侯不敢轻易出兵抵抗，放眼望去，能与之抗衡的，也只有秦、晋两国了。

随着秦国的发展，秦穆公的士气也越来越足，他清楚，倘若继续放任楚国蚕食，秦国也免不了成为楚国的目标。与其坐以待毙，不如主动出击。

公元前635年，秦穆公下令攻打楚国附庸国鄀国（今河南淅川西南）。晋文公收到消息后，当即派兵支援秦国。晋文公此举，有他的考量，他能顺利登上王位，最要感谢的人就是秦穆公，此时出兵支援，是为了还秦穆公一个人情。再者，楚国的意图十分明显，就是要称霸中原，若是秦国输了，单凭晋国一国之力，很难与楚国抗衡，到时只有被楚国打的份儿。本着"秦晋之好"的原则，晋文公这兵，得出。

附庸国的实力尚浅，无法抵御秦军和晋军的联合攻击，只能向楚成王求救。楚成王当即命将军斗克、屈御寇领兵赴鄀戍守。这次攻鄀，秦军采取较为冒进的战略决策，迂回绕过析城（今河南西峡）南下，渡丹江（今河南丹水），直逼商密。如果不能快速攻下商密，秦军将面临腹背受敌的不利局面。为震慑鄀国守军，秦军假冒鄀军战俘，制造出析城已被秦军占领的假象。随后又制造出驻守鄀国的楚将与秦军结盟的假象，鄀国误以为析城已失守，楚军已反叛，遂向秦军投降。楚将斗克、屈御寇被俘。

秦穆公以一招"无中生有"，不费一兵一卒，便轻松拿下鄀国，塑造了一个未经战斗，只靠智取的典型战例。攻鄀之战的结果，给了一向自视清高的楚国当头一棒，这让楚国很失颜面，对中原的攻势越来越猛烈。

为了阻止楚国的不断侵犯，不只秦穆公一个人在积极抵抗，晋文公也大力扩充兵力，储备军粮，做好迎击楚国的准备。

公元前632年，楚国派兵攻打宋国，宋国是一个实力相对弱小的诸侯国，如何能抵抗楚国的攻击呢？它只能派人向晋文公请求援助。随着晋国的参与，城濮之战的号角正式吹响。

城濮之战是一场晋国与楚国的较量，是诸侯国争权夺霸的战争。是关乎中原霸局的大战。秦国虽然不是以战争主角的身份参与其中，却也起到了坚强后盾的作用。

晋国当时并没有十足的把握与楚国正面交锋。于是采用"待天以困之，用人以诱之，往蹇来返"之计，先是出兵攻打依附于楚国的卫、曹两国，试图以此来迫使楚国从宋国撤兵。

晋文公的计策没能阻止楚国攻打宋国，反而让楚国的攻势更加猛烈。楚国毫无忌惮地继续进攻，不给晋国留一点儿情面，无疑是对晋国的一种蔑视。正所谓开弓没有回头箭，晋文公也不甘被楚国这么侮辱，只能正面迎敌，晋、楚大战便开始了。

其实，晋文公不是一个莽撞之人，只是在这场战役中，他的主角光环太重。他之所以敢迎战，是因为他身后还有秦、齐两国作为军事后盾。尤其是秦国，在之前的鄀国之战，秦晋两军就有合作，所以城濮之战，秦穆公派遣了小儿子子憖率军增援晋文公，驻师于城濮。晋国有了秦、齐两国的助阵，加上战略战术运用得当，一举击败楚国，大获全胜。从此，晋国一战成名，称霸一方。《左传·僖公》中对这场重要的战役有着详细的记载，但是对于秦军只提到了"秦小子憖次于城濮"这只字片语。

秦国在城濮之战中表现得不是很突出，毕竟不是它的主战场，但只要参与了过程，对它来说，就是有意义的，这是它迈向中原的第一步。

晋国借助秦、齐的军事力量，一跃成为强国。变强之后，就要残虐其他诸侯国，扩大自己的领土，这好像成为当时不成文的一个规矩。楚国是这样，晋国也是这样。击败楚国后，晋文公过度兴奋，欲借着胜利的势头，攻打郑国，走上楚国的蚕食之路。

晋国的飞跃，让秦穆公心里很不是滋味。晋国的侵蚀，让秦穆公心里产生了危机感。一时间，晋国曾经多次欺骗耍弄秦国、忘恩负义的行径涌入秦穆公的脑海里，一种搬起石头砸自己的脚的情绪涌上心头，秦穆公没有再支持晋文公的决定，并且撤走援军，还留下一支军队，帮助郑国守城。

秦穆公这一举动，让晋文公有些措手不及，更是引起晋国将军们的群情激愤，他们觉得秦穆公这么做是公然倒戈，完全不顾及晋国的面子，纷纷在晋文公面前煽风点火，提出截击秦穆公，灭掉秦军的主力军。

人往往就是这样，自己在变得强大时，认为旁人应该无条件地支持自己、顺应自己，一旦有一点儿违背自己的意愿，那就是对方的问题。晋国便是如此。当初秦国之所以主动出击攻打楚国的附庸国鄀国，是因为楚国不断侵蚀其他诸侯国，若是再不反抗，只能被打得满地找牙。如今秦国协助晋国战胜楚国，晋国马上就接替了楚国的位置，继续侵蚀，所以秦国不支持晋国也在情理之中，总不能让晋国变得肆无忌惮，反过来对付自己吧。再者，晋国之前的种种行径，已经在秦穆公的心里扎下了一根刺，如今晋文公的举动，也是将秦穆公越推越远。

统一的前夜：秦始皇横扫六国

好在晋文公及时转过弯来，没有像前任晋惠公、晋怀公那样背信弃义，恩将仇报，他不想与秦国交战，断然拒绝了将军们的提议，下令撤兵回国，放弃攻郑，但晋文公的心里对秦国也产生了变化。

战乱的时代，只有不断地吞食，没有谁对谁错，但不能所有的锅都由秦国来背。

公元前628年，晋文公去世，晋襄公继位，他毫不掩饰地、快速地与秦国撕破脸。秦国与晋国的关系已经临近冰点，两大军事强国势必要短兵相接。

秦穆公得知晋文公去世的消息，异常冷漠，甚至没有派人前去吊唁。在此期间，他计划着可以趁晋国国丧无暇顾及其他，偷偷派出一支军队，远征郑国。

秦穆公从郑国撤军时，曾留下一支军队，表面上是帮助郑国抵御晋国的攻击，实际上则是秦穆公在郑国内打下的一根楔子，为秦国重返中原做的准备。

秦穆公从始至终，都志在中原。

百里奚、蹇叔得知秦穆公要远征郑国，纷纷劝谏："径数国千里而袭人，希有得利者。且人卖郑，庸知我国人不有以我情告郑者乎？不可。"（《史记·秦本纪》）百里奚和蹇叔认为，途经数国地界，这样的远征是占不到任何便宜的。而且，既然有人能出卖郑国，难保秦国中不会有人把这个消息告诉郑国，所以，现在不可攻打郑国。

就地理位置而言，百里奚和蹇叔说的不无道理，秦穆公当时选择攻打郑国，确实不妥。秦国与郑国相隔甚远，中间隔了好几个国家，倘若出征，势必要远征。

在当时的历史背景下，不管哪个国家选择远征，都不是明智之举。看地图，感觉是件很容易的事，实际操作起来，却是困难重重。第一，没有便利的交通条件，若想攻打一个国家，得靠人的双腿、马的四肢，从耗时方面考虑，不值一试；第二，浩浩荡荡的人马车队，无保密性可言，势必引来不必要的关注以及敌方的防备；第三，将自己完全暴露在危险当中，简直就是活靶子，不仅敌方，旁人若想奇袭，易如反掌。

虽然秦国实力很强，但是远征的不可控因素实在太多了，几乎是不可能完成的任务。

然而，秦穆公没有听取任何人的意见，始终坚持自己的作战计划，并且做了充分的准备。秦穆公派出了最强领军阵容，孟明视为统帅，西乞术、白乙丙为副统帅，浩浩荡荡的军队向东进发，穿过晋国后，从周朝都城的北门经过，然后向滑国开进。不巧碰上了郑国商人弦高，弦高见秦军出现在此地，心中知道必定有大事发生，他害怕被秦军灭口，心生一计，当场献上他的牛，说："闻大国将诛郑，郑君谨修守御备，使臣以牛十二劳军士。"（《史记·秦本纪》）弦高假意顺承秦军，说郑国已经知道秦军在来的路上，郑国国君已经恭敬地做好了防备工作，派他先行在此等候，慰劳秦军。言外之意，你们这么大张旗鼓地行军，郑国早就知道你们的计划了，并做了完全的准备，你们不要太轻视敌人啊。

实际上，郑穆公对秦军的偷袭计划一无所知。

弦高见秦军没有怀疑自己，找机会派人报信给郑穆公。郑穆公收到消息后，立即派兵暗中调查驻扎在国内的秦军，发现他们已经全副武装，进入战斗准备，显然是要与远征军来个里应外合。气急败坏的郑穆公当即下了逐客令，把这支充当内应的秦军赶出郑国。

这边，孟明视、西乞术等将领收到密报后，认为计划已经败露，错失了绝佳的袭取时机，倘若继续孤军前行，没有援军，恐怕很难取胜，最后做出撤军的决定。但是，这几个将领很不甘心，准备得如此充分，没开打呢，就要开拔，换作谁心里都会不甘。他们怕无功而返会被嘲笑，更怕会被秦穆公责罚，于是，孟明视率领众人，顺手牵羊，把滑国给消灭了。而灭滑之举，给秦军带来了灾难性的后果。

统一的前夜：秦始皇横扫六国

秦国的远征军还在为灭滑沾沾自喜时，晋军已经悄悄出发，直奔崤山，欲截击秦军。

滑国，地处晋国边境。秦军灭滑之举，等于是打到晋国门前了，晋襄公勃然大怒，认为秦国这是趁晋文公之丧，来侵占晋国领土，早就想和秦国彻底撕破脸呢，现在机会从天而掉，即便国内办丧，晋襄公也不会放任秦军的行为。

"遂墨衰绖，发兵遮秦兵于殽，击之，大破秦军，无一人得脱者。虏秦三将以归。"（《史记·秦本纪》）晋军将丧服染黑，兵至崤山谷地埋伏，待秦军途经此处时，晋军一拥而上。长途跋涉已经让秦军疲惫不堪，面对晋军突如其来的攻击，秦军毫无还手之力。结果秦军惨败，全军覆没，孟明视、西乞术、白乙丙三名大将皆被晋军俘虏。

崤山之战，晋国轻而易举取胜，使得晋军气势大涨。这是晋襄公继位之后的第一场与秦国的较量，结果显而易见，秦国在崤山之战中受到重创，而晋国用实力再一次向世人证明了晋国的霸主之位。

崤山之战对春秋时期的历史产生了一定的影响。秦国作为少数几个能与晋国对抗的国家之一，经此一战，秦穆公深刻地反省了自己的异想天开，他知道要想实现称霸中原这个美丽的梦，莽撞是大忌。

晋军将俘获的三名秦将带回晋国。晋文公的夫人，被称为文嬴夫人，她是秦穆公的女儿，是一位很有头脑的女性。虽然嫁到了晋国，但骨子里流淌的仍是秦国的血，在她听闻有三名秦将被俘后，立刻找到晋襄公。文嬴夫人没有哭闹，而是很冷静地说："这三人害得秦国惨败，秦国国君对他们肯定恨之入骨，不如把他们放回秦国，秦国国君一定亲自处决他们。"晋襄公觉得文嬴夫人说得在理，他们几个回到秦国也是死路一条，他何不做个顺水人情，答应文嬴夫人的请求呢？于是，下令把孟明视等三人释放回秦国。

晋国元帅先轸得知后，十分恼怒，当着晋襄公的面便大发雷霆，认为晋襄公随随便便就把三虎放回山,将来肯定后悔。这时,晋襄公也意识到自己失策了,立刻派人前去追赶,但为时已晚。

回秦国的路上,孟明视等人的心里忐忑不安,羞愧难当,不敢想象回国后迎接他们的会是什么。任谁都不会想到,迎接他们的是身着白衣的秦穆公。据《史记·秦本纪》中载:"穆公素服郊迎,向三人哭曰:'孤以不用百里傒、蹇叔言以辱三子,三子何罪乎?子其悉心雪耻,毋怠。'"

没有怒发冲冠,没有降罪责罚,有的只是自省、鼓励、共勉。秦穆公这样的胸襟,这样的气魄,的确非常人所能及。孟明视他们几人被秦穆公的宽仁感动,满怀感激,从此肝脑涂地,誓死奋斗。

若干年后,当孟明视率领秦军讨伐晋国、西戎,以胜利的战绩凯旋时,就是他以实际行动交给秦穆公最好的答卷。

公元前624年,秦穆公任孟明视为将,率军讨伐晋国。有了充分的准备,孟明视率领大军,气势汹汹地向晋国进发。秦军刚渡过黄河,孟明视便下令烧毁了渡船,以表取胜的决心,若战败,不生还。

其实,在此战之前,孟明视为报崤山之辱,曾率兵攻打过晋国一次,不过那次亦是大败,所以孟明视的心里一直憋着一股劲儿。现在为了秦国,也为了自己,要血战到底。他亲自率领先锋部队,一路势如破竹,过关斩将,终将晋军击败,攻下了王官(今山西闻喜南)和鄗地(今山西闻喜西),一雪崤山之战的耻辱。

一个国家的领导者,要有容纳百川的胸怀,亦要有审己视人的智慧,方显君王之风范。

西戎的使者由余前往秦国拜访秦穆公,两人之间曾发生了这样一次对话。《史记·秦本纪》中对秦穆公与由余的对话作了详细的记载:"穆公怪之,问曰:'中国以诗书礼乐法度为政,然尚时乱,今戎夷无此,何以为治,不亦难乎?'由余笑曰:'此乃中国所以乱也。夫自上圣黄帝作为礼乐法度,身以先之,仅以小治。及其后世,日以骄淫。阻法度之威,

统一的前夜：秦始皇横扫六国

以责督于下，下罢极则以仁义怨望于上，上下交争怨而相篡弑，至于灭宗，皆以此类也。夫戎夷不然。上含淳德以遇其下，下怀忠信以事其上，一国之政犹一身之治，不知所以治，此真圣人之治也。'"秦穆公以为，中原各国普遍借助诗书礼乐与法律来处理政务，可是也会经常出现祸乱的现象，而西戎文明程度低于中原各国，国家治理起来会更难。

由余是晋国后裔，因先祖逃亡到西戎，所以他一直生活在西戎，并得到西戎的重用，因此他非常熟悉中原文化和游牧文化之间的区别。由余认为，正是因为诗书礼乐和法律这些客观的存在，中原各国才会发生混乱。自上古开始，圣人黄帝创制了礼乐法度，并贯彻执行，实现了一段太平日子。然而到了后代，中原文化看似得到发展，但一些国家在富强后，国君变得骄奢淫逸，仗着法律制度的威严来要求和监督民众，却不会反躬自省，导致国家上层和下层产生分裂，造成内乱。而戎族文化则不然。戎族物质文化并不发达，所以贫富差距也不大，他们对统治者怀有淳厚的忠信，以绝对服从为天职，具有高度的凝聚力和向心力。因此他们上下一心，十分团结。

秦穆公听后，如梦初醒，认为由余是个贤能之人，遂聘由余为宾客。自此，秦穆公改变了立国战略，不再致力于向中原发展，而是向戎狄发展，大力吸收戎族文化。

《史记·秦本纪》中记载，秦穆公时期，秦国开始伐戎，"益国十二，开地千里，遂霸西戎"。公元前623年，秦穆公采用由余的计策，派兵出征，攻打西戎。以雷霆之势，包围了绵诸，并活捉了绵诸王。秦军乘胜追击，使二十多个戎狄小国臣服于秦国。从此之后，戎族在秦国人口中的比例有所上升，而西北少数民族的强兵良马则成为秦军的有生力量。

秦国在短暂的时间里，开拓土地千里，国界南至秦岭，西达狄道，北至朐衍戎，东到黄河，终于成为西部真正的霸主，傲视西方。秦国发展之速度，令东方诸侯对秦国刮目相看，惊叹不已。

秦国称霸西方，是华夏攘夷战争的伟大胜利。在华夏诸侯一系列攘夷战争中，秦国取得的成就无人可以企及。自此，西戎不敢再滋扰中原，中原诸侯也能跟着过上安稳日子了。所以，中原诸侯的安稳是因秦国的奋战而来。

凭着在西方攘夷的伟大功绩，秦穆公当之无愧地被列为春秋五霸之一。

秦国地处陇西，政治文化相对于中原地区会落后一些。秦穆公执政前，秦国几乎是默默无闻的小透明，徘徊于附庸国之列，史书中对秦国历史的记载也稍显简略。但从秦穆公执政伊始，秦国的国力有了实质性的变化。这跟秦穆公任人唯贤有很大的关系，他用人不以宗亲、地域、国家、身份为标准，唯才能以依据。即便是任用外来的人才，他仍能做到用人不疑，委以重任，将贤能之士的能动性发挥至极，从而有效地促进了国家政治文化的提高，及军事行动的成功。比如，以五张黑公羊皮从楚国赎回的百里奚，百里奚举荐下的宋国蹇叔，自晋国逃到秦国的丕豹，还有西戎的由余，他们都是外臣，都得到秦穆公的重用，都在秦国这片土地上发光发热，都在为秦国的明天而奋斗。正是有了这些贤能之士的辅佐，才会有秦穆公两次干涉晋国内政，扶植晋国君主，取得河西之地，称霸西戎的壮举。

秦国的国力有了质的飞跃，地位也得到了飞升。当时的秦国，是唯一一个能与晋、楚抗衡的国家，势力稳居前三。此外，秦穆公开秦国任用客卿制度之先河，为之后的秦国以及秦朝任用外国能人为高官提供了范例。

在这位划时代的君主领导下，秦国得以有了质的飞跃，为之后秦国统一六国打下了坚实的人才制度基础。所以说，秦穆公的时代，是秦国的第一个黄金时代。

公元前621年，秦穆公去世，秦康公继位。这位新任君主刚上位，

统一的前夜：秦始皇横扫六国

就差点儿葬送了秦穆公的隽誉，及秦国的未来。

秦康公或许是为了表达对秦穆公的尊敬，或许是为了让天下人看到他对秦穆公的尊敬，竟以一百七十七个活人为秦穆公殉葬。

殉葬，是中国古代文明史中残暴的制度之一，在西周和春秋时期极为盛行。战国时代思想家墨子曾在《墨子·节葬》篇写道："天子杀殉，多者数百，寡者数十；将军大夫杀殉，多者数十，寡者数人。"揭露了当时社会上流阶层的这一恶习。

在战国七雄中，秦国文化相较于中原六国，是相对野蛮、较缺乏人道主义精神的，这跟秦国所处的地理位置及相对落后的政治文化水平有很大的关系。

据考古资料显示，陕西凤翔雍城发掘出土的秦公1号墓，墓主秦景公，是秦穆公的四世孙，墓中被殉葬者竟有一百一十六人之多。

《诗经》中有一首诗歌名为《黄鸟》："交交黄鸟，止于棘。谁从穆公？子车奄息。维此奄息，百夫之特。临其穴，惴惴其栗。彼苍者天，歼我良人！如可赎兮，人百其身！交交黄鸟，止于桑。谁从穆公？子车仲行……交交黄鸟，止于楚。谁从穆公？子车针虎……"

大意是说，一只鸣叫的黄雀飞来，落在了枣树上。谁将要为穆公殉葬？是子车家的长子，名叫奄息。奄息是百里挑一的杰出人物，但当他站在穆公的墓前时，仍然感到害怕，心中充满了悲伤。那辽阔的天空啊，我们的好人就这样被无端地杀害了！

诗中提到的子车氏三子奄息、仲行、针虎兄弟，史称"车氏三良"，是当时著名的良臣，秦穆公死后，他们的名字赫然出现在殉葬名单中。据《史记·秦本纪》中载："穆公卒，葬雍。从死者百七十七人，秦之良臣子舆（车）氏三人名曰奄息、仲行、针虎，亦在从死之中。秦人哀之，为作歌《黄鸟》之诗"。

秦国的殉葬制度是从秦武公时代开始的，秦武公去世时，曾以六十六个活人为他殉葬。而殉葬的人数，不知道何时与君主的功绩成了正比，所以秦康公会以为一百多人的殉葬才配得上秦穆公的功绩，简直是愚蠢至极。

秦穆公无疑是一位伟大的君主，他励精图治，任人唯贤，有海纳百川的胸襟，有深惟重虑的远见，有运筹帷幄的谋略，断然不会做出殉葬这事儿，尤其他那么惜才，更不会让良臣为他殉葬。这世上总是有一些人，为了一己私利，在一国之君的交替之际，达成自己不可告人的秘密，因为只有这个时机，才最不会引起他人注意。

秦康公自以为的忠孝之举，实实在在地给秦国的未来蒙上了一层阴影。

百里奚、蹇叔等外来人民的辅佐是秦穆公功绩中不可或缺的重要因素。然而，当贤臣也被当作陪葬品活埋时，足以让任何一个想到秦国发展的外国人望而却步。没有人会希望在为秦国奉献自己的才能后，还要成为陪葬品。自此，东方的有智之才不愿再踏足秦国这片土地。秦穆公辛辛苦苦带动的秦国，一下子又回到了人才缺乏的时代。

直至秦献公登台，废除长达三百年的殉葬制度，秦国才得以见到曙光。

韩、赵、魏三国原本都属于晋国。春秋时期，晋国自晋文公称霸后，在很长一段时间里，都是一个超级强国。倘若没有晋国，南方的楚国早就北上，消灭其他国家了。正因为晋国的存在，所以才能维持春秋的格局，但也正因为晋国的分裂，才有了战国的开端。

晋国曾先后三次称霸天下，过程起起伏伏，但总能绝地反击，而每一次的重新振作，都会比之前更强大。晋国之所以有这样的奇迹，究其原因，在于晋文公培养了一批对国家有重要贡献的大臣，这些大臣又培养自己的后代成为晋国的重臣。

于一个国家而言，只要有人才，源源不绝的人才，就不愁没有发展，晋国正是如此。但凡事有利必有弊，晋国之所以被分裂，也是源于人才。正如后来的魏国，亦是成也人才，败也人才。

因为晋国重臣太多，重臣的家族势力越来越大，对权力的欲望也就越大，导致王权被架空。

春秋时期，晋文公在晋国内创三军设六卿，每军设立将、佐各一名，依次为中军将、中军佐、上军将、上军佐、下军将、下军佐，其中中军将为正卿。六卿出将入相，一直把握着晋国的军政大权。当时晋国的六卿采用世袭制，主要由狐氏、先氏、郤氏、胥氏、栾氏、范氏、中行氏、智氏、韩氏、魏氏、赵氏几大家族把持，按照"长逝次补"的原则，轮流执政。

到了春秋末年，晋国的大权落在智氏手里，而智氏家族的继承人是智瑶，史称智襄子。智瑶为人胸襟狭窄，无容人之量，曾在筵席上戏弄韩氏族长韩虎及他的谋臣段规。

智瑶的父亲听闻后，告诫智瑶："激怒对方，又不防备对方报复，灾难必然临头。"

智瑶却不以为然，说道："我就是灾难，我不给别人制造灾难就算客气的了。"

智瑶的父亲语重心长地继续劝说："《夏书》曾言：'一人三失，怨岂在明，不见是图。'一个人不能屡次犯错，大人物能在小事上谨慎，才能避免大的忧患。"然而，智瑶对他父亲的说教根本听不进去。

更加过分的还在后面，智瑶竟然要求韩虎割让领土给智氏。殊不知，正是智瑶的不智之举，导致了晋国的分裂。

韩虎听后大怒，段规在一旁劝道："智瑶刚愎自用。如果我们现在拒绝，他一定会出兵攻打我们。不如给他，让他尝到一点儿甜头儿，必然会对别人如法炮制。如果其他人不满足他的要求，智瑶定会出兵，到时我们大可静观其变。"于是，韩虎忍痛把城池给了智瑶。

如段规所料，智瑶又逼迫魏氏族长魏驹割让领土。魏驹不想惹火上身，跟韩虎的做法一样，都割让了土地给智瑶。这无疑滋长了智瑶的侵略欲望，他自鸣得意，认为他的谋略很高明，于是，他变本加厉，将魔爪伸向赵氏家族的新任族长赵无恤，并指名要蔡邑（今河南上蔡县）、皋狼（今山西方山县）两个地方。

然而这一次智瑶索要落空，面对智瑶的无理要求，赵无恤果断地拒绝了。

智瑶认为赵无恤太过无视自己，便让韩、魏两家辅助智氏，一同攻击赵无恤。面对智、韩、魏三大家族的联合攻击，赵无恤只能领兵退至晋阳。智瑶下令决开汾水以灌之，一时间，晋阳城外波浪滔天。

智瑶见晋阳如一叶孤舟，得意忘形地说道："到今天我才知道，水可以使别人灭亡。"一旁的韩虎、魏驹听到这话，心底一沉，因为魏氏的安邑，城外便是汾水；韩氏的平阳，城外有绛水。眼下晋阳的遭遇，会不会就是他们将来要面对的困境。

正当二人犹豫之际，困守危城的赵无恤派人去找韩虎和魏驹，提醒他们说："唇亡齿寒。赵家覆灭，下一个就是你们了。"一语惊醒梦中人，在赵军派出精锐部队突击智氏守军时，韩、魏乘势从两翼夹攻智军。三大家族合力将智家军屠灭。

《战国策·赵策一》中是这样评价智瑶的："知伯身死、国亡、地分，为天下笑，此贪欲无厌也。夫不听知过，亦所以亡也。"智瑶之所以成为天下的笑柄，都是因为贪得无厌，不听劝告，最终导致灭亡。

至此，赵、韩、魏三大家族瓜分了智氏家族的土地，在历史上，被称为"三家分晋"，因此，韩、赵、魏三国又被合称为"三晋"。

有关三晋的记载，《战国策·赵策一》曾记："三晋合而秦弱，三晋离而秦强，此天下之所明也。"赵、魏、韩三国若是联合，秦国在它们面前都是不堪一击，反之，若是三国破裂，那么秦国就是强中之强，这是

统一的前夜：秦始皇横扫六国

天下都明白的道理。《史记·燕召公世家》中亦有记载："孝公十二年，韩、魏、赵灭知伯，分其地，三晋强。"

倘若三家不分晋，秦国统一天下的道路，想必也不会那么顺畅。

三家分晋被视为春秋之终、战国之始的分水岭，是中国历史上具有划时代意义的重大事件。《资治通鉴》中记：周威烈王二十三年（公元前403年）"初命晋大夫魏斯、赵籍、韩虔为诸侯。"三晋各自成为诸侯国，由魏文侯、赵烈侯、韩景侯执政。自此，进入到战国时期。

战国时期，中国历史发生了剧烈的变化。社会经济方面，由封建领主制转变成封建地主制；政治方面，由春秋时期的小国林立，转变成七国争雄。而统一，则成为战国时期政治军事活动的主要目的。

春秋时代的秦国，尤其是秦穆公在位期间，秦国的社会经济得到了飞速的发展，已然成为当时比较先进的国家，并且扩张领土，称霸西戎。然而，在秦穆公之后的很长一段时间里，秦国整体实力开始慢慢地衰落。秦国的制度原本具有自己的特点，但到了春秋晚期，和中原各国相差无几，秦国的奴隶制度也在渐渐地衰退，与中原各国的公室衰微、卿大夫掌控国家政权的情形相类似。

在秦国国内，秦国"庶长"曾一度专权横行，甚至操纵着国君的废立，致使内乱迭生，《史记·秦本纪》中记载了当时的内乱："厉、躁、简公、出子之不宁"。

直到战国初期，秦国作为西方大国，其管辖范围西起今甘肃省的东南部、陕西省中部的渭河两岸，东部与魏、韩和大荔之戎交界，南和楚、蜀相邻，西和獂、绵诸、乌氏诸戎相连，北与义渠、朐衍交界，国都在雍（今陕西省泾县西北）。

这一时期，与秦国相邻的魏国，就是三家分晋的主角之一，由于在战国初年就勇于实行改革变法，使得国家富裕，军队强盛。而秦国自厉公至出子期间，却是内乱不已，国家势力日渐衰落，屡次兵败于魏国，并且丧失了河西之地（黄河与洛河之间）。

秦国自从失去河西之地，国家的安全面临严重的威胁。可以说，此时的秦国正处于内忧外患的艰难局面。在这种情况下，秦献公继位后，首要任务就是改革。

秦献公的继位之路很坎坷，一度陷入危机。他成为君主之前，曾在魏国流亡，在魏国，他接触到了先进的中原文化。

魏国，在魏文侯执政时期，儒家思想得到广泛的传播，他推崇儒学思想，尊孔子高徒子夏为师。魏文侯最著名的就是支持法学家李悝改革变法，使魏国成为战国时代第一个改革变法的国家。

魏文侯的政治举措，在秦献公的心里深深地烙上了印记。公元前384年，秦献公登上国君的宝座后，做的第一件事便是颁布了"止从死"的法令，正式废除殉葬制度。殉葬制度的废除，是秦国社会进步的标志之一，具有划时代的意义，不仅仅是提高了秦国的文明程度，更是为秦国引进人才铺平了道路。

秦献公想得透彻，殉葬制度只要继续存在，一定会阻碍秦国文化前进的脚步。

公元前383年，秦献公下令迁都栎阳（今陕西西安临潼区栎阳村）。按理说，新君上任，不会立刻迁都，秦献公这么着急，是因为河西之地。据《史记·货殖列传》中记载："献公徙栎邑，栎邑北却戎翟，东通三晋，亦多大贾"，当时，魏国已占有关中平原东部的黄河西岸地区，并且设置郡县，安排军队驻守，曾屡次派兵攻打秦国。而秦国的旧都雍城远在关中西部，由于距离太远，不利于秦国收复失地，以及抵抗魏国的打压，所以秦献公决定将国都迁至栎阳，既便于观察魏国动向，又利于军事抵抗，最为关键的是，栎阳乃"东通三晋"的战略要地，是秦国通向东方的门户，又是商业贸易的中心之一。所以秦国迁都至栎阳，不仅代表着秦献公要从魏国手中收复河西之地的决心，也表现出秦献公过人的谋略和胆识。

迁都之后，秦献公没有停下改革的脚步。

公元前379年，秦献公把莆、蓝田、善、明氏等边境地区改建成县，并由他们自己直接掌控，这项举措初步地完善了秦国的行政区划分。在春秋时期，秦国和其他各国一样，把县都设立在偏远地区或是刚刚占领的地区，县的设立都带有军事上的防御性质。公元前374年，秦献公在新都栎阳建立了县级行政区，这一举措主要是基于军事战略的考量。通过在栎阳设立县，为后来秦国在全国范围内推广县制奠定了基础，同时也标志着县的职能从原先的军事防御转变为集军事和行政于一体的政权机构。

公元前378年，秦献公启动了他的首轮经济改革，他宣布在首都开始设立市场，准许商人们在首都自由地进行商业交易，并开始对工商业进行规范管理，同时征收营业税。这一政策取消了之前奴隶社会对商业活动的种种限制。通过这些措施，秦国的工商业得到了快速发展，国家财政也因此获得了显著的收入，秦国的经济实力随之不断增强。

公元前375年，秦献公实施了进一步的改革措施，他在国内推行了"户籍相伍"制度，即将全国的居民以每五户为一组进行登记和组织。这种户籍制度的建立，旨在加强秦国的征兵工作，并简化政府对民众的直接管理和控制。

"户籍相伍"编制的施行，标志着秦国在阶级关系上发生了巨大的变化。奴隶社会时期，奴隶居在"野"，平民和奴隶主在"国"，阶级分化尤为显眼。秦献公的户籍改革，相当于取消了国和野的界限，凡秦国统治下的人民一律被编入"伍"，也就是说把原有的一大部分没有在国家户籍编制中的人编入了户籍之中，取得了"平民"的身份，使奴隶的地位得到提升，让他们能够平等地享受到国民的待遇，亦是以法律形式对阶级关系新变化的一种确认。

接下来就是吸引周边国家和部族的人到秦国种地、放牧，与本国百姓一视同仁，并且下令禁止歧视外来户。

秦献公执政时期，快速地、有效地实施内政改革，通过这一系列的改革，秦国人口数量得到大幅度增长，之前荒废的土地得到良好的开垦，一时间，秦国粮食富足，国库充裕，经济得到了十分显著的发展。

秦献公时期的改革颇有成效，为秦孝公时期的商鞅变法打下了坚实的基础。

秦献公的政举着实令人刮目相看，但是他也有自己的短板，就好比他的心病——河西之地。秦献公曾多次派兵争夺河西之地，可秦军都是失败而归。屡次战败，不单是削弱了秦军的士气，也让秦献公产生自我怀疑，自己在战略决策方面是不是真的不行。事情的转机出现在公元前366年，魏、韩两国联合发兵，攻打周显王的城邑，魏韩联军直逼洛阳，周王室岌岌可危。

这时，秦献公抓住时机，以勤王为借口出兵，秦军来势汹汹，于洛阳城下击败了魏、韩两军。经此一战，秦国在诸侯国之间的地位得到了大大的提升，秦军恢复了士气，秦国由此也恢复了往日的自信与开疆扩土的雄心。

《史记·秦本纪》中记载："与晋战于石门，斩首六万，天子贺以黼黻"。公元前364年，秦献公派兵攻打魏国，想要夺回河西之地。秦军与魏军在石门激战，斩杀六万人，秦国大获全胜。周显王为了表示祝贺，特赐秦献公黼黻之服。

公元前362年，秦、魏两军交战于少梁，俘虏魏将公叔痤。

虽然秦军取得了前所未有的胜利，但是河西之地的掌控权仍在魏国手里。秦献公直到闭眼，也没能去掉这块儿心病。

公元前361年，秦献公去世。秦献公的儿子渠梁即位，史称秦孝公。秦孝公继位时，只有二十一岁。

秦献公执政初期，便立志改革，不畏战争，可以说他是秦国得以复兴的关键人物。

秦献公时代，秦国初步改变了被动挨打的局面，他的一系列改革为秦国的东进与东方诸侯国争雄奠定了坚实的基础，更为将来商鞅的变法指明了方向。

三、治世不一道，便国不法古

秦献公去世后，秦孝公继位，秦国终于迎来了下一个黄金时代。

秦孝公继位时，年纪尚轻，却有着与他这个年纪不符的雄心和志向，他想让秦国得到更强更大的发展，能够在中原占有一席之地，想让秦国成为一颗东方诸侯无法追上的星。

当时，秦孝公与韩昭侯、燕文公、赵成侯、魏惠王、楚宣王、齐威王并立。而其他六国中，赵国在本国内积极实行社会改革，促使国家的国力日益渐强；与秦国相邻的楚、魏两国，还有距离秦国甚远的齐国，本就是经济实力和军事实力都很强大的国家。只有韩、燕两国，安于现状，不思进取。

自从魏文侯在魏国国内积极实行改革以来，魏国的国力与日俱增，强大到直接占有了秦国的河西之地，为了防御其他国家对魏国进行军事打击，魏国在洛水东岸修建了长城，用以防御工事。

魏国自占领河西之后，就好像在秦国的身侧安放了一枚定时炸弹，时时刻刻都在威胁着秦国的安全。而当时的楚国，占据着秦国南部边境外的汉中地区，如同一个楔子，若想拔掉，很难，同时又存在被扎伤的危险。秦国的北部与西部，还被戎狄的势力所包围。可以说，此时的秦国，处境并不乐观，不仅有楚国和魏国的遏制，还身处戎狄的包围圈，秦国的势力只能被限制于渭水两岸，偏在一隅，就是所谓的"秦僻在雍州，不与中国诸侯之会盟，夷翟遇之。"（《史记·秦本纪》）在七雄并立的局势下，秦国莫说是争雄，连如何生存下去都是一个大问题。

秦孝公有很强的危机意识，他知道，不只有两个强国对秦国虎视眈眈，一旦魏、韩、赵三国联合起来，那对秦国仍是有百害无一利。虽然魏、韩、赵三国之间的矛盾日益激化，战争一触即发，但是它们对待秦国的态度却出奇的一致，甚至可以为了攻打秦国而摒弃前嫌。在秦孝公的心里，这三国的结盟堪比一根随时会绷断的弦，更为重要的是河西之地还控制在魏国手里，这是秦孝公誓要收复的失地。

秦孝公作为一名开明的君主，为了收复失地，恢复秦穆公时期的霸业，他从秦国的日渐衰落以及邻国经过改革变法国富兵强的事实中总结教训经验，回顾秦国历史发展的兴衰，正视战国时期的局势和秦国所处的地位，施恩布德，救济孤寡，招募战士，并且明确了论功行赏的法令。

一个国家，要想得到质的发展，提高国力是重中之重。对于一个历史悠久的国家而言，如何提高国力？改革是唯一的出路。

但此时秦国的重臣大多都是一些思想守旧的老臣，他们不敢创新，害怕改革，固守己见，可以说是顽固不化，若想改变他们的想法，秦孝公必须另辟蹊径。经过一番仔细琢磨、深思熟虑后，秦孝公颁布了著名的《求贤令》，以此令来鼓励国人及大臣们都积极贡献富国强兵的计策。

《求贤令》的颁布，是秦孝公有效地承接了秦献公废除殉葬制度带来的利，秦孝公凭此令以求天下贤才，就是最后得到的益。

据《资治通鉴》中记载："孝公下令国中曰：'昔我穆公，自岐、雍之间修德行武，东平晋乱，以河为界，西霸戎翟，广地千里，天子致伯，诸侯必贺，为后世开业甚光美。会往者厉、躁、简公、出子之不宁，国家内忧，未遑外事，三晋攻夺我先君河西地，丑莫大焉。献公即位，镇抚边境，徙治栎阳，且欲东伐，复穆公之故地，修穆公之政令。寡人思念先君之意，常痛于心。宾客群臣有能出奇计强秦者，吾且尊官，与之分土。'"

秦孝公在求贤令中大致回顾了一下秦国的发展进程，其中包括秦国

统一的前夜：秦始皇横扫六国

在秦穆公时期于西戎称霸的辉煌，还有后来的厉、躁、简公、出子时期秦国所经历的内乱与国土的沦丧，以及秦献公统治时期的图强励治。

秦孝公总结历代秦王的经验教训，决心下令求贤，立志改革，誓要将秦国治理得越来越好，越来越强。《求贤令》的颁布，在当时引起了极大的反响，不只是在秦国内部，乃至其他国家也深受其影响。其中，商鞅的由魏入秦，便是《求贤令》颁布后的反响之一。

商鞅是卫国人，公孙氏，名鞅，所以称为公孙鞅，也称卫鞅；之后在秦国得到秦孝公的重用，受封于商地，被封为商君，故称为商鞅。

"鞅少好刑名之学，事魏相公叔痤为中庶子。公叔痤知其贤，未及进。"（《史记·商君列传》）商鞅年轻时喜欢刑名之学，深受李悝、吴起的影响。魏文侯时期，曾重用李悝在魏国主持变法，是战国时代变法的领军人物。吴起曾在魏国受到魏文侯的重用，后因魏武侯的猜忌，去往楚国，公元前390年，楚悼王重用吴起，全力支持他在楚国实行变法。吴起在楚国实行的"罢无能，废无用，损不急之枝官，塞私门之情，壹楚国之俗"（《战国策·秦策三》）变法措施，使楚国强大起来。

商鞅的本国卫国，是一个国土面积很小的国家，且国力十分弱小，内政风雨飘摇。商鞅无法在这样的国家找到属于自己的位置，遂于公元前365年投身于魏国，机缘巧合下做了魏国国相公叔痤的侍从，充任中庶子，即掌管公族的官吏。通过相处，公叔痤知道商鞅是一个很有才能的人，充满智慧。公叔痤病重时曾向魏惠王举荐商鞅，说："我的侍从商鞅，年纪虽轻，却有奇才，大王可以把国家大事交付于他，他定能为大王排忧解难。"魏惠王听后，没有说话。就在魏惠王起身离开之际，公叔痤再次开口说道："大王若是不能重用商鞅，那么就不要留着他，更不能让他离开魏国。"魏惠王表面上答应着公叔痤的进言，实则心里却认为公叔痤已经病入膏肓，满嘴胡话，完全没有把公叔痤的话放在心上。

在战国时代，可以说魏国是法家思想和法家人物的聚集地，称为故乡也不为过。商鞅每天接受的是法家思想和法治的遗风余教的熏陶，所以法家思想在商鞅的心里根深蒂固，加上他本身就很有天赋，学习做事又很努力，因此在他青年时期，商鞅就成为一位有卓识的法家人物。公叔痤去世后，商鞅知道自己在魏国不会有施展自己的抱负和才能的机会了，恰逢这时，听说了秦孝公颁布的《求贤令》，于是，商鞅应《求贤令》之召，踏上西行之路，由魏国来到秦国。

公元前359年，商鞅来到秦都栎阳，走了秦孝公宠臣景监的门路，得以见到秦孝公。

商鞅第一次见到秦孝公时，抱着小心谨慎的态度，以"三皇五帝"的帝道进言，谈了很久，"孝公时时睡，弗听"（《史记·商君列传》）。打发走商鞅后，秦孝公迁怒于景监："你叫来的人，是个无知妄言之徒，怎么能用？"景监回去后，就责备了商鞅。

商鞅第二次与秦孝公见面，不谈"帝道"，语以"王道"，仍然不合秦孝公的心意。其实，秦孝公当时眼里只有秦国，没有天下，他自然对商鞅说的如何治理天下不感兴趣。

商鞅第三次与秦孝公见面，说以"霸道"，"孝公善之"。战国时代，争雄才是主要目的。秦孝公所追求的，就是建功立业，恢复秦穆公时期的辉煌。虽然这次见面，商鞅说得很合秦孝公的心意，但秦孝公仍然没有任用他。

直至两人第四次见面时，商鞅才向秦孝公阐述了自己的法治主张，就是变法图强，秦孝公听后，十分高兴。于是便出现了这样一幕："不自知膝之前于席也。语数日不厌"。（《史记·商君列传》）秦孝公与商鞅谈话，不知不觉移动膝盖到垫席前头靠近了商鞅，两人一谈便是几日，不知疲倦。最后，秦孝公决定起用商鞅，在秦国实行变法。

任何时代，即便是战国称霸的时代，每个国家，都有自己固有的社会体系和政治模式，就算有所改变，也是万变不离其宗，这种固有的政治模式，尤其是在领导阶层，是根深蒂固的。可以说，任何一个国家，若想在本国顺利地施行改革变法，是很艰难的，因为阻力太强。

商鞅把他吸收的法家思想和法治的遗风加以丰富，形成了自己一套独有的理论，并将这套理论灌输给秦孝公。

秦孝公心怀志向不假，但他也能看清局势，他深知变法不是光靠理论、思想就可以成功的，其中牵扯到的国家的根部，让他不能这么果决。

魏国是新兴国家，背负的传统包袱少，所以李悝在魏国实行变法能够取得成功。反观吴起变法的失败，是因为楚国的历史悠久，守旧派的势力太过强大，所以他们敢在楚悼王死后没多久，就发动政变，杀害吴起，而吴起提倡的变法最后也以失败告终。

归根结底，变法的成与败，跟国家内的守旧派息息相关。而秦国的守旧派比楚国的守旧派还要顽固不化，这也意味着，秦孝公要施行变法，必须先解除掉来自守旧派的阻力。

这场变法之战，可以说是以一人敌一国之人的没有硝烟的战争，它需要的不仅仅是勇气，而是一颗排除万难、坚定不移的心。

商鞅明白秦孝公心里的难，于是进言道："疑行无名，疑事无功。"行动犹豫不会成名，办事犹豫不会成功，的确是人人都懂的道理，但是能做到心无旁骛的又有几人？秦孝公以他的实际行动证明，他就是心无旁骛的其中之一。

此时的秦孝公，虽然有心在秦国实行变法，但到了动真格的时候，却又犹豫了，他担心变法会引起众人的议论，遭到来自各方面势力的非难。为此，秦孝公决定按照秦国以往处理问题的惯例，召开会议，向大臣们表达了自己的想法与决定。如秦孝公所料，遭到了以甘龙、杜挚为首的守旧派的强烈反对。秉持着公平、公正的原则，一场以改革变法为主题的辩论赛就此展开。《史记·商君列传》《商君书·更法》对此都作了详细的记载。

据《商君书·更法》中的记载，在辩论中，甘龙和杜挚以"圣人不易民而教，知者不变法而治。因民而教，不劳而成功；缘法而治者，吏习而民安之""利不百，不变法；功不十，不易器""法古无过，循礼无邪"一类理论来反对变法。甘龙和杜挚的这种理论，用他们自己的话说，都是听来的，而且他们说不出相关的历史事实来加以论证和说明。

甘龙和杜挚的有理无据的论点，给了商鞅在这场辩论中决胜的机会，他先是以《郭偃之法》和"三代不同礼而王，五伯不同法而霸""智者作法，愚者制焉；贤者更礼，不肖者拘焉""汤、武不循古而王，夏、殷不易礼而亡""反古者不可非，而循礼者不足多"等已经被历史事实所验证过的理论，强势阐述自己的主张——"治世不一道，便国不法古"。

在被历史事实验证过的理论面前，甘龙和杜挚那些听来的理论显得十分苍白，不攻自破。这场轰动一时的变法辩论赛，可以说是思想上的交锋。

商鞅的变法理论，其主要内容围绕着五个要点：其一，"当时而立法，因事而制礼。礼、法以时而定；制、令各顺其宜。"建立法度应顺时施宜，就是说应根据国家当下的具体国情制定适应国情的礼制、法制、命令等相关事宜。其二，"治世不一道，便国不法古。"治理国家并不是只有一条道路，时代变了，只要有利于国家，法也应随着相应地改变。其三，"三代不同礼而王，五霸不同法而霸""汤、武之王也，不循古而兴；殷夏之灭也，不易礼而亡。"三个朝代礼制不同却能称王于天下，春秋五霸也能称霸诸侯。殷商之覆灭，不是因为创新法制，反而是因为太过遵循古法。所以国家的兴亡，关键在于顺应时势的变法，变则兴，不变则亡。其四，实行变法是国君的权力，大臣们只能提出建议。其五，"居官守法"，即在政府任职的官员要遵守法律法规。

在商鞅变法的理论中，商鞅更注重的是在法律适合当下国情的情况下，将不适合国情的法制、宪法进行变革，而非一味地胡乱变革一通。

商鞅以其明晰的逻辑和有说服力的论据，在辩论中赢得了秦孝公的充分认可。秦孝公原本希望通过变法恢复秦穆公时代的荣光，而商鞅则将这一目标提升到了新的高度。秦孝公打消了商鞅担心受到众人反对的疑虑，立刻决定在秦国全面推行改革，并迅速颁布了改革的首项法令——《垦草令》。

在公元前359年，秦孝公命令商鞅在秦国发布《垦草令》。《商君书》中的《垦令》章节，可能包含了《垦草令》的相关内容。但是，由于《商君书》是由商鞅学派在商鞅去世后编纂的，它并不能完全反映秦孝公当时公布的《垦草令》的法律文本，因此，这里不详细描述《垦草令》的具体内容。

但从《垦草令》的大致内容来看，商鞅认为农业是本，商业是末，并对商业采取了压制的手段，进而让他们走上务农之路。秦国有很多尚未开垦的荒地，而这些荒地，是增加财政收入、提供军事需求的重要途径，当时的历史背景下，农业发展的确是重中之重。

秦国之所以能在不久的将来组织大规模的远征，充足的物资供应是重要因素之一，这也足以说明，商鞅是有远见的。

从公元前359年《垦草令》的颁布到公元前356年，商鞅用了三年的时间，遵循自己的立法原则，结合秦国当时的实际国情，制定了第一批变法新令。

商鞅的新法起草完毕时，并没有立即公布，为使秦国的百姓意识到新法的执行是大势所趋，商鞅以徙木赏金之法，来提高新法在百姓心中的可信度。《史记·商君列传》中曾记："令既具，未布，恐民之不信，己乃立三丈之木于国都市南门，募民有能徙置北门者予十金。民怪之，莫敢徙。复曰'能徙者予五十金'。有一人徙之，辄予五十金，以明不欺。卒下令。"

商鞅命人在秦国都城的市场南门竖立一根三丈高的木杆，以此吸引百姓，随后又下令，若是谁能将这根木杆搬到北门，就赏赐十金。百姓心生好奇，都不敢轻举妄动，商鞅随即把赏金加到五十，这时，有一人挺身而出，将木杆搬到了北门，为了向百姓证明令出必行，商鞅当即下令赏那人五十金，接着就颁布了新法。商鞅此举，被称为徙木立信。

商鞅的徙木立信，并非是他自己发明的，而是受到了吴起变法时采用的办法的启发。据《韩非子·内储说上》所载，吴起在西河郡郡守任上，为了取信于民，曾在城北门外放了一根车辕，并下令，谁能把这个车辕搬到南门外，就厚加封赏。士兵们认为此令为假，半天没人去动那根车辕。直到一个士兵说这有何难，扛起车辕搬到了南门外。吴起当场赏赐给他丰厚的赏金，士兵们这才知道吴起信守承诺，十分相信他的话。吴起见他想要的效果已经达到，便趁热打铁下了一道命令，攻秦之战中，谁要是先攻入秦国的岗亭，就封谁为国大夫。重赏之下，必有勇夫，魏军跟打了鸡血一般，很快就攻下了秦国的岗亭。

所谓"民可以乐成，不可与虑始"，商鞅的徙木立信，就起到了这种作用。商鞅知道与百姓商议变法，注定无果，所以通过这个办法，获得百姓的信任。

公元前356年，秦孝公任命商鞅为左庶长，在秦国实行第一次变法。

商鞅第一次变法的主要内容，据《史记·商君列传》中记载，有以下八条：

其一，"令民为什伍，而相牧司连坐。"这条法令中的"令民为什伍"，即以伍、什为单位，将人民进行编制，五家为一伍，十家为一什，实际上这种编制是服务于军事上的需要，便于秦国用兵时，可以快速整装军队。同时相当于秦国在内部完善了户籍制度，便于秦国政府准确地掌握国家人口数量，从而在赋税的征收和行政的管理与统治方面，更为便捷。"相牧司连坐"，是有关检举纠发的法令，即一家犯罪，什以内其他的九家需要承担监督举报的责任，若知情不报，则十家一同受罚。

这无疑是赋予了秦献公改革中的"为户籍相伍"新的内容,是商鞅变法中的一个创新,是其他六国变法中从未出现过的法令。

这一法令的创立,使原来没有资格拥有身份的人民,获得身份并具有相应的权利及义务,以此为出发点,变法自然成为合乎实际的、更加具化的法制变革,把变法建立在合乎实际的、更加广泛的社会基础之上,从而达到良好的国富兵强的效果,这是商鞅变法不同于其他六国变法的特征之一,也是我国连坐制度形成的标志。

商鞅变法之所以获得巨大的成功,同什伍组织的建立有很大的联系。

其二,"不告奸者腰斩,告奸者与斩敌首同赏,匿奸者与降敌同罚。"这条法令是上一条中"相牧司连坐"的补充,更为细致化,以及更广范围内的"告奸""不告奸""匿奸"及其相关的赏罚的内容。

乍一看,这项法令对百姓来说,是一种比较残酷的镇压手段,实则不然。因为这条法令针对的不只是犯了法的普通百姓,还有那些不遵纪守法的贵族势力,也是法律面前人人平等的表现之一。按照这条法令的规定,普通百姓从此拥有通过举报犯罪行为获得爵位的机会,从而提升自己的社会地位进入更高阶层。

凡事都有两面性,这项法令,有对百姓进行镇压的一面,也有鼓舞的一面,在当时的历史条件下,它主要是扩大新法赖以存在的阶级基础的一项积极的政策。

其三,"民有二男以上不分异者,倍其赋。"即一家有两个以上壮丁还居住在一起的,赋税加倍。这项法令的本意,是为了促进农业生产发展,增加税收,以及扩充兵源。这项法令使秦国一下子出现了很多以一家一户为单位的个体小农家庭。

历史证明,以个体家庭为单位的小农经济,在后世的封建社会中,也是主要内容,农业经济是封建制度赖以存在的社会基础,这也是其他六国的改革效果远不如秦国的根本原因。

其四,"有军功者,各以率受上爵;为私斗者,各以轻重被刑大小。"这项有关军功奖励的法令,其目的就是为了鼓励士兵奋战沙场,以达到提高军队作战能力的作用。

军功奖励制度在原则上有严格的限制。据史料记载,凡是在作战中斩敌一人,可获得爵位一级及与之相应的田宅、庶子作为赏赐,也可选择做官。斩敌五人,还可以役使隶臣五家。也就是说,军功的大小决定着士兵爵制等级的高低。爵位较高的赏赐便重,爵位较低的赏赐随之减轻。

以此类推,士兵们若想得到"爵一级"的奖赏,须在斩杀敌人的数量中扣除了战亡队友的人数后,才能获得。之前秦军上战场,可以说是义务,其中不乏被迫上战场的士兵,而现在情况大不同,战争成为他们升官发财的途径,这对秦国的军事制度产生了极为深远的影响,直接将秦国推向一条疯狂扩张的道路。

法令中的"为私斗者,各以轻重被刑大小"指的是私下斗殴内讧者,罪重者重判,罪轻者轻判。私斗的现象,一定程度上影响了国内的团结及对外作战,所以法令中针对私斗的现象,规定了相应的惩罚条款。

其五,"僇力本业,耕织致粟帛多者复其身。事末利及怠而贫者,举以为收孥。"是指人民要致力于农业生产,让粮食丰收、布帛增产,从而免除自身的劳役或赋税。所谓"事末利"者,就是那些从事商业和手工业的商人和手工业者。"怠而贫者",就是那些懒惰之人,因为他们的懒惰成性导致贫穷,他们的妻子会被牵连,没入官府罚作奴隶。这项法令的制定,是以强制的手段使"事末利者"和"怠而贫者"都回归到农业生产者的队伍。而"复其身"和"举以为收孥"也说明了商鞅在制定惩罚的时候,相应地也制定了使得人民免除刑罚或轻罚的规定,这在其他六国的变法中极为少见。

其六,"宗室非有军功论,不得为属籍。"即国君的亲属若是没有军功,不能列入家族的名册。也就是说,那些宗室贵族不再拥有坐享其成的优待，而是与人民一样，需要通过努力才能保住社会地位。这也是商鞅变法中，对世卿世禄制度最彻底、最直接的否定。

历史证明，自商鞅变法后，秦国的宗室贵族始终没有存在过能与君权相抗衡的势力，也没有出现过类似其他六国那样的宗室贵族专权，甚至凌驾于君权之上的现象。

其七，"明尊卑爵秩等级，各以差次名田宅，臣妾衣服以家次。"就是说明确尊卑爵位等级，各按等级差别占有土地、房产，家臣奴婢数量、衣裳、服饰按各家爵位等级决定。

这条法令的推行，重修了秦国的爵制，由低到高共分二十个等级，分别是：一公士，二上造，三簪袅，四不更，五大夫，六官大夫，七公大夫，八公乘，九五大夫，十左庶长，十一右庶长，十二左更，十三中更，十四右更，十五少上造，十六大上造，十七驷车庶长，十八大庶长，十九关内侯，二十彻侯。

爵位与官职大体相同，它是政治上和经济上的特权的直接表现。之所以要按照爵位的尊卑来规定这些，是因为前面的军功奖励制度的需要，只有这样，才能保持特权与爵位的平衡。

具体来说，按照法令的规定，一些没有功劳或者功劳很小的人，就没有办法拥有超过本该有的爵位所拥有的特权，同时更加明确了爵位规定范围内所应当有的特权，就是在其位，有其权，绝不可以越权，这也变相地压制了一些高级爵位者，无作无为，反而想通过所拥有的权力发展成为能够与君权一较高下的不可控因素。

当人民所拥有的爵位以及该爵位应当享有的田宅、奴隶数量变得透明化，对那些无爵位或爵位较低的人，是一种强烈的鼓励，甚至可以说是刺激，如此一来，更多的人会以身为国，通过为国立功，获得更高一级的爵位和特权。

这项法令，在其他六国变法中是没有出现过的，对于秦国富国强兵的实现和封建制度的确立，无疑起到了推动作用。

其八，"有功者显荣，无功者虽富无所芬华。"就是说，有军功的人可以享受荣耀，没有军功的人，即使是富甲一方，也是没有荣耀，身份低于有军功的人。这条法令，更像是一条总结性的法令，确切地说是商鞅变法的核心内容和基本原则。

这条总则显然是继承了吴起改革中奖励有功之人、任用贤能之士的原则，并在秦国得到了延续。商鞅的新法可以看作对吴起改革的进一步发展，它不仅成为其他国家变法的参考模式，而且商鞅通过具体化的内容和实施方法，使得法律更加明确，并借助一系列法令的发布，确保了这些改革措施的实施和执行。

商鞅第一次变法，在秦国国内取得了良好、明显的效果，秦孝公甚是高兴。公元前355年，秦孝公与魏惠王在杜平会盟，标志着秦国结束了长期不与中原诸侯国会盟的局面。公元前352年，秦孝公任命商鞅为大良造，大良造是秦国当时最高的官职，足以显示出秦孝公对商鞅的重视与肯定。秦国的国力迅速发展起来，在诸侯国之间的地位有了明显的提高。

四、法，治国之根本

公元前350年，秦孝公命商鞅"筑冀阙宫廷于咸阳"（《史记·商君列传》）"冀阙"，指的是古代宫廷门外的一种较高的建筑物，主要用作悬示和公布法令。"宫廷"，指的是一国之君及其家室的居住地，同时也是国君和文武百官办公和商议政事的地方。秦孝公命商鞅在咸阳建筑宫廷城阙，为营造新都做准备。

公元前349年，"秦自雍徙都之"，秦国迁都至咸阳。咸阳位于关中平原中部，北依高原，南临渭河，顺渭河而下可直入黄河，终南山与渭河之间可直通函谷关。据《读史方舆纪要》中记载，函谷关"据天下之上游，制天下之命"，充分地说明了函谷关的战略地位十分突出。秦孝公及之后的历代秦国国君，对函谷关地理位置的优势加以利用，曾在这里制定并颁布了一系列让其他国家为之瞩目的政策、法令，以及有关政治、军事、外交上的一系列重大决策。

迁都的同时，商鞅第二次变法在秦国如火如荼地进行。秦孝公命商鞅颁布第二次变法，主要内容如下：

"令民父子兄弟同室内息者为禁"。即禁止百姓，父子兄弟同居一室，是第一次变法中的法令"民有二男以上不分异者，倍其赋"的补充和发展。其目的，一如变法之初，就是为了造就更多的个体家庭，以利于发展生产、征收赋税和扩大兵源。

"集小（都）乡邑聚为县，置令、丞，凡三十一县"，意思是将小镇村落合并为县，并设置县令、县丞，共计三十一个县。秦国早在秦献公时期，就已经在国内增加县的设置，由于当时国情的限制，没能在全国大范围地设置县。如今，通过商鞅的这项法令，秦国得以在全国范围内，尤其是靠近秦国首都的地区，将原有分散在各地的小城、小镇都聚集在一起，统一实行县制，由县统一对土地和百姓进行管理，从此，县成为秦国在地方上普遍设置的行政机构。

"置令、丞"，就是说县令和县丞职位的设定。县令是一个县中的最高级别的官员，县丞是县令的助手，每个县还设有一个县尉，负责一个县的军事事务。一县的三个长官均由国君任命，这三个官职并未终身制，也非世袭制，面临随时任免或调任的可能。而"凡三十一县"（《史记·秦本纪》作"四十一县"，《六国年表》作"三十县"），指的是在全国设置了三十一个县。

这项法令的颁布，标志着秦国已经全面地、正式地建立起地方行政机构的制度。也就是说，秦国已经正式确立中央集权制的国家政体。

"为田开阡陌封疆，而赋税平"。关于这项法令中的"开阡陌封疆"的实质，史学家们的看法分歧很大，有的史学家认为它与土地制度无关，有的史学家认为它是土地制度上的一次重大改革。

《史记·商君列传》中，将"开阡陌"同"赋税平"放在一起，说明"开阡陌"是与土地所有制有所联系的。阡陌封疆，是废除原有田塍的边界，这意味着原来占有阡陌的人，多数不再享有独占原有阡陌的数量。阡陌封疆作为旧制度下的残留物，已经不能作为新的土地占有制度的边界标志，因为这不利于明确新的土地占有制划分以及农田水利的相关规划。把标志土地国有的阡陌去掉，可以算是秦国土地制度的重大改革，以法律法令进行规范，从而形成了新的土地所有制度。由此，封建主义的生产关系在秦国基本上确立成型。

战国时代，变法之风在各国之间盛行。但只有秦国在土地所有制问题上实行了如此彻底的封建化政策。

"初为赋"，即按人口征收口赋。赋，即田地税，是指秦国按百姓占有的土地面积，向百姓收取的实物税和军赋。秦国自公元前408年实行"初租禾"开始，即按百姓占有的田地面积征税赋税，到公元前348年"初为赋"的实行，其目的就是为了鼓励百姓多开垦荒地，增产粮食。《史记·商君列传》中记载的"为田开阡陌封疆，而赋税平"的规定中，可以看出，秦国并没有完全废除按田亩征收赋税的制度，而是将二者结合，实行既按田亩征收赋税又按人口征收赋税的双轨制度。

《商君书·垦令》中曾记载："则以其食口之数，赋而重使之，则辟淫游堕之民无所食。"这项制度的颁布，可以说是"初为赋"的填充，不仅可以让那些肆意作恶、游荡懒惰之人无法逃避赋税，还可以让那些宗室贵族所供养的门客数量受到来自赋税的限制，从而增加了国家的财政收入，同时农业生产也得到发展，最重要的一点，由此限制工商之民和旧贵族的势力扩张。

"平斗桶权衡丈尺"。《战国策·秦策三》中记载了这样一句话，是蔡泽对范雎说的："夫商君为孝公平权衡、正度量、调轻重，决裂阡陌，教民耕战，是以兵动而地广，兵休而国富，故秦无敌于天下，立威诸侯。"这里，提到了"平权衡、正度量、调轻重"。《史记·商君列传》中只提到"平斗桶权衡丈尺"，并没有谈及"轻重"。"权衡"指的是称量物体轻重的器具，"量"指的是计算容积的器具，"度"是计量长度的单位，"轻重"指的是货币。虽然《史记》中未作"轻重"的记载，但蔡泽是秦昭王时期的人，他所言有一定的可信度。

从这项法令的内容上看，它是度量衡的规范，是服务于实行规范的赋税制度和俸禄制度。若是计量标准不规范，会给上述制度的实施带来许多不必要的弊病。对于百姓来说，度量衡和货币的规范使用，可以让他们避免遭受因度量衡和币制上的混乱，而造成的一些额外损失。

秦国度量衡的统一，在秦始皇统一天下后，得到了更加确切的完善，当然，这是后话。总之，通过这条法令的制定，促进了秦国的经济发展，乃至对统一的中央集权制度的建立，也意义深远。

有关商鞅在秦国施行的两次变法，历史文献中除了《商君书》和《史记·商君列传》中所记的十五条之外，其他文献中亦有记载，比如下面的五项内容：

"塞私门之请而遂公家之劳"（《韩非子·和氏》）。这项法令，主要是为了改变秦国政权方面存在的歪风邪气。在其他六国变法中，吴起曾在楚国变法时，颁布过这样的法令。所谓"私门"，说的就是那些权贵。

从古至今，任何时代都有宗室贵族私下互相往来，并以此来相互谋利，让损害国家利益乃至触犯法律的事情发生。这条法令的制定，无疑是把国家制度的改革与政治官场、整顿社会风气联系起来，同时进行法律规范，这也是商鞅从吴起变法中汲取的一条成功经验。

"禁游宦之民而显耕战之士"（《韩非子·和氏》）。所谓"游宦之民"，说的就是那些满脑子腐朽，思想保守的儒生以及靠四处游说而谋求官职爵禄的人。"耕战之士"，说的就是那些对国家经济发展作出了实际贡献的人。商鞅把"禁游宦之民"同"显耕战之士"联系起来，就是要打击那些巧舌如簧、好逸恶劳的人，提拔那些做出实际贡献的人，从而达到以奖励耕织和奖励军功的办法，让那些游宦之民从事农业生产的目的。

"乱化之民尽迁之于边城"。《史记·商君列传》中曾记载："秦民初言令不便者有来言令便者，卫鞅曰：'此皆乱化之民也。'尽迁之于边城。其后民莫敢议令。"大意是说，秦国变法之前，有一些百姓不看好变法，待看到变法的成效后，又来说新法的好处。对此，商鞅认为，这些随意评价新法的人，都是扰乱变法的人，于是下令把这些百姓全部迁到边疆去了。从此，再也没有百姓敢妄议变法。

这项法令中提到的"乱化之民"，就是吴起在楚国变法中所提到的以恶制恶，亦是指整治那些妄议变法的小民、平民。商鞅在颁布新法时，这些人说新法不便，在新法取得成效后，又来说新法的好处。这些人就是属于足以扰乱教化的旧奴隶主贵族势力，其个人目的十分明显。

商鞅将这些百姓迁至边疆的决定，也是参照了吴起在楚国变法中所实行过的让那些不遵守新法的贵族去往地广人稀的地方生活，以此来铲除旧贵族势力，从而整顿教化，开发边地，亦是为了消除百姓对新法的怀疑和非难，得以树立新法的威信。

"刑弃灰于道者"。《史记·李斯列传》中对这项法令有详细的记载："商君之法，刑弃灰于道者。夫弃灰，薄罪也；而被刑，重罚也。彼唯明主为能深督轻罪。夫罪轻且督深，而况有重罪乎？故民不敢犯也。"此乃商鞅的轻罪重罚，其理论根据是在执行刑罚时，对犯罪较轻者用以重刑，对犯罪较重者用以轻刑，那么犯轻罪的事就不敢再犯罪，犯重罪的事也不会再发生，这种避免犯小的错误，就不会酿成大的过错的以刑罚去掉刑罚的理论与实践，在商鞅开始实行变法的时候，为了扫除贵族们有法不依的弊病，同时树立新法的威信，并加强百姓遵纪守法的观念，在当时的历史背景下，具有深远的、积极的意义。

"燔诗书而明法令"（《韩非子·和氏》），说的是商鞅在变法中焚烧儒家的书籍，以此来明确法令。

《商君书·靳令》中曾记载了这样一句话："国贫而务战，毒生于敌，无六虱，必强。国富而不战，偷生于内，有六虱，必弱。"大意是说国家穷，就定会从事作战，那么对国家有害的事情就会在敌国发生，没有六虱一样有害的东西，国家自然强大。相反，国家富强而不作战，苟且度日这样的事就会发生在本国，国家有了六虱毒害，国力就会被削弱。商鞅便把那些以诗书礼乐为代表的儒家学者比喻成六虱，即毒害国家的寄生虫，而燔诗书的目的就是解决"六虱胜其政"的问题。

商鞅变法的实行，在秦国获得了斐然的成效。据《史记·商君列传》中记载："行之十年，秦民大悦，道不拾遗，山无盗贼，家给人足。民勇于公战，怯于私斗，乡邑大治。"意思是新法在秦国推行十年间，秦国百姓家家富裕，人人饱暖，路不拾遗，山中无匪，百姓不再私斗，而是勇于为国作战，这就是其他六国变法想达到却迟迟未达到的效果。

战国时期，各国变法的主要内容大多都是打击贵族阶层，调动其他阶层为国努力的积极性，鼓励耕战，发展生产，以达到富国强兵的目的为宗旨；严刑峻法，以此来强调法令的权威性。但不是每个国家都像秦国这样，变法成功，好比商鞅在制定新法时参照的吴起变法。

吴起曾"破横散纵，使驰说之士无所开其口"（《战国策·秦策三》）破坏了各国联合对付楚国的行动，使游说之士没有开口的机会。而商鞅为了统一思想，控制舆论，曾"燔诗书而明法令"（《韩非子·和氏》），焚烧儒家的书籍，与吴起的做法有相似之处，所以说商鞅的新法是吴起变法的升级版、扩充版、完善版。只不过商鞅和吴起的变法，一个成功了，而另一个基本失败了。

一成一败，足以显示秦国与楚国在本质上的区别。从表面上看，在天下各国中，秦国与楚国最为相似。吴起变法只是不幸地遇到楚悼王的猝死，而商鞅变法则幸运地得到了秦孝公更有力、更长久的支持。但究其背后原因，实际上是两国与法家文化的契合程度不同。

秦国的实力之前一直弱于楚国，经过商鞅变法后，秦国迅速发展，成功超越楚国，甚至在六国之中，实力都是遥遥领先。

如果说商鞅第一次变法的目的是变更法令，发展农业，明确赏罚手段，改革军制，那么第二次变法便是完善、强化国家的行政功能，使秦国的律法更加具象化。

秦孝公统治时期，商鞅在秦国进行了两次变法，乃其他六国为之震惊，令全民瞩目的一件大事。在战国时期和秦汉时期的许多历史文献中，都有对商鞅变法的评论，摘抄如下：

《史记·秦本纪》中记载："（秦孝公）三年，卫鞅说孝公变法修刑，内务耕稼，外劝战死之赏罚，孝公善之；（秦孝公）十九年，天子致伯；（秦孝公）二十年，诸侯毕贺。"

《史记·商君列传》中记载："（商君）为田开阡陌封疆，而赋税平。平斗桶权衡丈尺……居五年，秦人富强，天子致胙于孝公，诸侯毕贺。"

《战国策·秦策一》中记载："商鞅治秦，法令至行，公平无私，罚不讳强大，赏不私亲近。法及太子，黥、劓其傅。期年之后，道不拾遗，民不妄取，兵革大强，诸侯畏惧。"

《战国策·秦策三》中记载："夫商君为孝公平权衡、正度量、调轻重，决裂阡陌，教民耕战，是以兵动而地广，兵休而国富，故秦无敌于天下，立威于诸侯。"

《韩非子·和氏》中记载："商君教孝公以连什伍，设告坐之过，燔诗书而明法令，塞私门之请而遂公家之劳，禁游宦之民而显耕战之士。孝公行之，主以尊安，国以富强。"

统一的前夜：秦始皇横扫六国

《史记·李斯列传》中记载："孝公用商鞅之法，移风易俗，民以殷盛，国以富强，百姓乐用，诸侯亲服。"

《新序》中记载："秦孝公保崤函之固，以广雍州之地，东并河西，北收上郡，国富兵强，长雄诸侯，周室归籍，四方来贺，为战国霸君，秦遂以强，六世而并诸侯，亦皆商君之谋也。夫商君极身无二虑，尽公不顾私，使民内急耕织之业以富国，外重战伐之赏以劝戎士，法令必行，内不阿贵宠，外不偏疏远，是以令行而禁止，法出而奸息。"

从文献中大量的评论可以看出来，商鞅变法实实在在地获得了巨大的成功，不论内容还是付诸实行，都取得了显著的成效，达到了预期的目的，为秦国乃至战国时期的变法运动做出了重要贡献。

秦国经过两次变法后，经济上改变了原有的生产关系，从根本上确立了土地私有制。政治上击溃旧贵族势力，国家机制得到完善，正式开始中央集权制度的建设。军事上建立军功制，使得秦国兵多将广，极大地提高了秦军的作战能力，为秦国发展成为战国后期最强大的国家创造了有利条件，亦为秦始皇横扫六国奠定了牢固的基础。

从商鞅变法的两次内容，不难看出其中不变的原则，即商鞅立法的五大原则：

其一，以法治国，不殊贵贱。以法治国，可以说是商鞅的立法思想中至高无上的原则。法，就是治国的根本。商鞅在《商君书·开塞》中曾说："夫利天下之民者莫大于治，而治莫康于立君，立君之道莫广于胜法，胜法之务莫急于去奸，去奸之本莫深于严刑。故王者以赏禁，以刑劝；求过不求善，藉刑以去刑。"大意是对于百姓而言，国家的安全才是最重大的事，对于国家的治理而言，没有比确立国君的统治地位还大的事，而确立国君的权益却远没有在国家内施行法治的意义更大。总而言之，实施法治，最为重要。所以，天下的国君都以刑罚来归劝、规范、规定百姓的所作所为。也就是说，法才是一国之君治理国家，提升国力，造福百姓的根本手段。

商鞅在秦国进行的两次变法，以及他的立法原则，都是以"以法治国"这一原则为出发点。司马谈在《论六家之要旨》中曾言："法家不别亲疏，不殊贵贱，一断于法。"所以与"以法治国"相联系的是"不殊贵贱"。"不殊贵贱"，就是说除了国君和他的法定继承人之外的任何人，无论享有何种特权，都没有超越法律的权利。凡是触犯法律者，都要依法制裁，这是对权贵的约束，也是对百姓的保障。

据《史记·商君列传》中记载："太子犯法。卫鞅曰：'法之不行，自上犯之。'将法太子。太子，君嗣也，不可施刑，刑其傅公子虔，黥其师公孙贾。"商鞅公布新法后，太子便触犯了法律，商鞅主张严办，因为太子是王位继承人，不可对其用刑，故以其师代受其刑。关于商鞅严惩太子犯法一案，《战国策·秦策一》中亦有此记载。

由此可见，那些犯法的宗室贵族才是商鞅推行新法过程中的主要打击目标，并且惩罚起来毫不留情。正因为如此，商鞅遭到了一众反对派的怨恨，"商君相秦十年，宗室贵戚多怨望者。"（《史记·商君列传》）太子犯法，商鞅铁面无私，不惧怕权贵势力，依法严办，自此，秦国的宗室贵族不敢再轻易地以身试法。从另一个角度看，这十分利于新法在秦国的推行。由此可以看出，在推行新法的诸项措施中，严惩犯法权贵，是推行新法的契机。

事实证明，以法作为治理国家之根本，不以地位的高低将人分成三六九等，是商鞅立法原则中的最高准则。在这样的立法原则下，秦国基本达到了以法律约束、规范人们的目的。

其二，当时因事，强国利民。此乃商鞅立法的基本原则，即《商君书·更法》中所载："当时而立法，因事而制礼。礼、法以时而定，制、令各顺其宜，兵甲、器备各便其用"大意是礼制和法令都是按照时代的要求来制定的，即要以当时本国的基本国情为出发点，制度和命令都必须符合当时的实际情况，各种兵甲器械的制造都是为了方便使用，如同法制的制定，只有顺应时势，才能收到良好的成效。如此一来，就要把那些与当下不符，脱离实际情况，阻碍管理国家原则的有害法律进行改革。

而强国利民，无疑是商鞅立法和变法所要达到的目的，就是《商君书·更法》中所记载："法者，所以爱民也；礼者，所以便事也。是以圣人苟可以强国，不法其故；苟可以利民，不循其礼。"就是说法令是用来爱护百姓的，礼制是用来方便统治管理的。所以说，只要能够达到强国的目的，大可不必效仿以前的治国之法，只要是有利于百姓的，大可不必沿用老旧的礼制。这也是商鞅制定新法时的基本出发点之一，因而强国利民也具有立法原则的性质。

其三，赏罚为柄，厚赏重罚。这是商鞅欲在秦国全面推行新法强而有力的手段，其目的就是为了能够顺利进行变法，以达到令行禁止的效果。也就是说，运用赏罚手段来推行新法，以厚赏重罚为原则，成为商鞅的立法原则之一。

其四，赏信罚必，轻罪重刑。韩非在《韩非子·五蠹》中曾言："赏莫如厚而信，使民利之；罚莫如重而必，使民畏之"。就是说奖赏莫过于厚重，且要信守承诺加以兑现，使百姓看到实实在在的利益，并愿意为此付出努力。惩罚莫过于严厉，且要说到做到，从而让百姓心生畏惧。如此一来，才能建立、保持法律的一贯性，使得百姓知法懂法，且国家要遵循执法必严、违法必究的原则进行管理。由此可以看出，赏信罚必是商鞅执行新法的基本原则。而轻罪重刑，则是商鞅的又一立法原则，在商鞅新法的诸多法令条文中，亦多有体现。

其五，移风易俗，废私立公。这是商鞅实施变法所要解决的根本问题之一，在商鞅制定的新法中，有多条法令与此相关。韩非在《韩非子·诡使》中所说的"夫立法令者，以废私也"，即是从立法原则的高度谈及"废私"的。

历史证明，商鞅变法是中国历史上最成功的变法，也是影响最大、最深远的一次变法。

为何此章节会大篇幅地对商鞅变法进行详细的记述呢？因为法，乃治国之根本。

"不以规矩，不能成方圆"（《孟子》）。任何一个国家，都不能缺失法律对人的行为的个别性指引和规范性指引。法律作为一种行为准则，对人民的行为是否合法具有判断、衡量的作用，是强制人民遵纪守法的手段，更是社会安定的一种保障。

据《唐律疏义》中记载："商鞅传授，改法为律。"商鞅以《法经》作为一部有科学性和稳定性的刑法典为参考采用，结合秦国当时的国情，改法为律，自成体系，制定了一套较为完备的刑法法典。

商鞅变法，将秦国的法变成律，标志着秦国的法制建设进入了一个新的阶段，亦是中国法律建设的新开始，对之后两千年的中国政治也有着深远的影响。

法律的形成保证着我们的生存，保证着社会的发展。尤其是现代社会，它的存在更为重要。现如今，法律对生活的渗透无处不在。试想一下，倘若没有一套完整的、适合国家的法律机制，国家又该如何健康地发展。

五、图强后的锋芒

自变法后，秦国日益强大，以当时秦国的实力，已具备扩张的能力，于是秦国开始了对外战争。

公元前358年，秦军首败韩军于西山。

公元前354年，魏国的盟国卫国遭到了赵国的袭击，魏惠王得知后，立刻出兵支援卫国，不过魏惠王没有与赵国正面交锋，而是采用迂回战术，派兵包围了赵国都城邯郸（今河北邯郸），以此逼迫赵国从卫国撤军。

秦孝公时刻关注着魏、赵两国的动向，魏惠王将魏国的精锐部队全部投放于围困赵国，此举无疑是给了秦孝公一个绝佳袭取的机会。正所谓"攻其无备，出其不意。此兵家之胜，不可先传也"。秦孝公抓住魏军主力出兵赵国，魏国没有防备之机，派兵偷袭魏国位于河西长城（魏惠王于公元前358年，在黄河以西与秦交界处修筑长城。）的根据地元里（今陕西澄城县），大败魏军，歼灭守军七千人，并占领少梁城（今陕西韩城）。

少梁城是黄河西岸的重要渡口，秦军占领此处，意味着秦国随时可以渡过黄河攻打魏国的河东之地。同年，秦孝公命公孙壮领兵进攻韩国，包围焦城，未攻克，只是占领了上枳、安陵、山氏并筑城。自此，秦国深深地插入魏、韩两国交界的地区。

魏惠王得知少梁城失守，没有立即下令收兵，返回夺取少梁城，而是继续围困邯郸。魏惠王的战略决心十分清晰，就是要攻克万难，拿下赵国，只要赵国顺应时势，乖乖投降，臣服于魏国，魏国就可以得到赵国的力量，顺势联合三晋之力，与秦国一决高下。

可惜，事情发展的走向并没有按照魏惠王的雄心壮志来。魏惠王的出发点是好的，战略目标也很明确，但是他忽略了当下的时局。

战国时期的硝烟已不再是悄无声息的，而是各国都在伺机而动，以军事手段为本国谋求最大的利益。所以，围赵之战，远没有魏惠王想的那么简单。正如他不会想到，在魏军围困邯郸之际，齐国突然出兵，围魏救赵。

赵国被困，派人向齐威王求救。齐威王随即派大将孙膑率军援救赵国。孙膑认为魏国全部精锐正围攻邯郸，国内必然空虚，便领兵围攻魏国都城大梁，迫使魏将庞涓撤兵回救。如孙膑所料，庞涓得知都城被困，当即率军赶回魏国，不料在桂陵遭遇齐军的伏击。孙膑这招避实击虚，攻其必救，果然奏效，在桂陵之战中大破魏军八万精锐，生擒魏将庞涓。

与此同时，楚国打着救援赵国的旗号，出兵攻取魏国睢水一带的土地。

魏国的处境举步维艰，庆幸的是魏惠王临危不乱，不但没有撤回围困赵国的魏军，还召集了韩国的军队，用以击退援赵的齐军。魏国始终把握着战争的主动权。

此时的局势是，齐军与宋军、卫军联合，围攻魏国的襄陵；魏军主力已攻破赵国邯郸，但在桂陵之战中，被前来驰援赵国的齐军击败；楚军以救援赵国为理由，夺取了魏国睢水、濊水之间的土地。真是"处处不安也"。

如此混乱的局面，自然少不了秦国的参与。

公元前352年，秦孝公任命商鞅秦国最高的官职——大良造，率军渡过黄河，向东挺进，直逼魏国旧都安邑（今山西运城）。秦军来势汹汹，魏军抵御不住，秦军乘势拿下安邑。

魏惠王得知秦国占领安邑，连忙派军队在上郡要地固阳（今包头市）以东修建崤山长城，以此来阻止秦军的进攻。然而，四面受敌的魏惠王，分身乏术，再失领地。

公元前351年，秦军乘胜追击，攻打魏国的固阳，守军大败，固阳降秦。

失之东隅，收之桑榆。尽管西疆在商鞅的进攻下连遭挫折，但在中原大战中，魏惠王却取得了重大的胜利。在围困赵国首都邯郸三年后，魏军终于将其攻克，于魏国而言，着实是重大的胜利。

这时，商鞅也没闲着，趁赵国岌岌可危之际，出兵攻打赵国，夺取蔺城。赵国被魏军、秦军打得惨败，几近油尽灯枯，无奈之下，赵成侯迫于无奈，只能低头认输，向魏惠王俯首称臣。

魏国自魏武侯去世后，一度陷入内战，之后接连遭到赵、韩两国的入侵挑衅，还要时时应对秦国在西线的侵扰。魏惠王以他的才智将这些困难一一化解，他在内战中除掉异己，而后分化瓦解赵、韩联军，迫使韩国对魏国俯首称臣，还出兵大举攻赵，挫败齐国援军，迫使赵国臣服，这些足以说明魏惠王是一个有智慧的领导者。

尽管魏国在西线遭遇少许损失，但总体上还是取得了巨大的成功。一时间，魏国仿佛又回到春秋时代晋国的霸主地位。

有了霸主之位，必须还要有霸主之威。魏惠王自称霸后，更加肆无忌惮地发动军事行动，对外扩张。

公元前350年，魏国集赵国之军，联合出兵，攻打燕国，夺取夏屋（今河北顺平）；

公元前346年，魏将魏章率领魏、韩两国联军，向楚国发动进攻，夺取上蔡（今河南驻马店）。

魏国在西线上遭受的损失，在东线得到了补偿。

面对魏国咄咄逼人的架势，齐国深感焦虑，于是从公元前350年开始，利用原有的堤防，重修长城防线，西起防门（今山东平阴），东经五道岭，绕泰山西北麓，经泰沂山区，至琅琊（今山东胶南小朱山），以防御魏国及其他国家的突袭。

经过一系列军事上的成功，魏惠王已然认为魏国战无不胜，天下无敌，为了继续彰显霸主之威，矛头直指秦国。秦国此时正在进行第二次变法，对魏国的进攻全然无觉。

魏惠王以朝见天子为由，集结了诸侯国的兵力，向西进发，直逼秦国。

秦国自商鞅变法后，军事力量得到了质的飞跃，但要以一国之力，抵抗其他国家的联合进攻，简直是天方夜谭。就在这紧要关头，商鞅挺身而出，出使魏国，化解了秦国这次的危机。

商鞅曾在魏国待过多年，可以说十分了解魏惠王的性格。商鞅深知魏惠王一心想维持魏国的霸权事业，想超越魏文侯与魏武侯的功绩，但是他好高骛远，很容易被眼前的胜利冲昏头脑，最为关键的是，他在不该听劝的时候，缺少了自己的主见。

身为一国之君，听信忠言固然是好事，但因为自以为是，骄傲自满，失去了理智的判断，就大错特错。

商鞅正是抓住了魏惠王性格上的缺陷，才会一击即中，成功说服魏惠王放弃攻打秦国。

俗话说得好，"千穿万穿，马屁不穿"，这话着实有理。商鞅见到魏惠王后，先是一顿吹捧，使得魏惠王飘飘然，觉得自己真是名副其实的霸主，已然找不到北了。商鞅见时机成熟，话锋一转，以略带怅然的口吻说道："像魏国实力这般强大的国家，却只能领导鲁、宋、卫这样的小国，着实可惜。大王明明有称王的能力，却这般谦虚，着实令人敬佩。"

商鞅此话一出，魏惠王的眼睛都亮了几分，商鞅继续说道："只要有了'王'的名号，自然可成'王'的事业。"商鞅还向魏惠王保证，秦国绝对是第一个支持他称王的。

显然，商鞅的几句话，已经成功地取悦了魏惠王，后面的事情自然发展顺利。

商鞅承诺，秦国将是魏国最坚强的后盾，但称王这事儿，不能光靠秦国一国之力支撑，毕竟楚国与齐国这样的大国还在，保不齐它们从中作梗，阻挠魏惠王称王，所以，魏惠王若想顺利称王，首先要解决楚国与齐国。

商鞅这招实在高明，既阻止了魏国的进攻，又可以使魏国与齐、楚两国产生隔阂，毕竟像齐国、楚国这样的强国，肯定不会轻易同意魏惠王称王称霸。

统一的前夜：秦始皇横扫六国

魏惠王对商鞅如此明显的意图，竟是一点儿没有觉出来不妥，心思早就飘到该如何解决齐国与楚国的问题上面，已经全然忘记此刻魏军正严阵以待，向秦国发动攻击了。

一场声势浩大的伐秦之战，还没开始就戛然而止了。

如商鞅所料，不久之后，魏惠王果真给自己封了王，正式称为夏王，并集结了宋、卫、邹、鲁等诸侯国的国君在逢泽召开会议。此次会议，秦国为了向魏惠王表示愿意支持他的决心，派出公子少官为代表，参加会议，魏惠王见秦国这么有诚意，大喜过望，更加认为自己称王的决定太明智了。

会议期间，魏惠王为了给周王室一个面子，还带领着众诸侯朝见了周天子，历史上把这次诸侯峰会称为"逢泽之会"。

逢泽之会，表面上看魏惠王是最大赢家，出尽风头，一时风光无两，但这只是魏惠王的主观臆想罢了，殊不知自己已经被推向风口浪尖。魏惠王此举，使魏国成为众矢之的。

来参加逢泽之会的各国代表，除了其他不计数的小诸侯国的代表外，只有秦国一个实力较强的大国来参加，像齐国、楚国这样的大国，根本不会派代表出席，燕国也没有派代表参加会议，刚刚被魏国攻克的赵国也没有派代表参加会议，就连一直臣服于魏国的韩国，也没有任何的表示，这简直就是在打魏国的脸。

各国的举动已经说明了，大家对魏惠王的称王之举，嗤之以鼻。论实力，魏国在当时确实是很强，但是不足以称王。毕竟，以当时的历史背景看，大家若想攻打魏国是件很容易的事，只是没有合适的契机。而魏惠王称王之举，无疑是给大家的联合创造了时机。魏国霸主的头衔岌岌可危，只是魏惠王没有看清时局。

魏、赵、韩三国都是从晋国分裂出来的，地位可以说是平等的，只是三国的国情发展进度不同，造成了三国国力的悬殊，其中赵国的实力还是很强的，若不是魏国联合他国兵力，楚国又借机偷袭，赵国不会轻易地臣服于魏国。而这种臣服，也只是表面的臣服，包括韩国在内，都是心有不甘。

眼下魏惠王自称夏王，显然是把地位凌驾于众诸侯之上。而赵、韩两国的不参与、不回应、不支持，在魏惠王心里扎下了一根刺，他决定逐个解决，韩国很不幸地成为魏惠王的首个目标。

战国初期，韩国曾出兵攻灭了郑国，并占领了郑国的土地。为了震慑韩国，魏惠王提出应该让郑国复国，以此来让韩国把吞并的土地交出来，韩昭侯想都不想一口拒绝了。

韩昭侯的拒绝在魏惠王的预料之中，但是魏惠王一点儿也不在意，接着又提出魏国与韩国本是一国，韩国理应合并进魏国。魏国对韩国的吞并之心，昭然若揭。

韩昭侯可以忍受魏国的欺压，但绝不会妥协于魏国的蚕食。

魏惠王见韩昭侯不惧自己的威慑，只能发动军事行动，于公元前344年，派兵攻打韩国，欲消灭韩国。魏国咄咄逼人，韩国只能奋起抵抗，否则就会遭到灭国之灾。韩、魏两军，于梁（今河南临汝西）、赫（今河南临汝西）交战，韩军难以招架魏军猛烈的攻势，于是韩昭侯一边派兵抵御魏军的进攻，一边向齐国求助。

齐威王收到韩昭侯的求助消息，没有立刻出兵，而是召开会议，与众臣商议是否出兵救韩。最后，齐威王采纳孙膑的建议，暂时按兵不动，等待一个可以一举拿下魏军的时机。

孙膑认为在长时间的进攻下，魏军已经疲惫不堪，这便是他在等的时机。公元前342年，齐威王命田忌、孙膑领兵，伐魏救韩。魏惠王派太子申、庞涓为将，率军迎战。

两国之军于马陵展开激战，孙膑以计谋大败魏军，杀魏将庞涓，俘魏太子申，歼灭魏军十万，这场战役被称为马陵之战。魏国在马陵之战中的惨败，无情地揭开了魏惠王纸老虎的面纱。

马陵之战是战国时期最重要的战役之一，亦是魏国由盛而衰的标志。

公元前 341 年，齐国与宋国结盟，趁着魏国战败之际，联合攻打魏国的东部；赵国也趁机出兵，攻打魏国的北部；

秦国自然不会错过这么好的机会。商鞅认为，魏国在马陵之战中遭遇重创，现在是进攻魏国的绝佳机会，于是向秦孝公提出作战计划。据《史记·商君列传》中记载，商鞅向秦孝公提议道："秦之与魏，譬若人之有腹心疾，非魏并秦，秦即并魏。何者？魏居岭阨之西，都安邑，与秦界河，而独擅山东之利。利则西侵秦，病则东收地。今以君之贤圣，国赖以盛。而魏往年大破于齐，诸侯畔之，可因此时伐魏。魏不支秦，必东徙。东徙，秦据河山之固，东乡以制诸侯，此帝王之业也。"

商鞅就秦国与魏国的关系做了分析。魏国地处山岭险要的西部，而秦国独占崤山以东的地利，从地理位置上看，魏国既可以西进攻打秦国，又可向东扩展领地，所以秦、魏两国，终有一战，不是魏国兼并秦国，就是秦国吞并魏国。如今魏国处于内忧外患之际，可以抓住现在的时机向魏国发动攻击，以此来攻占魏国的西部土地，这样一来，魏国势必会向东撤退。若是魏国向东撤退，秦国便可顺势占领黄河和崤山之间的战略要地，完全控制此战略要地，有利于之后秦国向东扩张，控制各国诸侯，此乃帝王大业也。

秦孝公认为商鞅分析的在理，于是采用商鞅的意见，"使卫鞅将而伐魏"（《史记·商君列传》），由商鞅为将，率领大军，向魏国的西部发起进攻，此战役被称为西鄙之战，是秦孝公时期，重要战役之一。

一时间，魏国三面受敌，面临着前所未有的危机。

公元前 340 年，商鞅亲自率领秦军进攻魏河东，魏国则派出商鞅的旧友公子卬前去迎战。

两军列开阵势，蓄势待发。这时，商鞅没有采取激进的进攻方式，而是情真意切地给公子卬写了一封信，信上说："吾始与公子欢，今俱为两国将，不忍相攻，欲与公子面相见，盟，乐饮而罢兵，以安秦、魏。"（《史记·商君列传》）商鞅在信中言辞恳切，表示不希望两国交战，更不想两人因此兵锋相见，不如见面，详细探讨一下两国该如何撤兵，以保和平。

公子卬收到信后深受感动，十分珍惜这份摇摇欲坠的友情，没有任何怀疑地前往赴约。殊不知，从公子卬深受感动的那刻起，就已经落入了商鞅的圈套。这席酒，注定喝不成，公子卬前脚踏入秦军大营，下一秒就成了商鞅的俘虏。

魏军就这样莫名其妙地丢失了主将，群龙无首的军队，已然成为一盘散沙。商鞅见公子卬到手，一声令下，秦军势如破竹，给了魏军致命一击，魏军惨败，伏尸数里，血流成河。西鄙之战是魏国继马陵之战后，遭遇的又一次重击。

商鞅在西鄙之战中，轻而易举地取得了重大胜利。西鄙之战成为商鞅在秦国发展做出的贡献中，重要的代表作之一，但此战赢得壮观却不美观。

后世历史学家曾评论说："魏惠王之败于齐、秦，此盛衰一转关也。"魏国自东西两线全部遭遇惨败后，称王霸业就此告一段落，取而代之的是齐国与秦国的霸业。

魏惠王因为魏国在西线的惨败，为了让秦国手下留情，不再继续进攻魏国，不得不向秦国低头，做出了重大的让步，割让部分河西之地以换取短暂的和平。

于秦孝公而言，尽管只是收回部分失地，仍是值得回味的伟大胜利。

秦孝公刚刚继位之时，曾立志雪耻，收复河西。如今离这个目标更近了一步，自然喜出望外。为此，秦孝公兑现了《求贤令》的承诺，把於、商（今陕西省商洛市商州区东南商洛镇）封给商鞅，共计十五个城邑,号为商君。

商鞅自此登上人生的巅峰,成为秦国最有权势的大臣。只是随着秦孝公的离世,商鞅手中的权势、富贵如沙子一般,从他的指间流走,抓都抓不住。

公元前338年,即秦孝公二十四年,秦孝公嬴渠梁病危,《战国策·秦策一》中曾记:"孝公行之八年,疾且不起,欲传商君,辞不受。"秦孝公用商鞅推行法令十八年,重病将死之时,想把君位传给商鞅,商鞅推辞不肯接受。

随着咸阳城一声丧钟敲响,秦孝公的时代结束了。秦孝公死后,葬于弟圉,其子曾遭商鞅打击的太子嬴驷继位,是为秦惠文王,也称秦惠王。

前章提到过,商鞅推行新法时,秦惠王曾触犯法律,得到商鞅的严办,所以,在秦惠王继承王位后,商鞅很识趣地提出回到自己的封地,以求自保。

商鞅的担忧不无道理。秦惠王继位之初,曾因商鞅被割掉鼻子的公子虔便秘密召集了一批人,到秦惠王面前,进言道:"大臣太重者国危,左右太亲者身危。今秦妇人婴儿皆言商君之法,莫言大王之法,是商君反为主,大王更为臣也。且夫商君固大王仇雠也,愿大王图之。"(《战国策·秦策一》)

秦惠王在公子虔等人的教导下,早就对商鞅心生厌恶,加上商鞅所拥有的权力,的的确确威胁到了秦惠王的君威。

秦惠王的危机感不是没有缘由的,自商鞅来到秦国后,实行变法,重制法令,政绩卓然,所以秦国的百姓只知商鞅,却不知秦孝公,导致商鞅更像君主,秦孝公反而像臣子,于一国之君而言,这绝对不是个好现象。最重要的是,商鞅在权力之巅待得太久了,久到已经习惯把自己当作秦国的最高领导者,把自己的话当作了国家的法律,在秦国政权中,甚至无人敢与他公开作对。被权力迷了心智的商鞅，失去了洞察时局的能力，当大梦初醒时，才发现为时已晚。

当公子虔、公孙贾等曾被商鞅严厉惩罚的贵族重返政坛被复用时，当原本以太子马首是瞻的一批人成为朝廷最大的势力时，商鞅才感觉到危险的来临，这是秦惠王对他最后的警告。

商鞅如梦初醒，为保住性命，他决定在这些人动手之前，先逃出秦国。此时的商鞅，命悬一线，失了冷静，不管秦惠王允不允许，下没下令，他都要离开秦国，而他这一逃，注定要背上叛逆之名。

经过深思熟虑，商鞅决定先逃往魏国。商鞅心里有着自己的盘算，他曾在魏国待过很多年，积累了一定的人脉。而且，他曾多次往返秦、魏两国，对去往魏国的道路比较熟悉，有利于他的逃亡计划。最为重要的一点，魏国自马陵之战和西鄙之战后，一蹶不振，若是商鞅能够帮助魏国重振旗鼓，那么便可借助魏国的力量，来攻打秦国，以报这次逃亡之仇。

商鞅以为，他的计划天衣无缝，被自己的智慧深深折服。然而，商鞅却败给了自己制定的法令，甚是可笑。

在商鞅即将逃到秦、魏边境之时，实在忍受不了饥饿，于是找到一处客舍，想吃上一顿饱饭、睡一个安稳觉。谁知，客舍的老板竟要求他出示身份凭证，因为商君有令，没有身份凭证者不能住宿，否则老板将以同等罪名论处。

那一刻，商鞅应该是绝望的。无奈之下，商鞅只能强打精神，继续逃亡之路。堂堂一国的大良造，如今只能徒步逃亡，着实可悲。直到跨过秦境，进入魏境，商鞅才长舒一口气，现在他再也不用担心被秦国追击了。

正当商鞅畅想自己的未来时，魏惠王却给了他当头一棒，将他最后的希望打得稀碎。

当年商鞅还是个默默无闻的侍从时，公叔痤曾跟魏惠王力荐商鞅，并建议魏惠王，要么把国政交给商鞅来治理，要么就杀了他。当时魏惠王没有放在心上，结果却被商鞅坑得那么惨。魏惠王曾感叹道："寡人恨不用公叔痤之言也。"（《史记·商君列传》）也就是说，魏惠王对当初没采纳公叔痤的意见十分后悔。

然而，魏惠王也只是单纯地悔恨自己当初不识人才，抑或是惋惜当初没有果断地除掉商鞅，才导致魏国与诸侯在中原大战时，被商鞅借机在西部搞破坏，失了少梁与旧都安邑；再有商鞅的奸诈、利用，让魏国在称王一事上，成了众矢之的，腹背受敌；还有商鞅以卑鄙的手段生擒公子卬，又在秦、魏谈判中迫使魏惠王损失河西许多土地。这一桩桩一件件被商鞅坑的事情历历在目，任魏惠王有容人之度，也不会有容商鞅之度。所以，魏惠王的懊恼中，绝对没有要重用商鞅的意思，一切都是商鞅的臆想罢了。

商鞅在以诡诈的谋略为秦国争取利益的同时，切断了自己所有的后路。商鞅的异想天开配不上之前他在秦国变法时彰显的智慧，没有哪个国家的国君会接受商鞅这种心思狡诈、叛军叛国、野心勃勃的人为自己所用，这也是商鞅辉煌一生中最大的败笔。

魏惠王得知商鞅入境，当即下令，命人把商鞅逐出魏国，理由是："商君，秦之贼。秦强而贼入魏，弗归，不可。"（《史记·商君列传》）秦国如此强大，而商鞅是秦国的逃犯，魏国得罪不起秦国，所以把商鞅送回了秦国。魏国此举，无疑是将商鞅送上绝路。

人在身陷绝境的时候，总能把自己潜在的力量发挥到最大，以此来与命运抗衡。商鞅亦是如此。

商鞅被送回秦国后，没有束手等待死亡的降临，而是潜逃到商地，欲以自己的封地与秦国做最后的抵抗。当初，秦孝公封赏商鞅这十五座城邑时，一定不会想到，有朝一日，自己最为倚重的大臣竟然利用这片土地与自己的儿子争斗。

商鞅决定先发制人，集结了一伙对秦国有造反之心的人，出兵攻打郑县。商鞅不知道的是，秦惠王对他一直有所忌惮，所以没有痛下杀心，只是派兵捉拿，直到商鞅举兵攻打郑县，把谋反的罪名坐实，这一举动消除了秦惠王所有的顾虑，并师出有名，派兵镇压商鞅的叛乱。

商鞅的自乱阵脚，给了秦惠王除掉他的契机。关于商鞅的结局，历史文献中有简略的记载，记述如下：

《史记·秦本纪》中载："鞅亡，因以为反，而卒车裂以徇秦国。"

《史记·商君列传》中载："秦发兵攻商君，杀之于郑黾池。秦惠王车裂商君以徇，曰：'莫如商鞅反者！'遂灭商君之家。"

《战国策·秦策一》："商君归还，惠王车裂之，而秦人不怜。"

通过文献的记载，我们可以知道商鞅最后被执行车裂之刑，并示众。秦惠王还下令诛灭了商鞅全家。这位以严酷手段治国的改革家，对秦国做出杰出贡献的思想家，最终以如此惨烈的结局收场，令人唏嘘。

司马迁曾在《史记·商君列传》中评价商鞅："商君，其天资刻薄人也。"商鞅的天性就是个刻薄的人，可能这就是商鞅被杀的原因之一。商鞅的结局告诉我们，身为人臣，可以有出其类、拔其萃的能力，万不能有越其俎、代其庖的野心。

商鞅被杀后，秦惠王没有因为商鞅的原因就废除新法，而是一直沿用。尽管在刚推行新法时，旧贵族的权利受到损失，但是二十年的改革变法，早已消除了他们的势力，而且在这二十年中，秦国的文明得到了很大程度的提高，国力日益强大，国富兵强，大家获得的利益越来越多，反对新法的人自然就少了，就连以前以秦惠王为首拼命反对变法的党徒，对新法也逐步认可。

可以说，商鞅变法是秦国历史的分水岭。秦国在变法之前，是一个空有蛮力但无地位的诸侯国；变法之后的秦国，俨然成为吸引天下人才的国家。秦惠王延续商鞅变法的精神，采取更为开放的人才引进政策，使得秦国的发展突飞猛进，迅速崛起成为战国时期的超级强国。

月盈则亏，盛极而衰，是中国历史自古以来不变的规律。秦国在崛起之时，有一个超级强国却走上衰败之路，这就是第一个崛起的诸侯国，曾经位于霸主之位的楚国。

战国时期，任何国家的强盛与衰败，跟秦国都息息相关。而楚国的衰败，可以说注定了秦国的统一六国。

楚国衰落的伏笔，其实早在它达到极盛前就已经埋下。而著名的吴起变法未能成功，就已经注定了楚国将在各国争霸中落后。魏国攻打赵国时，一向自视很强的楚国也只是出兵偷袭赵国，并不敢与其产生正面冲突。

吴起针对楚国面临的种种顽疾，推行了一系列革新的政策，这些举措迅速在楚国产生了积极且显著的效果。然而，改革的步伐未能持续稳健地向前迈进，导致楚国原本取得的进步势头逐渐减弱乃至停滞。那些长期困扰楚国的深层次政治问题，虽在吴起改革期间得到了一定程度的缓解，却并未得到根本性的解决。因此，当宣威盛世的辉煌逐渐褪去，贵族阶层的势力再次抬头，迅速膨胀至国家管理体系难以驾驭的境地。

据《韩非子·问田》中记载："楚不用吴起而削乱。秦行商君而富强。"秦国自商鞅变法伊始，便一步一步地走上了上坡路，反观楚国，随着变法的半途而废，则走上了下坡路。

与楚国变法的半途而废比起来，当时其他国家的变法大都获得了成功，取得了显著的效果，其中以秦国最为突出，这就注定了秦国将走得更远。

相传，楚人的祖先祝融是颛顼的后代，而秦人也是颛顼的苗裔，与中原国家同是炎黄子孙，但是境遇却大不相同。当楚国在南方"以启山林"时，秦人正在西北"逐水草而居"，"杂戎翟之俗"。秦、楚两国都是在十分恶劣的生存环境下，形成了顽强进取、不屈不挠的精神，形成了自己独特的民族文化。当时，秦国和楚国一样，也一直得不到中原文明的承认，正如《史记·秦本纪》中的记载那样："秦僻在雍州，不与中国诸侯之会盟，夷翟遇之。"

当时的秦国，比楚国还要落后，蛮夷化的程度还要深，地理环境远不如楚国。《汉书·刑法志》中曾这样描述秦国："其生民也狭隘，其使民也酷烈。"秦国的立国和发展一直落后于楚国。

楚国在西周初年就已立国，在当时风靡一时，而秦国直到东周时代才被封为诸侯国。和楚国，以及齐、晋、鲁等元老级别的诸侯国相比，秦国参与诸侯争霸的历史短了整整一个西周时代，因此，春秋时期，秦国比楚国还要受人歧视。

如果比较历史之悠久、文化之发达、物质之繁盛，秦国不能望楚国之项背。但是，在战国时代的改革大潮中，秦国却能顺应时代，迅速崛起。

原因在于它们对中原文明态度的不同。一开始，楚国的强大，是因为它背靠蛮夷，却不断向中原汲取文化力量。反观秦国，自立国之初，就没有经历过充分中原化的过程。这也是秦国可以彻底进行变法，并通过变法自强自立的原因之一。

秦国历代君主都有着特别强的奋斗精神，他们通过与中原国家交战，能够敏锐地发现中原各国的弱点，针对其弱点，正中要害。因此，在战国七雄中，秦国文化是最独特的，很大程度上，它是一种草原文化。《战国策·中山策》中曾记载："秦中士卒，以军中为家，将帅为父母，不约而亲，不谋而信，一心同功，死不旋踵。"

正是因为秦国的草原文化，对文明的追求，但不会摒弃原有的精神，可以顺应时代，致力于国力发展，所以秦国能够强大，强大到统一六国。而像楚国这样以礼乐诗书为文明的国家，注定会被淘汰。

战国时期，文明不再是一个国家的护身符，野蛮、扩张才是最有力的武器，这样的历史背景下，没有哪个国家能够独善其身。

六、纵横之术引领风尚

齐威王执政时期，积极进行改革，使齐国"最强于诸侯"。这时，齐国不再甘心受制于魏国，齐、魏两国的关系跌入谷底。齐国和魏国的冲突不断，赵国也决定摆脱魏国的桎梏，因为魏国地处赵国南边，严重妨碍了赵国向中原发展的进程。都说敌人的敌人就是朋友，齐、赵两国对魏国的不满，反而促成了这两个国家的合作，魏国就是它们联合对付的目标。经过齐、赵、魏一系列的军事行动，时局发生了变化。前面提到过的齐、魏马陵之战，魏国惨败，从此走向衰落。而齐国因此变得更加强大。

随着秦国和齐国的壮大，魏国霸权的衰弱，群雄争霸正式进入到一个新的阶段。而各国诸侯相继称王，成为这个阶段的标志。

公元前334年，魏王因霸业丧失，为求遏止秦国继续扩张，主动前往徐州拜见齐王，双方自立为王，并互相承认对方的王位，史称"徐州相王"。

公元前325年，秦国继齐、魏之后称王；

公元前323年，魏、韩、赵、燕、中山五国相互承认对方的王号，史称"五国相王"。

自此，战国七雄全部称王，这无疑是扯下了周天子最后一块遮羞布。众所周知，周天子在春秋时期时便无权无势，但起码还被诸侯们称为共主，即使三家分晋，还得周天子正式册封，它们才能跻身于诸侯之列。可现下诸侯全部称王，不管做什么都不需要再向周天子请示，更不需要他那华而不实的册封。

任何时代，倘若失去了中央政权，那么等待这个时代的只有争夺、瓜分，正如当时的各个诸侯国，无不绞尽脑汁地争夺土地，抢占先机，称王称霸。在这样的历史背景之下，纵横思想就成为战国中期引领潮流的政治思潮。

所谓纵横，即合纵与连横。正所谓"纵者，合众弱以攻一强也；横者，事一强以攻众弱也"。其实也不尽然。纵横之术在时代的变化下，组合形式也随着时代的变化而变化。

在早期的战国时代，各诸侯之间除了弱弱联合、弱强联合之外，还存在一种形式，就是强强联合。当时，魏、赵、韩善于诡诈之术，可以说是纵横家思想的策源地，"三晋多权变之士，夫言从衡强秦者大抵三晋之人也。"（《史记·张仪列传》）说的就是魏、赵、韩三个国家有许多善于权变的人，那些主张合纵、连横使秦国强大的，为秦国对东方诸国取得压倒性的优势做出贡献的，大多都是这三国的人。

善于纵横之术的人之所以能在秦国发挥所长，一是因为秦国需要发展壮大，恰巧纵横之术又很符合当时秦国的需求。二是因为秦国一向以法家思想为主要思想，它不会因为儒家思想对纵横的批判，就轻视纵横。秦国更加看重的是结果。

孟子曾对纵横之术进行了批判，他认为真正的君子应该依礼而行，顺义而为，得志不猖狂，失志不消沉，心怀天下。在孟子眼里，纵横家跟真君子恰恰相反，他们追求的是位尊、利益，就算某些纵横家有"一怒而诸侯惧，安居而天下熄"的威慑，也不过是为了自己显达富贵。他们会为了达到自己的目的，不择手段地取悦君主，甚至挑起纷争，从中渔利。孟子所代表的儒家思想与纵横截然相反，双方的观念是对立的，所以孟子特别憎恨那些有见识、有才干却为一己之私而祸乱天下的纵横家。

当时，在纵横家中有三个较为突出的代表人物，分别是东周洛阳（今河南洛阳）苏秦、魏国阴晋（今陕西华阴）公孙衍与魏国安邑（今山西运城万荣）张仪。其中，苏秦与张仪师出同门，都是鬼谷子的弟子，鬼谷子是战国时期的一位异人，十分神秘，没人知道他是打哪儿来，历史上也没有关于他的故事，唯一被世人所知的便是他有这两位优秀的弟子。

苏秦家里以务农为生。在鬼谷子门下学成后，曾游历多年，可惜没能闯出什么名堂，只好回到家里，一度遭到家人的嘲讽。苏秦感觉惭愧，但又不甘心就此堕落，于是闭门不出，潜心研究，终于被他揣摩出纵横之术，他认为飞黄腾达的时候到了，便四处游说各国君主。

洛阳，是苏秦的第一个目标。可惜，周显王没相中他的才华。于是，苏秦西行至秦国。

此时秦国已经是秦惠王执政，《史记·苏秦列传》中对苏秦如何游说秦惠王作了详细的记载："说惠王曰：'秦四塞之国，被山带渭，东有关河，西有汉中，南有巴、蜀，北有代、马，此天府也。以秦士民之众，兵法之教，可以吞天下，称帝而治。'秦惠王曰：'毛羽未成，不可以高骘；文理未明，不可以并兼。'"

《战国策》中亦有记载："苏秦始将连横说秦惠王曰：'大王之国，西有巴、蜀、汉中之利，北有胡、貉、代马之用，南有巫山、黔中之限，东有肴、函之固。田肥美，民殷富，战车万乘，奋击百万，沃野千里，蓄积饶多，地势形便，此所谓天府，天下之雄国也！以大王之贤，士民之众，车骑之用，兵法之教，可以并诸侯，吞天下，称帝而治。'"

苏秦曾用连横的主张去游说秦惠王，希望秦惠王能以四塞之固、民富国强、兵精粮足的有利条件来"并诸侯，吞天下"。然而，秦惠王则以羽毛未丰、时机尚未成熟，加以推辞。

苏秦见秦惠王不肯采纳他的建议，便离开秦国，去往下一个国家——赵国。当时赵国是赵肃侯执政，其弟弟赵成为国相，因赵成不喜苏秦的为人，赵肃侯断然拒绝了苏秦的游说。

一连被三个君王拒绝，也没有打消苏秦要闯出一番事业的决心，他继续前行,直到在燕国得到赏识,苏秦才有了一席之地。

张仪的境遇也好不到哪去,他出身寒微,很长一段时间内都在做贵族的门客。

有一次他陪着楚相喝酒,席间,楚相发现一块儿玉器找不到了,询问仆人,他们告诉楚相刚才张仪从摆放玉器的地方经过,张仪品行素来不端,于是楚相命人把张仪抓来,一边鞭打一边责问张仪,张仪死不承认,经过一番巧辩,楚相便把张仪放了。张仪被抬回家后,他的妻子痛哭不已,据《史记·张仪列传》中载:"尝从楚相饮。已而楚相亡璧,门下意张仪,曰:'仪贫无行,必此盗相君之璧。'共执张仪,掠笞数百,不服,释之。其妻曰:'嘻!子毋读书游说,安得此辱乎?'张仪谓其妻曰:'视吾舌尚在不?'其妻笑曰:'舌在也。'仪曰:'足矣。'"张仪的妻子见他被打成这样,埋怨他如果不去游说,就不会发生这样的事,张仪笑着对他妻子说,只要舌头还在,足矣。张仪的口才之利,世所仅见。他说话逻辑缜密,且比喻精彩,就连撒起谎来,都十分诚恳,很少有人能敌得了他的三寸不烂之舌。

"揣术"是纵横家的核心思想之一,讲的是"量权"和"揣情",即游说的开始。《鬼谷子》认为,要掌握天下大事,就要通过观察事物的变化及其发展规律,预测事物的发展方向,从而做出准确的判断,制定自己的策略,以达到控制形势和他人的目的。决策前一定要分析事物的发展规律,掌握对方的具体情况,要"量天下之权",否则就会"量权不审,不知强弱轻重之称"。

何谓量权?《鬼谷子》中写道:"度于大小,谋于众寡。称货财有无之数,料人民多少、饶乏,有余不足几何?辨地形之险易,孰利孰害?谋虑孰长孰短?揆君臣之亲疏,孰贤孰不肖?与宾客之智睿,孰少孰多?观天时之祸福,孰吉孰凶?诸侯之亲,孰用孰不用?百姓之心,去就变化,孰安孰危?孰好孰憎?反侧孰便?能知此者,是谓量权"。

也就是说，量权要计算一个国家地域的大小、谋士的多少、经济实力的强弱、人口数量的多少，他们的贫富情况如何。只有掌握了一些基本信息，才能判断出国君的谋略是否长远，推断出君臣间的亲疏关系，了解哪些人是贤能之人，哪些人是平庸之辈。国家命运的发展趋势，诸侯间的结盟关系等等，要事无巨细地观察，才能对事态发展变化进行准确的辨明。只有做好量权的准备，才能制定出相对应的谋略。所以，谋略是成功的关键。

张仪和苏秦都认为在实力相当的情况下，外交谋略是极其重要的，有时，甚至会起到决定性的作用。

春秋时期，一个国家在与各国的比拼中，胜负主要看实力，而战国时代，谋略成为实力中必不可少的关键点。春秋时期的贵族十分鄙视阴谋，战国时期的纵横家们却一天也离不开阴谋。

战国时期各国的外交谋略水平高得超乎我们的想象，其中又以秦国最为突出。在其他国家还没有彻底放弃礼乐文明的面纱时，从未背上过礼乐文明包袱的秦国已将谋略与实力完美地结合起来。

公元前333年，当时公孙衍已经离开魏国，正在为秦国效力，秦惠王派公孙衍率军攻打魏国河西的雕阴城（今陕西延安甘泉县道镇寺沟河村），结果魏国大败。秦惠王得到公孙衍获胜的消息后，非常高兴，当即将公孙衍提升为大良造。

此时，公孙衍一跃成为秦国最火热的权臣，魏惠王更是主动把公孙衍的故乡阴晋（今陕西华阴）割让给秦国，以此来笼络公孙衍。秦国将阴晋更名为宁秦。公孙衍一时风光无两，权势堪比当年的商鞅。

生活在战国时代，不能太过安逸，要有危机感，特别是一个国家的重臣，更应该时刻警惕，懂得自谦，审时度势。正所谓"日中则昃，月满则食"，公孙衍显然没有明白其中之道理，他太过自满，所以注定会被有心之人取代。张仪便是取代公孙衍的人。

魏国空有纵横家诞生之摇篮的美名，但没有给予这些纵横家发挥所长的能力。张仪与公孙衍一样，未能得到魏惠王的赏识，只好去其他国家谋出路。机缘巧合下，张仪来到秦国。

张仪初到秦国时，秦惠王即位已经近五年的时间，在公孙衍的辅佐下，秦国的内政保持得很稳定。之前苏秦入秦游说时，秦惠王的重心全部置于内政方面，无心其他，所以对他那套"并诸侯，吞天下"的说辞并不感兴趣。可如今的形势大不相同，张仪主张的连横战略得到了秦惠王的赏识。很快，张仪在秦国政坛便崭露头角，步步高升。

一个人能否有更好的发展，时机太重要了。张仪就是典型的抓住时机，并能合理运用这个时机，达到自己目的的人。

俗话说，一山不容二虎，张仪入秦没多久，与公孙衍的关系就发生了微妙的变化。

张仪入秦之前，公孙衍一家独大，是秦国最有权势的大良造。随着张仪的出现，一切都变了。张仪的发展势头过于迅猛，秦惠王对他越来越器重，权力也越来越大。直到这时，公孙衍才生出危机感，因为张仪的发展趋势已经严重威胁到公孙衍的地位了。公孙衍的后知后觉，或者说太过骄傲自满，完全不把张仪放在眼里的后果很快就会表现出来。同样是来自魏国的谋臣家，竟到了水火不容的地步，暗斗已经不能满足两人想除掉对方的心，只有明争才能来个痛快。

公孙衍属于那种敌强我弱，心理素质完全不过关的谋臣，面对张仪的强势出击，公孙衍马上就自乱阵脚，回击起来毫无章法，每每都把事情搞得一团糟，在秦国的政治道路上，愈发走下坡路。

有意思的是，公孙衍的思维跟不上张仪利嘴的速度了，便开始剑走偏锋，上演一出负气出走的戏码，直接收拾铺盖，回到了他的故乡魏国。魏惠王知道公孙衍在秦国的地位很高，觉得自己得到了一块儿宝，所以十分欢迎公孙衍回国，并任他为将，以防御秦国的进攻。公孙衍认为凭着他对秦国的了解，不仅仅可以防御，还可以轻轻松松地拿下秦国。

让公孙衍万万没想到的是，秦惠王对于他的离开没有一点点儿的不舍，反而在他离开以后，马上就提拔张仪为相国。即便是公孙衍心里再不痛快，他也没有退路可走了。公孙衍算是硬生生地把自己的前途给断送了。

两位纵横大师的对抗，自此进入到白热化。

秦惠王执政初期，更注重内政，到了中后期，便致力于军事与外交。秦孝公曾任用法家人物治国，秦惠王则任用纵横大师理政，由此可以看出秦惠王亦是一位有抱负、有理想的君主，所以才会为秦国铸造一个大扩张、大外交的时代，并对宿敌魏国形成全面碾压的态势。

全面收复河西，是秦惠王执政时期取得的第一个伟大胜利。

自马陵之战后，魏国实力大不如从前，河西的形势随着魏国的衰落，岌岌可危。公元前340年，商鞅诱擒公子卬，大破魏军。魏惠王被迫签订城下之盟，割让部分河西之地，对河西战事产生了致命的影响。倘若相对完整的长城防御体系被切割，防御能力自然大大地降低，那么随之而来的就是——破。公元前333年，魏国又割让阴晋给秦国，这也预示着秦国将成功收复河西之地。

当一块土地被慢慢割让，即便倾魏国之力，魏惠王也失去了最好的时机，魏国终将守不住这块土地，最后只能双手奉上。

公元前331年，秦惠王派秦公子卬率军出征，大举进攻河西诸城。面对来势汹汹的秦军，镇守河西的魏国老将龙贾也招架不住，他领兵奋死抵抗，结果惨败，魏国将领龙贾被秦军俘虏，魏军伤亡惨重。

经此一战，魏惠王彻底失去了与秦国抗衡的勇气。一场场败绩无不诉说着魏国军事力量的薄弱，一次次割地无处不显示着魏国实力的衰落，反观秦国，越来越强，秦国之实力是魏国无法企及的。

魏国自公元前419年至公元前330年，魏文侯修建少梁城，占领、治理河西之地以来，经历了长达89年的反复争夺，最终在河西之战中以失败而告终。

由是，秦国全面收复河西之地。河西之地的收复，是秦国发展史上的重大事件之一，成为秦国向中原挺进的标志，在此之后，秦国灼人的烈焰很快就要燃烧整个东方。

秦惠王执政时期，位于秦国的西北部有一支最强大的少数民族政权，就是义渠。

义渠，在商代之前是西方羌戎民族的一个分支，居住在宁夏固原草原和六盘山、陇山两侧。这支少数民族部落依仗着骑兵特有的机动性和较强的战略投送能力，时常滋扰秦国的边境，并肆意抢劫掠杀，甚至一度入侵秦国的洛河流域。

令义渠没想到的是，一系列的挑衅行为的后果，竟是断送了这支少数民族政权的未来。

正是因为义渠对秦国产生了巨大的破坏性，公孙衍才得以说服秦惠王暂时停止攻打魏国，转而征讨义渠。

对付义渠这种游牧民族，秦国没有采用平时的作战方式，派数量庞大的军队去打击。而是命人烧荒，游牧民族以牛、羊、马为主要生存工具，为了这些牲畜不被饿死，断不能让它们靠近牧草被烧光的地方。

义渠还在想如何应对秦国的时候，又起内乱，真是屋漏偏逢连夜雨。义渠的内乱，给了秦惠王一个绝佳的机会，他派庶长长操领兵攻打义渠，一举平定。义渠的军事力量由此遭到了重创。

眼见秦国的势力越来越强大，成为名副其实的超级强国，各诸侯国产生了强烈的危机感，它们决定联合起来，共同打击秦国。

公元前317年，韩、赵、燕、魏、楚五国正式结盟，组成联合军，目标直指秦国。秦惠王得到消息后，没有一丝惊恐和慌乱，冷静地下达命令，准备正面迎敌。他派庶长樗里疾率军直奔修鱼（今河南原阳西南），大破魏、赵、韩三国联军，斩首八万，顺利抵挡了东方联军的进攻。

这时，义渠那颗蠢蠢欲动的心又按捺不住了，它想秦国忙于对抗联军，此时若是奇袭，定能有些收获。于是，义渠趁乱出兵，在李帛（今甘肃省天水市）攻打秦军。

秦军处于被夹击的危急情况，千钧一发之际，秦惠王改变战略，决定采用司马错之前的建议，攻打蜀国。

蜀国位于今天的四川、重庆一带，巴国与蜀国相邻，现今被称为"巴蜀"，巴国与蜀国就是从这两个古国的名称里来的，它们是西南最强大的两个国家，巴国首都是巴，位于重庆嘉陵江的北岸，蜀国首都是成都，在西南民族中称霸一方。公元前316年，蜀国与巴国为了争夺西南霸主之位，发生冲突。

巴国的军事力量相较于蜀国略显逊色，巴国不想被打，只好派人前往秦国请求驰援。殊不知，巴国的求救正中秦惠王的下怀，他早就对巴蜀之地虎视眈眈，欲占为秦有了，甚至为攻打巴蜀之地召开了一次专门会议，来商讨相关事宜。

会议上大家讨论激烈，十分热闹，以张仪为代表的一部分大臣认为应该先征伐韩国，以司马错为代表的一部分大臣认为应该先攻克蜀国。

此时，张仪在秦国政权中说话很有分量，他对"伐蜀"代表团的想法嗤之以鼻。张仪认为，此时应该"下兵三川，塞什谷之口，当屯之道，魏绝南阳，楚临南郑，秦攻新城、宜阳，以临二周之郊，诛周王之罪"（《史记·张仪列传》）。

倘若秦国出兵攻打韩国的三川，堵绝什谷（今河南巩义）的隘口，挡住屯留（今山西长治）的要道，进而拿下韩国。这样一来，就会断绝魏国到南阳（今河南南阳）的通道，让楚兵直逼南郑（今河南新郑），秦军进击新城（今河南商丘）和宜阳（今河南洛阳宜阳县），兵临西周和东周郊野，征伐周王室，到时，周王室必定交出象征无上权力的九鼎，拥有了九鼎，大可挟制周天子而号令天下，天下诸侯没人敢违抗，这才是眼下最重要的霸业。

张仪的主张，《史记·张仪列传》中作了详细的记载："据九鼎，案图籍，挟天子以令于天下，天下莫敢不听，此王业也。今夫蜀，西僻之国而戎翟之伦也，敝兵劳众不足以成名，得其他不足以为利。臣闻争名者于朝，争利者于市。今三川、周室，天下之朝、市也，而王不争焉，顾争于戎翟，去王业远矣。"

在张仪眼里，蜀国不过是西方偏远的国家，政治文明十分落后，若是派兵出征，耗时耗力，并不值得，关键的是就算夺取了蜀地，现在也得不到切实的利益。而三川、周室就不一样了，它们好比热闹的市场，我们争夺东西不去热闹的市场，反而去戎狄一类的落后地区去争夺，这可是离大业越来越远了。

大业，在张仪的眼里，显然过于简单了，以当时七雄并立的局面来看，即使秦国已是超级强国，要想对付其他六国，并非易事，如果它们联合起来，更是难上加难，还有一直被张仪忽略的义渠，正蠢蠢欲动，如果秦国真面临被围攻的局面，结局就很难讲了，这也说明当时秦国的势力，尚未达到一统的标准。

张仪的主张一出，迎来一片掌声，许多大臣都连连称赞，唯独一人坚决主张伐蜀，此人就是秦国将领司马错。

"欲富国者务广其地，欲强兵者务富其民，欲王者务博其德。三资者备而王随之矣。"（《史记·张仪列传》）司马错认为，想要国家富强，那么就要开疆拓土；想要强化军队，那么就要使百姓富强，因为百姓是根本；想要统一天下，一定要努力推行仁政。只有具备了这三个条件，大业才会随之而来。别看蜀国是西方偏僻的国家，却能称霸一方。蜀国的首领残暴无道，百姓哀声载道，若是秦国出兵攻打，如同豺狼驱赶群羊，轻而易举就可除掉蜀国。倘若攻克蜀国，其土地自然归秦国所有，有了土地，百姓自然富足，军事战略资源也得到了保障。

摆在秦惠王面前的两个战略让他陷入沉思。灭掉蜀国，不仅可以扩大领土、丰富军事战略资源，还会得到制暴止乱的美名；进攻韩国，不确定的客观因素太多，争夺中原会牵扯到各诸侯国的利益，牵一发而动全身，此事不是张仪想象的那样简单，事态的发展根本无法掌控，更何况，倘若真的挟天子以令诸侯，那么秦国至此都会背负不忠不义的骂名，得不偿失。

经过一番考量，秦惠王最终决定采纳司马错的意见——伐蜀。这一决定，为之后秦国的统一大业贡献了充足的军事战略资源。

秦国进入到积极备战的状态，一支由张仪、司马错、都尉墨等将领统帅的远征军迅速组织起来，这就是秦国的尚武精神，总是雷厉风行。而张仪之所以会出现在这支远征军中，无非就是为了保住自己的宰相之位，他生怕被司马错抢了风头，会在秦惠王面前失宠，便主动向秦惠王请战。张仪的小算盘，秦惠王看得门清。

浩浩荡荡的远征军，如一条黑色巨龙，气势凶猛地向大西南挺进。

蜀王收到秦军正向蜀国逼近的消息时，大为震惊，为了对抗秦军，他亲自领兵在葭萌关（今四川广元昭化）抵御秦军。秦军的攻势，各诸侯国都不敢轻易挑衅，何况蜀国呢？远征军如困兽出笼，蜀军完全不是秦军的对手，被打得狼狈不堪，哀鸿遍野。蜀王趁乱而逃，逃至武阳（今四川眉山）时被秦军追上击杀。

自此，秦国攻克蜀国。秦惠王将蜀地设置为郡，赐封公子通为蜀侯，任命陈庄为蜀相，张若任蜀郡守一职。为了防止当地蜀民反叛，秦国动员了千家万户原有的秦民迁居到蜀地生活。正是因为原有秦国百姓的迁居，大大地提高了蜀地的政治文明水平，秦国百姓也把先进的农耕技术带到了西南。蜀地随着人口的增加，之前一直未被开垦的荒地不再荒废，得到了开垦和用心的农耕，蜀地的地理优势在荒地的开垦中渐渐显露出来，收获的粮食积少成多，已然成为秦国的粮库，为秦国向中原进军提供了强有力的后勤保障。

秦国是以救援巴国为理由，征讨的蜀国，蜀国既然已收入囊中，那么顺带解决一下巴国亦不是难事。就这样，秦国一举吞并巴蜀。

巴蜀之战，于秦国而言，只是一场规模很小的战役，但是带给秦国的意义却十分深远。经此一役，秦国的经济蒸蒸日上，民生不断改善，巴蜀之地被称为成都平原的地方，成为重要的农耕区，面积辽阔，加上平整的地形、肥沃的土壤，自然条件极其突出，从根本上解决了秦国战略物资的需求，同时也提高了百姓的生活水平。从地理位置看，中国的自然地理，地势西高东低，河流走向是由西往东流，秦国得到巴蜀后，领土从关中延伸到西南，其中有高山峻岭作为天然屏障，极大程度上保证了秦国不被诸侯国肆意进攻的危险，并且秦国可以依靠优势的地理条件作为大后方，不断地向中原进取。此时的秦国，还控制着长江、黄河上游区域，完全可以顺势而下，对处于下游区域的诸侯国发动进攻更加便利。

自此，秦国在地理上占据绝对的优势，可谓是进可攻、退可守，盘踞天险之地，傲然睥睨，威势中透露着统一天下之势。

之后的事实也证明了，司马错的想法很有远见，秦惠王能够清晰地认知时局，做出明确的判断，很有卓识。远见加卓识，成功地带领秦国继商鞅变法之后，再次得到质的飞跃。

公元前316年，秦国尽收巴蜀之地后，获得了侧击楚国的地理优势，楚国顺理成章地成为秦下一个攻击的目标。

攻打楚国之前，秦国先解决了一个小麻烦。公元前314年，秦国在义渠设置县，义渠对秦国俯首称臣。表面上看，义渠被秦国打服了，实则不然，称臣只是义渠的缓兵之策。秦惠王与诸侯国交战的时候，义渠再次趁乱出兵偷袭秦国。不安分守己的义渠彻底激怒了秦惠王，于是秦惠王派兵，以猛烈的军事行动镇压义渠，不出所料，义渠惨败。

此时的秦国，已占有西北地区大片的优良牧场，这为秦国打造精锐的骑兵奠定了良好的战略资源基础。

战国时期，赵国正是因为有着精锐的骑兵军队，才得以成为战国七雄中的强国。而此时的秦国，所拥有的骑兵强于之前的赵国，这也是秦国能够在后来的长平之战中击败赵国的重要原因之一。

七、版图的扩大

司马错以巴蜀之地的士兵作为主力军，率领十万大军，沿着涪水顺势而下，向东进发，目标直指楚国。面对秦军的攻势，楚军无法招架，最终大败。秦军乘势攻城略地，秦惠王把新占领的土地并入秦国的版图。

此时的秦国，更加注重谋略，每走一步，都事先制定好策略，不会强战，而是智取。秦国的智取在很多人眼里，有些不入流，其中不缺少来自失败者的"羡慕"。

秦军的胜利让楚国似梦初觉，楚怀王终于为了抵抗秦国开始动脑了，他觉得自己孤掌难鸣，于是选择与齐国结盟。当时，齐国与秦国的实力相当，都属于超级强国，所以齐、楚两国的结盟，于秦国而言，就不算友好了。秦惠王为此十分困扰，怎么样才能阻止齐、楚结盟？张仪及时出现，表示愿意为秦惠王解此忧。

公元前313年，张仪来到楚国，与楚怀王进行会谈。

张仪临行前已经做足功课，他摸准了楚怀王脸皮薄的心理特点，先提起他率兵攻打秦国的事："秦楚两国一向交好，前几年您却亲自带领联合军队攻打秦国，秦国国君非常伤心啊！"

楚怀王果然露出羞愧之色。不过，与齐国决裂，也不是一件容易决定的事。张仪见楚怀王犹豫不决，抛出了他的撒手锏，说："大王诚能听

臣，闭关绝约于齐，臣请献商、於之地六百里。"（《史记·张仪列传》）

张仪口中的"商、於之地六百里"，是楚国祖先生活过的地方，对楚国有特殊意义。六百里故地，是楚怀王的软肋，是楚国君主多年的愿望，张仪拿捏得十分准确。正是因为这六百里之地的诱惑，楚怀王"大说而许之"，同意中止楚国与齐国的联盟。

楚国的大臣们得知楚怀王要与秦国重修旧好，纷纷赶来祝贺，只有陈轸因为楚怀王这个决定暗自伤神。

楚怀王对陈轸的伤悼很是不满，怒道："如今我们无须费一兵一卒，便可得到六百里之地，为何你还哭丧个脸？"

陈轸答道："在我看来，这六百里之地，楚国不但得不到，而且秦国很可能会与齐国联合，反过来对付楚国。"

楚怀王问道："何出此言？"

陈轸道："秦国之所以重视楚国，是因为楚国有盟友齐国。如果楚国贸然与齐国断交，那么楚国就会被孤立，到时秦国又怎么会履行承诺呢？不如我们留条后路，表面上疏远齐国，暗中与齐国修好，并派人随张仪一同回秦国。如果秦国真的信守承诺，送上六百里之地，再与齐国断交也不迟。倘若秦国没有信守承诺，我们暗中还可以与齐国商量对策。此乃万全之策啊！"

楚怀王听后，不以为然，不但没有采纳陈轸的建议，还让陈轸不要再多嘴。楚怀王对自己的决断很有信心，对秦国也十分信任，毕竟秦国与楚国是老朋友了，当初秦国还仗义出手，救楚国于水火之中，这样的情谊，秦国绝不会欺骗楚国。

此一时，彼一时，秦国自从商鞅变法以来，不管是内政，还是外交，大多以法家与纵横家作为主导，这两大家都有一个共同点，就是不达目的不罢休，为达目的可以不择手段，妨碍他们达到目的之人定要想办法铲除，张仪就是一个典型的例子。

统一的前夜：秦始皇横扫六国

如陈轸所言，楚怀王的确轻信了张仪，轻信了他曾经背叛过的友情。

楚怀王当机立断，没有一丝犹豫地与齐国断交。这个结果，在张仪的预料之中，眼见目的达成，张仪便高高兴兴地回秦国去了。楚怀王相信秦国，但是有些不信任张仪，担心张仪回到秦国后，就像断了线的风筝，到时楚国可就得不偿失了，于是楚怀王派了一名使者跟张仪一同回秦国，任务只有一个，接收六百里之地。

事情的走向，像是被安排好了一样。张仪回到秦国没多久，出了事故，据说是因为贪杯，从马车上摔了下来，得卧病三个月不能上朝。楚国使者倒也理解，意外嘛，谁都不想发生，三个月嘛，也不是很久，于是便安心在咸阳住下了。

时间是物理方面的量的名词，它时快时慢，主要看站在谁的角度去判断它的快慢。在使者的眼里，漫长的日子一天天过去，可六百里之地却遥遥无期。使者心里这个急啊，只能派侍从快马加鞭地向楚怀王汇报工作进展。楚怀王这才反应过来，张仪的事故，恐怕不简单，可一时也拿不准张仪的心里在想什么，只能召集群臣开会，集思广益，究竟该怎么应对。

有大臣提出，秦国应该是认为楚国与齐国断得不干净，暗中还有联系，所以才会迟迟不交出六百里之地。楚怀王竟然认为这分析得有道理，于是派勇士到宋国借了符节去齐国，当着齐国百姓的面辱骂齐宣王。齐宣王得知后，勃然大怒，一气之下与秦国成了好兄弟，真是应了陈轸那句话，楚国真的被孤立了。

倘若一国之君对事情发展的走向没有全面地分析思考，没有经过自己的深思熟虑，就做出决断，是非常不明智的。事到如今，楚怀王仍然没有意识到自己的失策，对六百里之地还满怀期待。真是人不自省而不自知。

看到楚国与齐国断得如此彻底，张仪觉得也没有必要再拖下去了，便命人取出一幅地图，大手一挥，在地图上圈出了六里的土地，交给楚国使者。

楚国使者被眼前的一幕惊呆了，六里？！这时，楚国使者也看明白了，张仪从一开始就没想过给楚国六百里之地，怒道："臣受令于王，以商、於之地六百里，不闻六里。"（《史记·张仪列传》）

六百里之地变成六里之地，真是天大的笑话。楚怀王收到使者的汇报后，勃然大怒，好歹楚国也是个大国，就算实力大不如前，那也是地大物博之国，秦国此举，太不把楚国当回事儿了，他感觉深受欺辱，一怒之下，任命屈匄为大将，率领十余万大军向秦国进发，欲攻打秦国。

秦惠王有备而待，派庶长魏章率军抵御，秦楚战争就此爆发。

战争伊始，秦军没有发动猛烈的攻击，反而是楚军攻势迅猛，秦军严密防御。双方还未进行交战，楚军已经体力不支，这时，秦惠王又派出两位大将樗里疾和甘茂，前往前线支援。这对楚军来说，简直是雪上加霜。

在樗里疾和甘茂的指挥下，秦军开始猛烈地反攻，楚军溃不成军，最终被赶出秦国。樗里疾、甘茂率军乘胜追击，将战火燃向楚国。楚将屈匄带领残兵败将一路后退，退至丹阳（今河南淅川）时，与秦军展开决战。

据《史记·楚世家》中记载："秦大败我军，斩甲士八万，虏我大将军屈匄、裨将军逢侯丑等七十余人，遂取汉中之郡。"战事以楚国惨败而告终，楚军八万余将士战死沙场，大将屈匄及七十多名部将沦为战俘。楚怀王派出的这支远征军，几乎全军覆没。

楚怀王收到战败的消息后，没有片刻的犹豫，继续召集军队，集结士兵，把能用上的士兵都派上场，决心以举国之力与秦国决一死战。

楚怀王显然已经失去理智。身为一国之君，楚怀王没能顾全大局，做决定之前没有考虑后果，实乃非明君所为。正是因为楚怀王太过意气

统一的前夜：秦始皇横扫六国

用事，最终导致楚国损失惨重，元气大伤。

楚怀王临时组建的这支军队，与秦军在蓝田（今湖北钟祥）展开激烈交战，楚军不敌，再一次大败而归。在秦楚两军激战之时，韩、魏两国出兵南下，趁机偷袭楚国，攻城略地，一直打到楚国的邓地（今湖北樊城邓城）。

楚国身陷腹背受敌的局面，这时楚怀王才意识到决策的失误，楚国已经无力再与秦国对抗，楚怀王不得不低头求和，割让两座城池给秦国，以换取秦国的停战。

经此一战，楚国在军事上遭遇重创，不但没有拿到秦国所承诺的土地，而且还丧失汉中之地六百里，这等于为秦国打开了通向中原的通道。

丹阳之战成为楚国由盛转衰的一个重要转折点。

在崇尚权谋诈术、较量贪婪狠毒的残酷的战国时代，楚国还保持着春秋时代礼乐文明熏陶而养成的质朴、慢节奏，显然是不合适的。天真的楚怀王在外交上的几次重大失误，对楚国的未来造成了致命的影响。

秦国虽然击败楚国，但是楚、齐的结盟，还是让秦惠王产生了危机感。以秦国现在的实力，不惧怕任何国家的挑衅，但是，诸侯国若是联合起来，秦国还是有所忌惮的。所以在丹阳之战后，秦惠王决定采用怀柔政策，试图施展手腕，收买楚国，从而离间楚国和其他五国的关系。"明年，秦割汉中地与楚以和。"（《史记·屈原贾生列传》）也就是说，秦国送还一块土地，希望再次和楚国结好。结果楚怀王不但没有坚定拒绝，反而一心想报私仇。

《史记·屈原贾生列传》中曾这样记载："楚王曰：'不愿得地，愿得张仪而甘心焉。'张仪闻，乃曰：'以一仪而当汉中地，臣请往如楚。'如楚，又因厚币用事者臣靳尚，而设诡辩于怀王之宠姬郑袖。"楚怀王不需要土地，只愿杀张仪以解心头之恨。张仪听闻后没感到一丝惊慌，反而向秦惠王表明决心，他可以再次出使楚国。而后张仪便高高兴兴地又一次来到楚国。张仪之所以不担心性命之危，是因为他很清楚他有能力将楚怀王再次玩弄于股掌之中。

知己知彼，方能百战不殆。张仪深知楚国内部严重腐败，朝中重臣可以用钱买通，于是他用重金买通靳尚，又"设诡辩于怀王之宠姬郑袖"，一心复仇的楚怀王最终还是抵不住郑袖的枕边风，居然真的放张仪回去了，"怀王竟听郑袖，复释去张仪。是时，屈平既疏，不复在位，使于齐，顾反，谏怀王曰：'何不杀张仪？'怀王悔，追张仪不及。"（《史记·屈原贾生列传》）

《史记》关于这段历史的记载很详细，写法绘声绘色。

事实证明，屈原是一个通透之人，他了解天下大势，能够理性分析，比较有远见。东方六国的统治集团，大多目光短浅，苟且偷安，基本都经不起秦国的软硬兼施，威迫利诱。这就是秦国与东方诸侯的不同，秦国有更长远的战略目标，且一旦建立目标，就会有坚定不移的执行力，反观东方诸国的外交政策，朝令夕改，缺乏远见，所以才会被秦国逐个击破。

能够坚定地反对媚敌苟安的，只有屈原。屈原出使齐国归来，恰好听到楚怀王放走张仪的消息，连忙劝谏楚怀王"何不杀张仪"，这时，楚怀王才恍然大悟，但为时已晚，张仪早已远去。

楚怀王的软弱无能且缺乏判断力，注定了他是一个失败的君主，至少在司马迁的笔下，他不是一个智者。

一个国家在末世，往往会出现这样暗弱的领导者。

秦惠王自执政以来，军事上，北扫义渠，西平巴蜀，东出函谷，南下商於，为秦国扩疆拓土，增强国力；政绩上，任人唯贤，甄拔人才，他不仅重用嬴华、异母弟公子疾、司马错等秦人，同时沿用了秦孝公时期留下的重用外籍能臣的传统，诸如公孙衍、张仪、魏章等魏人，侧面反映了秦惠王的识人驭人的本领，这也是秦惠王能够取得重大政绩的关

统一的前夜：秦始皇横扫六国

键。

秦惠王登基后，首先铲除的对象便是声名显赫的商鞅。从当时的政治环境来看，秦国的法制体系已经基本确立，而此时手握重权的商鞅反而成了秦国改革成果的最大威胁。秦国的法制建设是通过强硬手段实现的，在法制体系建立之后，秦国出现了两位具有双重身份的人物，那就是秦惠王和商鞅。他们拥有极大的权力，既是法制的坚定捍卫者，也可能成为法制的最大破坏者。在君主制下，法律的象征只能由一人担任，这个人只能是秦惠王，这也意味着商鞅的悲剧结局是不可避免的。

除掉商鞅以后，秦惠王又以陷害、栽赃良臣等罪行将公子虔、公孙贾等人及其党羽一并处决。这是秦惠王作为君主处理的第一件政事，不仅铲除了异己，也树立了威严，解决掉秦国内政最大的隐患。

这时，秦惠王致力于发展秦国国力，注重外交，重用张仪连横破合纵，亦是他一生中最大的亮点。对张仪，秦惠王求之、试之、任之、信之，给予了很大的期望。当时，秦国与诸侯国间的邦交十分复杂，张仪凭借他的三寸不烂之舌，多次逆转危势，解秦国之困，并且迅速击溃五国攻秦之兵。虽说他的伎俩并不磊落，却有实实在在的效果，且是秦惠王想要的效果。

自此，直到秦始皇统一六国，秦国用士"不唯秦人"成为不变的路线。

秦惠王创下了惊人的政举，使秦国的国力更上一层楼，为后来秦始皇横扫六国创造了有利的条件。公元前311年，秦惠文王去世，时年46岁，葬于咸阳北原，嬴荡即位，是为秦武王。

秦武王没有继承秦惠王的运筹帷幄，因天生神力，反而更加喜欢做一些有关力气方面的游戏。关于他的这个喜欢，《史记·秦本纪》中有所记载："武王有力好戏，力士任鄙、乌获、孟说皆大官。"（孟说又记孟贲）秦武王将有力的勇士都任命为大官，看来"孔武好戏"，并非传闻。

但是在张仪的眼里，这些勇士大多头脑简单、四肢发达，不能与他这种靠智慧出人头地的谋臣相提并论。张仪的不屑在秦武王这里没有奏效，因为秦惠王的时代已经结束，这就意味着张仪在秦国的政治生涯也走到了尽头。

由于秦惠王时期，张仪打压过很多大臣，如今秦武王继位，给了他们一个控诉的机会，纷纷到秦武王面前说张仪的不是，"无信，左右卖国以取容。秦必复用之，恐为天下笑。"（《史记·张仪列传》）秦武王还是太子的时候就不喜欢张仪，现在大臣们又跑到他跟前说张仪不讲信用，反复无常，以出卖国家的利益来取悦国君的欢心，若是秦国继续任用他，恐怕会成为天下人的笑柄。大臣们的话，说到秦武王的心坎里了，他觉得应该想想该如何解决张仪。

还没等到秦武王做出决断，张仪与秦武王之间出现了隔阂这个消息不胫而走，一度传到了各诸侯国的耳朵里，他们认为这是一个退出连横的绝好机会，于是恢复了合纵联盟。

战国时代，秦、齐、楚、赵、韩、燕、魏七国之间，斗争尖锐而频繁，所以各国都在运用纵横捭阖的手腕，结约盟国，孤立和打击敌国。各诸侯国眼见与秦国的结盟不再牢靠，可以重获自由，当然欣喜，忙不迭地互相约盟，可以一致打击秦国，于它们而言，好事一桩。

秦国的大臣们不停地劝谏秦武王，赶快处理掉张仪，这时，齐国又派人来责备张仪，一时间，张仪成为众矢之的。

张仪深知，再这么下去，自己会有性命之忧，便以退为进，以自身换自由。张仪来到秦武王面前，说道："为秦社稷计者，东方有大变，然后王可以多割得地也。今闻齐王甚憎仪，仪之所在，必兴师伐之。故仪愿乞其不肖之身之梁，齐必兴师而伐梁。梁、齐之兵连于城下而不能相去，王以其间伐韩，入三川，出兵函谷而毋伐，以临周，祭器必出。挟天子，按图籍，此王业也。"（《史记·张仪列传》）

统一的前夜：秦始皇横扫六国

张仪提议，为了秦国的江山社稷着想，必须使得东方各国有乱，秦国才可能从中得利，他愿意利用齐王憎恨他这一点，只身前往魏国，齐国若是知道他在魏国，必然会出兵攻打魏国，两国交战之际，秦国可趁这个空隙攻打韩国，打进三川，出兵函谷关，兵临周都，周天子感到惧怕，定会献出象征权势的九鼎，秦国便可顺势挟天子，成就帝王大业。

这些话，张仪在秦惠王欲攻打巴蜀时也说过，只是境遇大不同，那时是为了保权，现在他用这些话来劝秦武王，是为了保命。果然，秦武王听了张仪的话，觉得很有道理，于是准备了三十辆兵车，将张仪送去魏国。安全到达魏国后，张仪内心窃喜，这条命算是保住了。

秦武王对张仪的离开，没有太多想法，不用亲自动手，他反而还觉得不错，随即任命樗里疾与甘茂为左、右丞相。从秦武王的人事安排上可以看出来，他也是想像秦惠王那样，做出一些政绩来的。不然，不会在即位之初，就对韩国虎视眈眈，一心想要攻打韩国。

当时，韩国的军事重镇宜阳（今河南洛阳宜阳县）是阻挡秦国东进最为重要的屏障，倘若秦军想出兵函谷关，必须先占领此地，才能够保证物资的供应与兵员的畅通无阻。

秦武王曾问过左丞相甘茂这样一句话，表面上看，秦武王是想通过三川地区到洛阳去看一看周王室，实则他是在询问甘茂对攻打韩国，夺取宜阳，有什么看法。由此可见，秦武王虽"好戏"，但他也会为了秦国的发展"死不恨矣"。

就攻打韩国一事，甘茂与樗里疾各持己见。甘茂认为，伐宜阳，定三川，是秦国挺进中原、成就帝王之业的关键所在。樗里疾则认为，秦国到韩国的路途遥远，若出兵，定是远征，而远征，必要劳师费财，结果不一定能达到秦武王的预期，其中还有不稳定的客观因素，若是在秦韩交战之际，魏、赵两国从背后偷袭，后果将不堪设想。

如果一定要攻打韩国，首要任务是拆散魏、韩联盟，只有魏国跟秦国统一战线，阻止赵国通过魏国去增援韩国，才能确保秦国后方的安全，同时韩国将被孤立，韩国一旦被孤立，宜阳即便是固若金汤，兵精粮足，秦军获胜的概率也会大大增高。

战略制定好后，甘茂主动请缨，前往魏国，欲说服魏国。其间，甘茂还与秦武王定下"息壤之盟"，希望在说服魏国的过程中，秦武王能够完全信任他，他必将以宜阳城来报答秦武王的信任。

宜阳之战，是一场攻坚战，稍有不慎，秦军将损失惨重，这也是为何甘茂让秦武王定要相信自己的原因。甘茂领军初到宜阳时，曾一连五个月未能攻下，国内有樗里疾等人的阻挠，国外有韩国的力量围困，对甘茂来说，这段日子极其难熬，他一度信心动摇，好在坚持了下来。

甘茂不负秦武王所望，于公元前307年，攻克宜阳，斩首六万。秦军乘胜渡过黄河，夺取武遂（今山西临汾）并筑城，韩襄王被迫派公仲侈到秦国赔罪，与秦国议和。就这样，秦武王得以借三川之道，夺取了韩国宜阳这个军事重镇，为秦国进军中原扫除了一个重要屏障，"假道伐韩"也成为秦武王在世的唯一壮举。

另外值得一提的是，公元前309年，秦武王在秦国设置了丞相的官位，而且是左、右丞相各一人，任命甘茂为左丞相兼领上将军，樗里疾为右丞相。当时，诸侯国都设有相国一职，秦武王想要独树一帜，于是设立了丞相一职，在当时可是独一份。

公元前307年，秦武王与孟贲比赛举"龙文赤鼎"，轮到秦武王的时候，可能是用力过猛，抑或是力道用得不对，鼎还没被完全举起，秦武王便两眼出血，胫骨折断，在夜里，气绝而亡，年仅23岁。

《史记》中有三个地方提到了关于秦武王举鼎而亡的记载：其一，《史记·秦本纪第五》载："王与孟说举鼎，绝膑，八月，武王死。"其二，《史记·赵世家》载："十八年，秦武王与孟贲举龙文赤鼎，绝膑而死。"其三，《史记·甘茂传》载："武王至周而卒于周。盖举鼎者，举九鼎也。"

统一的前夜：秦始皇横扫六国

一国之君去世，是一件严肃的事情，即便是残暴的君王，人们在他们死后也不愿多提，而秦武王之亡，着实有些滑稽，成为人们口口相传的话题。的确，因举鼎而亡的君主，在中国历史上也找不出第二个。

明人冯梦龙在《东周列国志》的第九十二回《赛举鼎秦武王绝脰，莽赴会楚怀王献秦》中以小说笔法将这一过程写得绘声绘色："话说秦武王到了周室太庙，见九座宝鼎一字排列，整整齐齐，犹如九座小铁山，不知重多少斤两。他俯身细察，发现每只鼎腹各有荆、梁、雍、豫、徐、扬、青、兖、冀字样，于是单指'雍'字鼎说：'此雍州，乃秦鼎也！寡人当携归咸阳耳。'然后与大力士孟贲比赛举鼎，结果，大鼎离地才半尺，力尽失手，鼎坠于地，压碎了右足胫骨，当夜暴毙。"小说的内容，有胡编乱造之嫌，不足以当作事实的依据，但其中有关秦武王举鼎力尽而死，却与《史记》所记载的大致相同。

秦武王的结局，令人唏嘘，但是不管怎么说，他在位期间，还是为秦国的发展做出了一些贡献，平蜀乱，设丞相，更修田律，修改封疆，拔宜阳，置三川，欲据九鼎，政绩可见一斑。他的突然离世，也是秦国始料未及的。

一国之君突然离世，对本国的内政绝对是一种严酷的考验。秦武王去世后，因为他没有子嗣，所以大臣们迎立了秦武王的异母弟、在燕国做人质的公子稷回国继位，史称秦昭襄王。

秦昭襄王在秦国发展史上，占据着重要位置，在他的统治下，秦国迎来了第三个黄金时代。

第二章

金戈铁马　蹈锋饮血

统一的前夜：秦始皇横扫六国

一、战乱中的合纵

秦武王去世后，秦国无可避免地发生了内乱。

战国时期，君位继承方式以嫡长子继承制、兄终弟及制、爷孙传承制为主要方式。根据当时秦国的内政情况，应该由公子壮继承王位，因为他是秦惠王的嫡子、秦武王的亲弟弟，可谓根正苗红，而且他背后还有惠太后与武王后的全力支持。惠太后是秦惠王的妻子，也是公子壮的生母；武王后是秦武王的妻子，公子壮的嫂子。

按理说，王位这事儿跟庶子公子稷没什么太大关系，秦武王去世时，他正在燕国做人质。一个身处异国的庶子，凭什么跟嫡子争呢？若是在其他时代或者其他国家，公子稷大概就与王位无缘了。但是，在秦国当时的历史背景下，王位不只跟身份有关，背后的力量才是至关重要的。公子稷之所以有跟公子壮争夺王位的底气，完全来自于他背后的楚国势力的支持。

公子稷的母亲芈八子是楚国人，从小就特立独行，主观意识极强，长大后嫁给秦惠王成为王妃。芈八子是一个有谋略、有想法的人，深得秦惠王的宠爱与信任，正是因为这份荣宠，给了她一步步将自己的亲信都安排在秦国政权高层的机会，从此，芈八子在秦国内部构建了庞大的权力关系网。

这个权力网以芈八子的两个弟弟为中心，一个是魏冉，她同母异父的弟弟；一个是芈戎，她的同父异母弟弟。看着这关系有些许的乱，但是这种乱，更能顺应当时的时代发展。

魏冉在秦惠王时期就担任重要官职，得到秦惠王的赏识，经常参与处理国家大事，在秦国政坛中地位显赫，后被封为穰侯。芈戎被封为华阳君。除了此二人，芈氏权力关系网中还有一个重要人物，就是芈八子的外族亲戚向寿，曾跟甘茂一同出使魏国的人。

芈八子权力网的布局很妙，重要位置全都是自己人，反观公子壮，除了惠太后与武王后的支持，他们在朝中没有一个能说得上话的人，即便是有能说的，却没有能说了算的。这也是芈八子敢与魏冉秘密商议，从燕国迎回公子稷，拥立其为秦王的根本原因。

秦昭襄王（也称秦昭王）继位后，芈八子顺理成章成为太后，史称宣太后。

唾手可得的王位被秦昭王半路截走，惠文后、武王后的愤怒已经无法用言语表达，她们决定孤注一掷，倚仗背后的魏国势力，拥立公子壮为王，史称季君，正式与宣太后、秦昭王宣战。

秦国于是爆发一场前所未有的内战。

内战伊始，宣太后以继续任用樗里疾为宰相而抢占了军事方面的优势，樗里疾在秦国军界的地位极其重要，不可撼动，得到了樗里疾的支持，相当于得到了秦国军方的支持，仅凭这一点，宣太后在这场争权夺位战中，就已成功了一半。

随后，宣太后继续发力，将魏冉提拔为将军，率兵镇守首都咸阳。此举无疑是为了震慑那些反对公子稷继位的大臣，在这样压迫性的镇压下，不会有大臣敢有异议。

最终，宣太后赢得了政治上的主动权，如愿地让公子稷顺利坐上王位的宝座。然而，这场内战还远没有结束，因为季君的支持者仍大有人在，他们在伺机而动。

秦昭王即位之初，年纪尚轻，宣太后顺理成章地听政。在宣太后听政，与魏冉的铁腕相互配合下，秦国内战足足持续了三年，最终季君惨败。

所谓胜者为王，败者为寇，放在任何时代，失败的季君都是乱臣贼子，这场内乱史称季君之乱。

"之乱"二字，足以说明以季君为首的几人，最后的结局都没能善终。魏冉奉宣太后之命，将公子壮、惠文后、秦昭王异母兄弟，以及追随季君的大臣们，尽数诛杀，毫不留情，以绝后患，这些举动足以显示出宣太后在镇压敌人方面，一点儿也不心慈手软。在宣太后的政敌中，只有一人幸免于难，就是秦武王的妻子，她被宣太后逐回了魏国。

秦国的这场内战，宣太后最终以她的聪明才智，略胜一筹。然而，内战给秦国国力带来的伤害，却是沉重的。自此，秦国对外扩张的势头中道而止，其他各国纷纷趁此机会搞起合纵运动，联合起来对付秦国这头西方巨兽。

战国七雄中，秦国可以说是最直接表达它所想所需所追求的国家，对于追求生存、积累财富，秦国很少加以掩饰。因此，秦国是七雄中，最醉心于武力，崇拜强权的，也是最质朴直接，没有任何文明包袱的。

秦、韩两国曾于公元前312年，联合攻打楚国，大败楚军于丹阳（今河南淅川）。公元前307年，楚国趁秦昭王继位之初、宣太后掌权的时机，进行报复，出兵围困韩国雍氏（今河南禹州）。韩国派使者去秦国求救，秦军没有东出崤塞支援韩国。韩国随即又派尚靳出使秦国，尚靳对秦昭王说道，韩国对秦国来说，既是屏障，也是先锋，如今韩国处境困难，秦国理应出手相助，毕竟，唇亡齿寒的道理，人人都知道。

本是一场正正经经的外交事件，直到宣太后开口，引起一片哗然。宣太后对尚靳说道："妾事先王也，先王以其髀加妾之身，妾困不支也；尽置其身妾之上，而妾弗重也，何也？以其少有利焉。今佐韩，兵不众，粮不多，则不足以救韩。夫救韩之危，日费千金，独不可使妾少有利焉？"(《战国策·韩策二》)宣太后之所以拒绝出兵救援韩国，因为她是楚国人，多多少少有些护短的情愫在里面，让人大跌眼镜的是，她竟然以床笫间的事来譬喻秦、韩两国的利害关系。宣太后的这番话，其他国家的贵族是绝对不可能讲出来的。

司马迁曾在《史记·六国年表》中评价秦国的文化："今秦杂戎翟之俗，先暴戾，后仁义。"司马迁认为秦国还夹杂着戎狄的风俗，将仁义置于残暴之后。

最后，还是甘茂前去劝说秦昭王："楚、韩为一，魏氏不敢不听，是楚以三国谋秦也。如此则伐秦之形成矣。不识坐而待伐，孰与伐人之利？"(《战国策·韩策二》)

秦昭王听了甘茂的话，仔细想想，确实如此。倘若不援助韩国，韩国必然要与楚国联合，若再加上魏国之力，那秦国的局面就尴尬了。以一国之力，敌三国之力，此时的秦国，还没有这个能力。于是秦昭王下令出兵，援救韩国。

秦昭王虽然登基为王，但很多事情的决断，都受到了错综复杂的权力网的桎梏。当时为秦昭王所用之人包括向寿、甘茂、公孙奭等大臣，在与各国的外交事务上，向寿偏袒楚国，甘茂向着魏国，公孙奭偏向韩国，所以，三人之间的关系十分微妙。

甘茂曾进言秦昭王，"以武遂复归之韩"，引起了向寿和公孙奭的强烈不满。尽管向寿、公孙奭也跟秦昭王进言，反对归还武遂之地，但是没有成功，甘茂与这二人的关系也跌至冰点。

公孙奭和向寿经常制造谣言，利用舆论的压力来打压甘茂，并时常在秦昭王面前控诉甘茂的不是。甘茂心里明白，如果继续留在秦国，只有一死，为了保住性命，最终选择逃离秦国。

战国七雄中，当时能与秦国抗衡的国家只有齐国，所以甘茂选择投奔齐国。逃亡的路上，恰巧遇到出使秦国的苏代。甘茂告诉苏代："我在

统一的前夜：秦始皇横扫六国

秦国获罪，怕招来杀身之祸，只能逃出来。但是我的妻子儿女还在秦国，还请你能想办法帮我解救他们出来。"苏代答应了甘茂的请求，并承诺会让甘茂在齐国得到重用。

苏代成功解救甘茂的家人后，开始设计，让齐宣王重视甘茂，毕竟，不是哪个国君都会轻易地重用他国的叛臣。

苏代又向秦昭王进言说："甘茂是贤能之人，绝非常人。他在秦国这么久，几代受到重用。他对秦地复杂的地形了如指掌，倘若他通过齐国拉拢魏、韩两国，转而对付秦国，那秦国的处境就堪忧了。"

秦昭王问苏代："如此，该怎么办？"

苏代答道："不如以厚禄、重礼来赏赐他，让他回到秦国，这样便可控制住他，他自然没有机会联合其他国家算计秦国。"

秦昭王已经被苏代的话所蒙蔽却不自知。只有让秦昭王以高官厚禄去齐国迎接甘茂，才能让齐宣王觉得甘茂是块宝，断不能再让他回到秦国。

果不其然，苏代对齐宣王说道："甘茂乃贤能之人。如今秦国给予他高官厚禄，他都没有动摇半分，只为留在齐国感谢大王收留之恩。大王何不留用甘茂，以他的才能，定会全力推动齐国发展。"齐宣王觉得苏代说得对，便留下甘茂，并任命他为上卿。

甘茂没有让苏代失望，更没有让齐宣王失望，他的到来，对齐国的外交政策产生了极大的影响。

齐国自齐威王时期崛起于黄海之滨，马陵之战后，更是一跃成为当时最强大的国家之一，与西方的秦国遥相呼应。但是在外交方面，显然秦国更胜一筹，齐国的外交策略相对来说，过于保守，不像秦国那般激进。在甘茂的努力下，齐国的外交策略终于走向活跃。

纵观当时的历史背景，魏、韩两国在秦国的打压下，已经趋于衰落，燕、赵两国分别在燕昭王与赵武灵王的统治下，锐意改革，无意中原的争霸之战。所以说，能与秦国交手的国家只剩齐国，但齐国要想与秦国一较高下，必须先争取到楚国的军事力量，否则也是不切实际。

战国时代，楚国政坛虽然锐气大减，士气不振，但楚国毕竟是拥有广阔的土地及百万之军的大国，是存在一定实力的。

秦惠王执政时，齐国与楚国就曾结盟，只因楚怀王为得到六百里之地，轻信张仪，不惜与齐国决裂，导致楚国赔了夫人又折兵，成了众矢之的。

而楚国为一己私利，决然放弃楚、齐之间的联盟，在齐宣王的心里，深深地扎下了一根刺，齐宣王始终耿耿于怀。但是为了大局着想，齐宣王决定再相信楚怀王一次。正所谓吃一堑长一智，同一个错误，楚怀王应该不能两次三番地犯。齐宣王这样想着，心中倒也释怀不少，于是主动抛出橄榄枝，希望与楚国再次结为同盟，一同抵抗秦国。

事实证明，齐宣王高估了楚怀王，他并没有从失败中汲取经验教训，反而自以为是，认为自己绝顶的聪明。谁会想到，楚怀王的这份自信，来源于秦国的内战。宣太后和魏冉最终赢得了内战的胜利，他们两人可都是楚国人，并且属于楚国的王族"芈"姓，都是楚怀王的家人，这就是楚怀王的底气。

在楚怀王的认知里，秦国的政权有一半掌握在楚国人手中，相当于半个秦国属于楚国，那么，秦国自然而然地成为楚国的家人，而齐国，外姓人也，楚怀王绝不会蠢到联合外人来打自家人。倘若凡事都像楚怀王想的那般简单，倒也不错，起码不会时常发生战乱。但是，战国时代不允许这么天真的想法出现，因为这就是一个需要以智慧权衡政治、以军事力量争霸的时代。好比秦国之前的权臣公孙衍、张仪，两人都是魏国人，当他们成为秦国的权臣后，对自己的国家并没有手下留情。

面对齐宣王的结盟邀请，楚怀王没有立即答应，而是召集群臣，召开会议，商讨是否应该与齐国再次结盟。大臣昭雎认为，楚国尽管从东边的越国扩张了土地，但不足以雪耻。不如与齐国、韩国建立友好邦交，只要得到齐国、韩国的助力，就能夺回秦国抢走的土地，一雪前耻。

楚臣们纷纷附议，劝说楚怀王与齐国结盟。在众人的劝说下，楚怀王决定放弃与秦国的交好，与齐国重修旧好，没过多久，韩国也加入了楚、齐联盟。

然而，令齐宣王及众楚臣大跌眼镜的是，齐、楚结盟不到一年的时间，再次决裂，始作俑者仍然是楚怀王。

楚国选择与齐国结盟，使秦国产生了危机感，加上韩国的加入，导致秦国不能再袖手旁观，必须采取应对措施，拆散齐、楚的结盟，到时韩国自然不费吹灰之力便能解决。

经过深思熟虑，秦国制订了一个拆散结盟的计划。第一步"厚赂于楚"，先以重金厚礼贿赂楚国。所谓拿人钱财，忠人之事，楚国君臣收了秦国的厚礼，果然翻脸比翻书还快，在齐、楚结盟的立场上，立马动摇了。这大概就是金钱的魅力，在楚国君、臣的身上，体现得淋漓尽致。第二步"楚往迎妇"，秦国与楚国恢复通婚。自春秋时期伊始，秦、楚两国就有王室通婚的传统，秦国以政治联姻的方式，表明两国的关系是经得起历史考验的。最后一步"秦复与楚上庸"，秦国把占领的楚国上庸归还给楚国。

安抚三部曲进展顺利，楚怀王再一次背信弃义，又一次单方面宣布与齐国断交，并入秦"与秦昭王盟，约于黄棘。"楚怀王此举，激怒了齐宣王，楚国的噩梦从此开始，而楚怀王的命运也发生翻天覆地的变化。

齐宣王得知楚国与秦国盟约，勃然大怒，随即派甘茂出使魏国，游说魏国加入齐国与韩国的合纵联盟。齐、魏、韩三国确定结盟，第一个攻击的目标就是楚国。

楚怀王自知惹了祸端，以楚国之力很难抵御三国联军的进攻，只能寄希望于秦国身上，为了表示诚意，楚怀王决定把太子横送去秦国当人质，也就是质子，希望可以得到秦国的保护。春秋时期，各国交换质子，以获取两国和平的现象就已出现。到了战国时期，交换质子作为停战协议的条件、抵押品，甚至成为两国之间结盟的信物，是当时风气最盛的做法。

楚怀王以为，只要把太子横送往秦国，就万事大吉了，哪知他这个儿子十分不争气，且狂妄自大，总是惹是生非，在一起打架斗殴事件中，把秦国大夫给打死了。太子横也知道自己闯了大祸，害怕留在秦国会小命不保，随即慌忙逃回楚国。

楚国质子在秦国打死人，不仅没有承担责任的勇气，还偷偷逃跑，这也从侧面说明了楚国这个太子，将来一定不是一位有担当的明君。太子横此举，是秦国万不能忍受的，无疑是将秦国与楚国的关系推向决裂。

秦昭王得知后，当即派庶长奂率领秦军进攻楚国。如果这时楚怀王临危不乱，足够机智，抓紧与齐国修复关系，或许被秦国攻打这事儿还能有转机。从楚怀王几次的出尔反尔就能看出，作为一国之君，他是不合格的。而他的不作为，胡作非为，导致楚国百姓身陷水深火热之中。遇到这样的国君，实乃百姓之不幸。

齐宣王收到秦国与楚国交恶的消息，欣喜若狂，立即集结魏、韩两国，与齐国一同出兵，由齐国名将匡章指挥三国联军，直逼楚国。

一时间，楚国陷入以一敌四的不利局面。在西线战场，楚军根本无法抵挡秦军猛烈的进攻，两万名士兵战死沙场。在北线战场，楚军遭遇了更惨重的损失，面对齐、魏、韩三国联军，楚军毫无招架之力，在垂沙之战中楚军几乎全军覆没，楚军统帅唐昧被杀，楚国宛城（今河南南阳）、叶城（今河南叶县）以北的土地完全沦陷。

眼见楚国形势不好，在战事中惨败，秦国没有停下进攻的脚步，继续向楚国发动军事攻击。

秦国的咄咄逼人，迫使楚怀王向齐国低头求助。而楚、齐两国的关

统一的前夜：秦始皇横扫六国

系，在这时也出现了转机。这个转机就是齐宣王去世，齐湣王继位。楚怀王在齐国新王登基之机，把太子横送往齐国做质子，以示楚国想与齐国交好的决心。楚怀王的意图很明显，就是希望借助齐国之力，抵御秦国的进攻。

秦昭王也不甘示弱，偏偏不想让楚怀王与齐国顺利结盟，于是把弟弟泾阳君也送到齐国当质子，以此来劝说齐国在秦、楚战争中保持中立。

齐湣王刚登上王位的宝座，就引来秦、楚两国的巴结，这极大地满足了齐湣王的虚荣心。在虚荣心的驱使下，齐湣王决定隔岸观火，既不助秦，也不攻楚，既没有得罪秦国，也安抚了楚国。齐湣王此举，让秦昭王和楚怀王也挑不出毛病。

齐国的中立，给了楚国喘息的机会，起码楚军不需要再两线作战，这对楚国来说，已经再好不过了。但是以楚国当时的军事力量来说，就算与秦国单打独斗，仍然处于劣势。

公元前299年，秦国大举进攻楚国，占领了楚国八座城池。大兵压境，楚怀王一度陷入绝望。这时，秦昭王给楚怀王写了一封信，他在信中说："始寡人与王约为弟兄，盟于黄棘，太子为质，至欢也。太子陵杀寡人之重臣，不谢而亡去，寡人诚不胜怒，使兵侵君王之边。今闻君王乃令太子质于齐以求平。寡人与楚接境壤界，故为婚姻，所从相亲久矣。而今秦楚不欢，则无以令诸侯。寡人愿与君王会武关，面相约，结盟而去，寡人之愿也。敢以闻下执事。"（《史记·楚世家》）

秦昭王在信中向楚怀王解释为何会派兵攻打楚国，将原因归罪于太子横蛮横杀死秦国大夫并潜逃。随后，秦昭王晓之以理、动之以情地劝说楚怀王，秦、楚两国山水相连，互为婚姻，交好已久。如果两国继续不和下去，何以号令诸侯？如今秦昭王愿与楚怀王在武关相会，结盟友好。只愿楚怀王能亲自前来，坐下面谈，重新订立盟约。

楚国也没想到，秦国开出的停战条件是，只有楚怀王亲自去秦国议和，秦国才能考虑和平。

楚国上下顾虑重重，尤其是楚怀王，想赴会，没那个胆量，害怕上当；不去吧，没有抗秦的能力，害怕秦昭王发怒，继续攻打楚国。楚国大臣们都担心楚怀王赴约会如同羊入虎口，秦国险不可测，会遇到什么结果很难说。

这时，已经被贬为闲职的屈原赶到王宫，力劝楚怀王不要亲自前往武关。

而怀王的儿子子兰力主前往与秦国谈判。最终，楚怀王坚持亲自赴约。

就一国之君而言，楚怀王绝对不算能力出众的君王，但他能在最后为楚国百姓做一点儿事，还算有些责任心。即便是羊入虎口，危险重重，也是他身为国君应该承担的，他如果不亲身承担，最终也只能由楚国百姓来承担。

虽然之前楚怀王被张仪欺骗得很惨，但是他认为，那只是张仪的个人行为。楚怀王相信，作为世代贵族，堂堂一国之君，秦昭王断然不会在天下诸国面前公然失信。当楚怀王满怀期望地前往武关时，注定了他的希望会落空。

据《史记·楚世家》记载："楚王至，则闭武关，遂与西至咸阳，朝章台，如蕃臣，不与亢礼。"

楚怀王的车队抵达秦国边境上的武关，他发现这里空空荡荡，并没有见到秦昭王的身影。楚怀王一过境，他身后的秦军立刻关上了大门，蜂拥而上，他如同一只软弱的绵羊，命运不再由自己主宰。楚怀王没有受到君王的待遇，而是被秦军当作附属国的臣子一般带到咸阳。楚怀王在车上大呼："秦人不义！秦人不义！"只是，任他喊破喉咙，也无济于事。

秦昭王之所以软禁楚怀王，是因为有自己的考量。前面提到过，战国时代，文明不再是一个国家的护身符。此时的秦国，虽然战斗力远胜于楚军，但是楚国终究是大国，即便是能够打垮楚国，秦国付出的代价也会很大。最后，会被其他国家坐收渔翁之利，这也是秦昭王为何要软禁楚怀王的原因之一。如今情况不一样了，楚怀王在秦国的手里，话语权就在秦国的手里。不需要任何军事行动，秦国就能得到自己想要的，岂不快哉。

在这个弱肉强食的时代，秦昭王的做法不算磊落，但是以国君的角度而言，他的决策也在情理之中。换作其他国家，难保它们的国君不会这样做，就拿它们对待秦国的态度来说，倘若今天被软禁的是秦昭王，没准儿秦国的下场会更惨。

秦国的文化使然，先它们一步行动，却背上了不义的骂名。在之后的五国攻秦事件中，五国的联合算是大义吗？也不尽然。

楚怀王终于见到秦昭王了，只是这场会面的情形不是楚怀王乐见的。秦昭王开门见山，直奔主题，要求楚国必须割让两个地位险要的郡，即巫郡与黔中郡。但遭到了楚怀王的果断拒绝，身陷囹圄的楚怀王迸发出罕见的勇气，不论秦昭王如何威胁，楚怀王就是不退步。

秦昭王从小所读的法家著作告诉他，人性都是趋利避害的，在异国为囚还是回国为君，这道选择题的答案如此简单，所以，秦昭王对楚怀王的宁死不屈，着实不解。事情毫无进展的情形下，秦昭王只好下令将楚怀王继续囚禁下去，以此对楚国施压。

楚国大臣闻讯，从齐国迎回太子横，立为国君，是为楚顷襄王。楚国此举，让秦昭王始料未及，更为震惊的是楚怀王。他没想到在国家利益面前，楚国上下这么轻易地放弃了他，他因自己的一念之差，不仅丢了王位，也葬送了自己，无论多么悔恨，也为时已晚。

楚国另立新主的举动，激怒了秦昭王。秦昭王为解心中怒气，再次对楚国发动军事行动，楚军依然手无缚鸡之力，抵挡不住势如猛虎的秦军，一战下来，阵亡五万人，析城等十六座城邑被秦国占领。

楚国既然已有新君，楚怀王对秦昭王来说，没有了任何利用的价值。公元前297年，被囚禁两年后，楚怀王乘看守疏忽，逃出了囚禁地。他一路夜行昼伏，逃向楚国。秦国在路上大行搜捕，楚怀王只好调整路线，逃向赵国。就在他历尽千辛万苦逃到秦、赵边境时，赵国慑于秦国之威，拒绝让他入境。没办法，楚怀王只好绕道魏国，结果还没跑多远，就被秦国追兵逮住，又一次被押回咸阳。第二年，楚怀王在咸阳郁郁而终。

秦国最终也没能利用楚怀王得到任何好处，最后只好送还了楚怀王的尸体做个人情。"顷襄王三年，怀王卒于秦，秦归其丧于楚。楚人皆怜之，如悲亲戚。诸侯由是不直秦。"（《史记·楚世家》）楚怀王的棺木抵达楚境后，沿途所有楚国百姓都痛哭失声。诸侯们因此觉得秦国的做法是真不好。

在封建礼制的规章制度遭到严重破坏的战国时代，楚怀王可以说是封建礼制文明培养出的最后一代君主。

司马迁曾评论楚怀王说："人君无愚智贤不肖，莫不欲求忠以自为，举贤以自佐，然亡国破家相随属，而圣君治国累世而不见者，其所谓忠者不忠，而所谓贤者不贤也。怀王以不知忠臣之分，故内惑于郑袖，外欺于张仪，疏屈平而信上官大夫、令尹子兰。兵挫地削，亡其六郡，身客死于秦，为天下笑。此不知人之祸也。"（《史记·屈原贾生列传》）

作为国君，不管聪明与否，还是有无才能，都希望拥有贤臣在自己的身边辅佐自己，为自己带来智慧的治国之法。但是，时代的发展形势往往不是国君所能左右，家亡国破的事情时有发生。这种情况下，更需要圣明的国君去创造太平的盛世。然而，现实却事与愿违，已经很久都没有出现过圣明的国君了，究其原因，就在于所谓的忠臣不忠、贤士不贤、国君不识。楚怀王正是因为看不清忠臣的尽职尽责，对屈原疏远冷淡，亲信令尹子兰，才会被郑袖迷惑，被张仪诡骗，导致楚军惨败，国土被侵，自己客死异乡，被天下人耻笑。这是不知人善用造成的后果。

秦、楚两国自此决裂。

二、征战不断遇强敌

自商鞅变法以后，秦国强势崛起，魏、韩、楚等国家都曾遭到秦国的进攻，都有不同程度的损失。以当时各国的实力来看，秦国最强大的对手是远在千里之外的齐国。

齐湣王即位之初，齐国的风头正盛，与秦国并列为超级强国。在战国七雄中，齐国的政治文明最为发达。

战国时代，最著名的学术中心稷下学宫就位于齐国首都临淄城的稷门外，这里汇聚了天下英才。稷下学宫历史悠久，有着一百多年的历史，曾迎来名家尹文、田巴、孟子、荀子、孙膑等大师级的人物。兼容并蓄的思想，给齐国政治带来了生机勃勃的活力。

在齐威王、齐宣王两代君王的统治下，齐国国力日益壮大，尤其是马陵之战，是齐国通往霸权之路的标志，代表着魏国称霸的时代已经结束，齐国也成为当时唯一一个可以与秦国匹敌的超级强国。

齐宣王执政时期，齐国曾创造仅用五十天就歼灭掉燕国的军事奇迹。尽管后来由于各诸侯国的干涉，齐国被迫从燕国撤军，但足以证明齐国超强的军事能力。齐宣王晚年，齐军曾在垂沙之战中重创楚军，此役亦是楚国从盛到衰的一个转折点。

齐国的强大，大家有目共睹，这也是为什么秦国会对齐国心怀忌惮的原因，特别是齐国与楚国结盟，可以说是秦国的噩梦，所以秦国才会一而再、再而三地破坏两国之间的同盟。

由于秦、齐两国领土并不接壤，所以两国一直相安无事，并没有发生正面冲突。但这不代表两国之间是友好联邦。

公元前299年，发生了一起事件，成为秦、齐两国兵戎相见的导火索。这还要从战国时代的四公子之一的孟尝君说起。

孟尝君是中国历史上赫赫有名的政治人物。战国晚期，秦国越来越强大，各国贵族为了应对秦国的攻击和挽救本国的国力，竭力网罗人才，因此养士（包括学士、方士、策士、术士以及食客）之风盛行。相传孟尝君的门客有数千人之多，天下闻名侠士没有不知道他的大名的。

齐湣王派孟尝君出使秦国。秦昭王十分欣赏孟尝君，认为他是难得的贤才，于是把孟尝君留在秦国，担任秦国的宰相。秦昭王的这个决定，一下子得罪了两个人：一个是大权在握的舅舅魏冉，此时魏冉正任职于秦国宰相；一个是孟尝君，也可以说是孟尝君背后的齐湣王，亦可以说是齐国。

据《史记·孟尝君列传》中记载，有人劝说秦昭王："孟尝君贤，而又齐族也，今相秦，必先齐而后秦，秦其危也。"大意是，孟尝君的确贤能，但他是齐国宗室贵族，若是担任如此重要的职位，必然会事事优先考虑齐国，而不是把秦国放在首位。如此一来，对秦国来说就危险了。

秦昭王深思片刻，觉得此话很有道理，于是免除了孟尝君的秦相之位，并"囚孟尝君，谋欲杀之"。秦昭王此时对孟尝君起了杀心。

孟尝君意识到危险的存在，为了保住性命，孟尝君暗中派人求见秦昭王的姬妾，希望姬妾可以在秦昭王面前美言，借此将他释放回国。

孟尝君以一招"鸡鸣狗盗"，成功地从秦国逃出来，而秦昭王"后悔出孟尝君"，立即派兵追赶，但为时已晚，孟尝君已经顺利地逃出函谷关。

孟尝君途经赵国时，得到了赵国平原君的热情款待。赵国的百姓听闻大名鼎鼎的孟尝君来赵国了，都想一睹孟尝君的风采，结果都笑着说："原来以为孟尝君很魁梧，现在看来，只是个瘦小的男人罢了。"这些话让孟尝君勃然大怒，于是和他同行的宾客跳下车，拔刀奔向那些嘲笑他的人，直至毁了一个县城才离去。

由此可见，孟尝君是个锱铢必较、睚眦必报的人。而秦昭王招惹了孟尝君这样心胸狭窄的人，必然要被他滋扰几番。

齐湣王始终觉得孟尝君被秦国囚禁一事，自己是始作俑者，对孟尝君心中有愧，所以孟尝君平安回到齐国后，齐湣王便任命其为宰相，执掌国政。

一时间，孟尝君成为齐国位高权重之人。手握重权，心中有恨，孟尝君任职之后，做的第一件事就是准备用齐国的力量帮助韩国、魏国攻打楚国，以此来笼络韩国、魏国，而后，再与它们结盟，共同进攻秦国。

正是因为孟尝君，导致秦、齐两国兵锋相见。公元前298年，齐、魏、韩三国联军，气势汹汹地向函谷关进发。在此之前，楚顷襄王继任为楚国国君，秦昭王派兵向楚国发动猛烈的攻势，斩首楚军五万，攻占楚国十六城，战绩十分了得。就在秦国和楚国交战之际，孟尝君所率的三国联军，攻秦国之不备，突袭函谷关，这确实是秦昭王没有预判到的情况。

齐国军队的作战能力是很强的，如今又是三国联军，在没有任何应对策略的情况下，驻守函谷关的秦军仓促迎战，结果难以抵敌，大败。

函谷关地位险要，乃秦国之门户，一旦被攻破，三国联军将顺势长驱直入关中，后果不堪设想。

秦昭王为了让孟尝君撤兵，无奈之下，决定牺牲河东三城：武遂、封陵、齐城。谁能想到，军事力量十分强大的秦国，竟然会割地求和，可见秦国当时面临的危机迫在眉睫。倘若秦军没有与楚军开战，也不至于来不及赶回函谷关实施救援，秦昭王自然也不会到忍痛割地的地步。

事实证明，秦昭王暂时的委曲求全，十分明智。若是没有割地，秦国的未来就是一个未知数，即便是孟尝君现在的境遇也很糟糕，但秦昭王不会拿秦国的未来冒这个险。这样的时局之下，秦国的确没有冒险的能力。

齐国此次出兵秦国，属于远征。远征战，最重要的就是战略物资，即粮食。孟尝君遇到的问题，就是粮食紧缺。千里作战，齐国这一路下来，粮食损耗颇多，已经到了捉襟见肘的地步了。正因为如此，孟尝君对深入秦境作战也没有了把握，目前唯一的解决办法就是谈判，最好是能从中获取一些战略资源。

秦昭王以割三城谈和，诚意十足。然而，孟尝君心中却另有盘算。当时还没有去世的楚怀王，就在孟尝君的盘算中。孟尝君提出和谈的条件：秦国必须释放楚怀王。

孟尝君的意图十分明显，手握楚怀王，既可以得到楚国的助力，又可以得到楚国的土地，至于要助力还是要土地，全在他一念之间。不管孟尝君怎么选择，最后获利的仍然是齐国。

楚国与齐国接壤，得到楚国的土地，才是真正的收获。而秦国所割的三座城池，离齐国相隔甚远，不利于齐国的统治管理。所以，孟尝君选择以楚怀王换取楚国东部的土地。如此一来，不仅报了秦国之辱的仇，还使齐国的领土得到扩张，可谓是一箭双雕。

秦昭王听到孟尝君开出的条件后，嗤之以鼻，觉得他胃口真大啊！这是把别人都当成愚蠢之人了。但是表面上还得应对，秦昭王只好应下来。孟尝君对秦昭王的妥协，很满意，随即从函谷关撤军。不过，秦昭王没有兑现自己的承诺。孟尝君的如意算盘最终成了竹篮打水一场空，满心欢喜出征，双手空空归国。

这是孟尝君第一次领兵伐秦，结果败兴而归，内心十分郁结。他不甘心被秦昭王这样诓骗，于是开始积极备战，为确保万无一失，他做了充分的准备，之前是齐、魏、韩三国联军伐秦，而这次，孟尝君又拉拢了两个国家与他们结盟，一个是赵国，一个是宋国。

公元前296年，五国联军气焰嚣张、咄咄逼人地向秦国进发，所到之处，尘土飞扬，兵力比第一次攻打秦国更加强大。

庆幸的是，秦楚之战已经告一段落，秦之精锐部队全部返回秦国，正在休整。秦昭王得知孟尝君已率领五国联军直奔秦国而来，便下令全军待命，正面迎敌。

秦军的阵势勇猛，的确令人佩服，但是以一敌五的战争，确实很艰难，就算秦军这样的虎狼之师，慢慢地也会体力不支，武力值大幅度下降。而五国联军嚣张的底气，无非就是兵锋很盛。联军一路攻至盐氏（今山西运城），致使秦国再次陷入危机。

迫于无奈，秦昭王再一次割地求和，以解秦国之困。

孟尝君的目的很明确：雪耻！楚怀王！只是在孟尝君终于有能力夺取楚怀王的时候，楚怀王在悲愤与疾病的双重打击下，已经郁郁而终。楚怀王的死，让孟尝君瞬间失去了作战的激情，毕竟打算在楚怀王身上榨取油水的如意算盘彻底落空了。

计划落空，孟尝君无心恋战，他深知，就算现在攻克秦国，所得的一切好处，也只能和其他四国平分。蛋糕人人都想拥有，可很少有人会喜欢与别人同享。眼见自己的利益会被瓜分，孟尝君索性撤军，并以韩国在黄河以南已被秦国占领的土地及武遂（今山西垣曲），以及魏国在黄河以南已被秦国占领的土地及封陵（今山西永济），作为撤军的条件，顺利拿到这些土地的占有权。

孟尝君前后共发动了两次攻打秦国的战事，但均未对秦国的军事力量造成实质性的伤害。但是孟尝君两次攻打秦国的举动，对六国的抗秦情绪起到了鼓舞作用，产生了较深的影响。

齐国一直以来，都称雄于东方，但是没有在一场战事中充当过领袖的角色。而攻打秦国的战争却不同，是以孟尝君为主导者，合纵韩、魏、赵、宋共同进攻秦国，这是齐国真正意义上的第一次以主角的身份，组织的大规模军事行动，从此齐国在战国舞台上的威望得到了极大的提升。

孟尝君也因为攻打秦国的壮举，在齐国的地位扶摇直上。自此，他在齐国的政治权力中心可谓是一手遮天。齐国百姓一度只知孟尝君，不知齐湣王，如同当年秦人只知秦国有商鞅，不知有秦孝公一样。

这种现象的出现，使得孟尝君的未来堪忧。因为不管什么时代，功高盖主是任何一位君王都不会容忍的事情。现在的孟尝君就是这样，功绩越来越高，权力越来越大，是非就会越来越多，政坛上一向如此。

齐湣王也发现了自己逐渐成为一个摆设，这让齐湣王对孟尝君心生不满，他害怕长此以往，自己成为虚设，恐怕那时齐国就要易主了。

渐渐地，齐湣王和孟尝君产生了隔阂，矛盾开始激化。而秦国这边还抓紧时机，火上浇油，大肆散播孟尝君功高盖主、欲图齐国大权的谣言，这让齐湣王慌乱不已，彻底坐不住了，决定以君权震慑孟尝君，并免除孟尝君的齐相之位。

自此，孟尝君从齐国政坛的顶端跌落谷底，对秦昭王来说是个天大的好消息。齐国是秦国的第一强敌，而齐国却是孟尝君在主导。合纵诸侯，共同抗秦可都是孟尝君提议组织的，如今孟尝君的权力不再，秦昭王有一种如释重负之感，野心也随之膨胀。

秦昭王不再安于跟其他诸侯一样只是个"王"，以秦国的强大，更应该傲视天下，地位理应在各诸侯国之上，于是开始筹划称帝。

在上古时代，人们把五位德高望重的统治者称为"五帝"。他们虽是凡人之躯，却有着神一般的统治能力，所以被人们视为神。秦昭王显然也想把自己当作"五帝"那样的神，于是准备用"帝"号来取代"王"号。

公元前288年，秦昭王于宜阳称帝。

秦昭王没有把称帝的地点定在秦国的首都咸阳，而是定在宜阳，看似不经心，实则用心良苦。以当时宜阳的地理位置来看，它处于中国的中心位置。由此可见，秦昭王选定宜阳，用意颇深，欲以实际行动告诉天下，自己理应是天下之尊，是能号令诸侯，以治天下之人。

秦昭王自称为帝的举动，宣示着他的所思所想，只有强者，才有资格成为天下的领导者。而秦国，统一天下的野心，不言而喻。但此时称帝，不是一个绝佳的时机。

以当时秦国的实力而言，尚没有强大到足以打垮所有的国家，至少还有一个与之匹敌的对手，就是齐国。五国联军，一同伐秦的事件还历历在目，秦国被迫割地的情景还记忆犹新，只是秦昭王被野心冲昏了头脑，操之过急。秦昭王也意识到这个问题，于是派宰相魏冉亲自出使齐国，去怂恿齐湣王与他一同称帝，一为西帝，一为东帝，何其妙也。

秦昭王只顾着自己妙了，他全然把其他国家抛诸脑后，抑或是完全没有把它们放在眼里。尽管魏、韩、楚等国在与秦国的战争中输得狼狈不堪，但从国家的政治地位来说，地位依然是平等的，大家都是王。所以秦昭王的称帝之举，是要做王中王，是把地位凌驾于各诸侯国之上的，自然引起了各国的强烈不满。

一时间，反对秦国称帝的浪潮汹涌澎湃。

而秦昭王想拉拢齐湣王一同称帝的计划也注定破产。齐湣王果断地拒绝了秦国提出的称"东帝"的建议。正因为齐国的态度鲜明，做法果断，反而得到了其他国家的拥护与支持。秦昭王眼见其他诸侯国都站到了齐国那边，也只能草草了结了称帝一事，宣布撤销帝号，恢复王号。

秦昭王对自己的草率之举，悔恨不已，不仅称帝不成，还让齐国得了便宜，从中扩大了军事力量，真是得不偿失。

齐湣王自觉齐国得到了诸侯国的支持，国力如日中天，便所向披靡，遂扩张领土，欲行霸王之业。公元前286年，齐湣王派兵攻打宋国。齐军势如破竹般地猛烈进攻，宋军很快就抵挡不住，齐国迅速拿下宋国。

在战国时期，齐国消灭宋国这场战役十分重要，它标志着齐国的霸权已走向巅峰，同时又标志着齐国开始走向衰弱。所谓"成也萧何，败也萧何",诸侯国的支持就等于齐湣王有了萧何,而齐湣王刚刚得到,便亲手将它摧毁,必然引起诸侯各国的强烈不满。战国时代,每个国家都想成就霸业,但这是一个艰苦困难、需要长时间经营的过程,绝非一蹴而就,齐湣王显然忽略了这一点。

此时的齐湣王还没有意识到自己已经断了齐国的后路,他的野心急剧膨胀,下一个蚕食的目标直指楚国。楚国被突如其来的灾祸打得措手不及,失去了淮北之地。齐军越战越勇,乘胜进攻淮河下游的淮夷,夺取了七百里之地。

仅仅一年的时间,齐国将土地几乎扩张了一倍,势力达到空前绝后的水平。齐军战无不胜,使齐湣王的虚荣心迅速膨胀,已经膨胀到忘我的程度。齐湣王欲乘势吞并东周、西周,自立为天子,成为天下之共主。

当时齐国的疆域面积,已与秦国不相上下。齐国这种疯狂的扩张速度、凶猛的掠夺行为,让其他诸侯国都心生恐惧,反而让它们紧紧地连在一起,出奇地团结起来,共同抵制齐国,然后就发生了后面五国伐齐的故事。

为了压制住齐国,魏、韩、赵三国能够抛开以前的是非恩怨,与宿敌秦国结盟,加上燕国之力,五国组成联军。

在这次伐齐行动中,燕国成为让人意想不到的主导者。因为在齐宣王统治时期,齐国曾经把燕国打得很惨。这是燕国历史上的奇耻大辱,此仇此恨,燕国终不能忘,现在报仇的机会来了,燕国军队自然一马当先。别看燕国实力一般,但是在伐齐这件事中,它将自己的全部潜力开发了出来。

秦国在此之前,也曾遭遇多国联军的攻击,幸运的是,秦国每次都能化险为夷,使联军止步于函谷关,这是秦国的一种能力。之所以成为强国,不仅仅是因为秦国的军事力量上的强大,还因为秦国占据了黄金之险、崤函之固,险要的地形是天然的军事屏障,如此优越的地理条件,

统一的前夜：秦始皇横扫六国

自然是秦国成为超级强国的重要因素之一。当然，其中不乏秦昭王的能屈能伸，就是其他国家眼里的诡诈。这也是秦昭王高于齐湣王的地方，秦昭王能够敏锐地发现危险，设法解决危机，他也自满过，但他可以及时止损。反观齐湣王，缺少认清时局的能力，过于自负。

齐国的地理位置与秦国相较，毫无优势。齐国地处山东半岛，属于丘陵地形，缺少天然的军事屏障。尽管齐国军事力量十分雄厚，但也仅限于应对一个国家的攻击，若是两国联军，对齐军来说就很吃力，而这次齐国面临的是五国联军，基本上就是挨打的命。

齐湣王如果能及时止损，向秦昭王学习，割地求和，没准儿齐国还能少一些损失。但他此时风头正盛，并不甘心低头求和。不只如此，面对以一敌五的局势，齐湣王还犯了一个致命的错误。当时齐湣王是命苏代为统帅，率军迎战，而苏代的身份很特殊，他其实是燕国派往齐国卧底的间谍。可见战国时代，各国争霸的手段层出不穷。

齐湣王以一个间谍为军事统帅，注定了他会输得很惨。在苏代的指挥下，大战之初，齐国便处于劣势，齐军伤亡惨重。

这时，五国伐齐的主导者燕国发挥其作用，给了齐国致命一击，"乐毅于是并护赵、楚、韩、魏、燕之兵以伐齐，破之济西。"（《史记·乐毅列传》）燕国名将乐毅亲自率领军队，于济水西边，大败齐国军队。燕国这一击，差点儿使齐国走上亡国之路。

在战争中接连失利的齐国，顿时乱成一片。孰料，楚国趁乱，派大将淖齿偷袭齐国，将齐湣王杀害。齐湣王的死亡，意味着齐国的霸业就此结束。曾经雄视东方的超级强国，一夜之间，失去国君，土崩瓦解，仅剩下两座城池，其余土地全部沦陷，十分凄惨。

就在齐国面临灭国之灾、齐人生而无望时，齐国却奇迹般地迎来了一丝转机。竟是燕昭王的去世，为齐国带来了曙光。

燕昭王去世后，燕惠王继位。而这位新主，对燕将乐毅心怀猜忌，施手段打压乐毅，甚至罢免他的职务。这无疑是给了齐将田单一个机会，田单趁机组织所剩无几的齐军进行反击战。没有乐毅的燕国军队如一盘散沙，齐军很容易就收复了失地。

但经此一劫，齐国元气大伤，俨然从一流强国沦为二流国家，完全丧失了与秦国争霸的资格。

五国伐齐的战争告一段落，秦国从中获得了巨大的利益。秦国在东方得到一块土地，名为陶邑，这是以前宋国最肥沃丰饶的土地。但是陶邑与秦国并不接壤，也就成为一块飞地，后来成为魏冉的封邑。

这次伐齐之战，秦国虽然不是主导者，只负责打配合，但是战果却是秦国喜闻乐见的，因为被秦国视为最强大的对手，对秦国不会再有任何威胁，从根本上解决了秦国的心腹大患。至此，战国七雄中，再无可以与秦国匹敌的对手，即便是后来崛起的赵国，跟秦国相比，也是实力相差悬殊。

赵国，在战国初期的三晋战争中，曾经遭到魏国的沉重打击，被迫向魏国俯首称臣，这是赵国历代君主不会忘记的仇恨。

赵武灵王曾说过："先王不同俗，何古之法？帝王不相袭，何礼之循？虑戏、神农教而不诛，黄帝、尧、舜诛而不怒。及至三王，随时制法，因事制礼。法度制令各顺其宜，衣服器械各便其用。故礼也不必一道，而便国不必古。圣人之兴也不相袭而王，夏、殷之衰也不易礼而灭。然则反古未可非，而循礼未足多也。且服奇者志淫，则是邹、鲁无奇行也；俗辟者民易，则是吴、越无秀士也。且圣人利身谓之服，便事谓之礼。夫进退之节，衣服之制者，所以齐常民也，非所以论贤者也。故齐民与俗流，贤者与变俱。故谚曰：'以书御者不尽马之情，以古制今者不达事之变'。循法之功，不足以高世；法古之学，不足以制今。"（《史记·赵世家》）

从赵武灵王的话可以看出来，赵武灵王是一位颇具智慧的国君。他认为智者会随着时代的变化来制定法令，即法规政令都应该顺应实际需要，衣服器械应便于使用。违背古制没有什么好被非议的，遵循旧礼不见得是一件好事，所以平民总是和旧俗相伴、贤者与变革同在。正如古语言，用古人的制度来约束今世的人，实乃不通晓事物变化的道理。

所以，赵武灵王在继位之初，为了改变赵国国力衰微的事实，他求贤纳士，立志改革，推行胡服骑射。赵武灵王刚决定改革时，曾遭到大臣们的反对，所以他才会说出上面这段话。

赵武灵王以国富强兵、提高军事能力、增强国力为目标，他清楚地知道，以赵国的现状而言，若是不致力于改革，那么赵国必然会走上亡国之路。

赵武灵王解决了国内对改革的反对，但是要想在国内顺利进行改革，还有一个条件，就是相对稳定的外部环境。这就要尽量避免与周边的国家发生冲突与战争，因为改革时，赵国根本无暇顾及其他。秦国成为赵国首个要远离的对象。

为了稳住秦国，赵武灵王决定改变与秦国敌对的立场，采取与秦结盟的外交政策，并与宋国交好，形成与秦国、宋国结为三角同盟的模式。

面对赵国的主动示好，秦国自是欣然接受，宋国也很配合。这使得赵武灵王无后顾之忧，可以专心、全力地在国内进行军事改革。

赵武灵王的智慧不仅体现在通过改革提高国力方面，还有他可以冷静地、清晰地看待时局，没有卷入各国的争霸混战，充当起一个透明的角色。这时，没有一个国家的注意力是在赵国的身上，这恰恰是赵武灵王需要的时机。

有了这个时机，赵武灵王有充足的时间进行改革、对外扩张。他非常明智地将目标对准了北方的民族，出人意料地灭掉了狄人建立的中山国，致使赵国的疆域面积得到了大面积的扩张，赵国在悄无声息中，成为新兴的军事大国。

再看赵国与秦国的结盟，无非是赵武灵王的权宜之计，秦国也不会愚蠢到相信赵国是真的想与之交好。这种貌合神离的盟友关系，是注定不能长久的。

实际上，野心勃勃的赵武灵王正在秘密地策划一次规模很大的军事行动，他在云中、九原集结了大批兵力，打算出其不意，攻秦国之不备。

秦国是劲敌，赵武灵王不敢懈怠，为了全身心投入这次的战争中，赵武灵王甚至将王位让给了儿子赵惠文王，自己则一心扑在战略谋划上。赵武灵王为了查探秦国军事实力的虚实，甚至冒充赵国使节，出使秦国，只身来到咸阳城，连秦昭王都对他心生敬佩。

然而，这样一位智慧的明君，竟意外地死于一场国内政变。

赵武灵王的两个儿子，为争夺那高高在上的王位宝座，制造内乱。据《史记·赵世家》中记载："遂围主父。令宫中人'后出者夷'，宫中人悉出。主父欲出不得，又不得食，探爵鷇而食之，三月余而饿死沙丘宫。"谁会想到，一心为赵国之发展竭尽全力的赵武灵王，竟是被饿死的，这个结局，令人唏嘘。

赵武灵王死后，赵国进行了一半的改革大业止步不前，他筹划已久的袭取秦国的计划也化为泡影。而赵国的新君缺乏赵武灵王那样的气魄与能力，故而赵国的崛起不能算真正的崛起，只能说是框架上的崛起，实际的国力终究无法与秦国比拟。

赵武灵王去世的前一年，即公元前296年，赵国与秦国的同盟关系便消失殆尽了。是年，赵国曾加入孟尝君组织的五国合纵，并出兵参加打击秦国的战争，前面提到过，这场战争以秦国割地请和而告终。赵国之所以有能力参加这次合纵之战，是因为赵国自"胡服骑射"改革后，军事力量得到跨越式的发展，所以孟尝君在筹划此事时，会考虑到赵国。

赵武灵王时期，可以说是赵国比较璀璨的时期，不然秦国也不会在赵国的示好下，努力配合这出貌合神离的结盟。当时，以赵国的实力，在七雄中能位列第三，仅次于秦国与齐国。

赵国实力虽然很强，但是地理位置不好，横亘在秦、齐两大强国之间，一旦秦、齐两国从西、东两面夹击，赵国必然被灭。赵国也知道自己的弱点，所以尽可能地将危险系数降到最低。恰巧这个时候，燕昭王有讨伐齐国复仇之志，欲集结各诸侯国，一同攻打齐国。

赵国及时地抓住这个机会，在五国伐齐之战中，竭尽所能，发光发热。

五国伐齐战争的谋划者是燕国，赵国却成为其中最获利的国家。而秦国之所以能参与其中，还得多谢赵国。

为了铲除齐国，赵国可谓是不惜一切代价。秦国可以跨境参与攻打齐国的战争，正是借道赵国，秦军才得以开赴齐国战场。如果赵国不敞开大门借道，秦国无法绕过赵国去打齐国。而五国联军中要是缺了秦军的助力，力量就会大幅度减弱。赵国出手助秦的意图很明显，就是要借力消灭齐国，这样自己就少了一个强劲的对手。在伐齐之战中，赵国异常卖力，赵将廉颇在这场争斗中脱颖而出，成为闻名于诸侯的名将。

自五国伐齐之战后，齐国一蹶不振，彻底丧失了与秦、赵两国对抗的资格。

俗话说敌人的敌人就是朋友，这句话在秦、赵两国的身上表现得淋漓尽致。经此战，秦、赵两国关系得以修复。其间发生了一件事，足以彰显赵国的崛起。

伐齐期间，赵惠文王得到了楚国的和氏璧——一件名副其实的稀世珍宝。秦昭王听说赵惠文王得了件稀世珍宝，随即派人给赵惠文王送了一封信，表示愿意用十五座城池来交换和氏璧。

十五座城池在当时可不是一笔小数目，地域面积令人咋舌，可以说这是桩稳赚不赔的买卖，换作是谁，都会心动，赵惠文王也不例外。为此，赵惠文王特意挑选一个机谨且才智过人的大臣赴秦与秦昭王交易，群臣中，他选中了蔺相如。

蔺相如带着和氏璧西行入秦，一路上风尘仆仆。秦昭王见到和氏璧后，大为惊叹，爱不释手，把和氏璧传给姬妾和左右侍从看，众人对这块美玉也啧啧称赞，但秦昭王只字不提十五座城池的事。蔺相如看秦昭王无意以十五城来交换，上前假称美玉上有瑕疵，把和氏璧骗了回来，然后"持璧却立，倚柱"，怒发冲冠，冲秦昭王吼道："臣以为布衣之交尚不欺骗，况大国乎！"

蔺相如表达得很清楚，若是秦昭王不拿十五城来交换，他宁可与和氏璧同归于尽。

秦昭王怕蔺相如真把和氏璧撞碎，赶紧向他赔礼道歉，吩咐官员取来地图，并指明从某地到某地的十五座城池交割给赵国。尽管秦昭王把城池都标注好了，蔺相如也没有相信秦昭王会如约交出十五城。于是他便采取拖延的策略，提出一个条件："和氏璧，天下所共传宝也，赵王恐，不敢不献。赵王送璧时，斋戒五日，今大王亦宜斋戒五日，设九宾于廷，臣乃敢上璧。"

蔺相如以五日斋戒为由，要求秦昭王也斋戒五日，并在五日后安排九宾大典，以隆重的仪式接见蔺相如。

然而，五日后，秦昭王并没有看到朝思暮想的和氏璧。原来蔺相如早已派人偷偷把和氏璧送回赵国去了。

秦昭王得知和氏璧已经不在，勃然大怒，他觉得蔺相如是在戏耍他。蔺相如没有理会正在发脾气的秦昭王，而是从容地说道："秦自穆公以来二十余君，未尝有坚明约束者也。臣诚恐见欺于王而负赵，故令人持璧归，间至赵矣。"意思是秦国自秦穆公以来，共有二十多位君主，没有一个曾经信守盟约的，他为何要把和氏璧送回赵国呢？原因就是秦不守信。

蔺相如当着这么多人的面说秦国不讲信用，可见勇气可嘉。蔺相如是豁出去了，将生死置之度外。

统一的前夜：秦始皇横扫六国

反倒是秦昭王被蔺相如说得哑口无言，不好发作，再怎么说他是一国之君，如今被一个他国朝臣嘲讽，若是定罪于蔺相如，就显得他没有国君之风，有失风度。若是不惩办蔺相如，他心里又很憋屈。一时间，秦昭王头疼不已。好在秦昭王很快转过这个弯儿，宁可自己心里憋屈，也不愿丢了国君之风，于是，秦昭王大手一挥，将蔺相如放回了赵国。

蔺相如侥幸逃回赵国后，赵惠文王感念其完璧归赵的壮举，提升蔺相如为上卿。完璧归赵，一度成为赵国敢于对抗秦国的代表事件之一。

很长一段时间内，秦、赵两国得以短暂的安稳，没有再发动大规模的军事行动。

公元前279年，秦昭王突然向赵惠文王抛出橄榄枝，希望与赵国结为同盟，并邀请赵惠文王前往渑池会面，方便面谈，增进一下两国的友好邦交。

战国时期，各国之间最怕突如其来的交好，因为那样的历史背景下，没有哪两个国家是真心实意地想建立友谊。正所谓事出反常必有妖，楚怀王被俘的情景还在眼前，赵惠文王怎敢轻易赴约。

这次赵惠文王是真误会秦昭王了，他并没有恶意。当时楚顷襄王打算策划一起新的合纵运动，秦昭王对"合纵"两个字极其敏感，只要出现一点儿苗头，便立刻采取行动，以防止它成长起来。

自齐国衰弱后，赵国一跃成为超级强国，秦昭王势必要阻止赵国加入合纵联盟。因此，秦昭王的战略目标很明确，一方面是阻止赵国加入合纵运动，另一方面是对楚国发动军事行动。在攻打楚国之前，自然要先稳住赵国，这也是秦国外交能力强的一方面，只有保证赵国的不参与，秦国才能无后顾之忧。

面对秦昭王的邀请，赵惠文王心里也有自己的考量。赵国一直虎视眈眈地瞄着魏国与齐国，秦昭王的橄榄枝亦可为赵解后顾之忧。倘若与秦国结盟，赵国便可肆无忌惮地向东扩张。从国家利益为出发点，赵惠文王应该去；可是一想到楚怀王的下场，他又打起了退堂鼓。进也不是，退也不是，令他为难至极。

这时，赵国的两位名臣给出了中肯的建议。廉颇与蔺相如都认为，赵惠文王应该前往渑池与秦昭王会晤。为防不测，在完璧归赵事件中脱颖而出的蔺相如会陪着赵惠文王参加会议，而廉颇则陈兵于国境之边，严阵以待。这已经是万全之策，赵惠文王终于放心地前往渑池。

赵惠文王、蔺相如等一行人终于抵达渑池，秦昭王热情地设宴款待。酒过三巡，秦昭王借着微醺，提议说："听闻赵王十分喜音律，这样难得的机会，不如奏瑟一曲吧，让大家欣赏一下。"

赵惠文王醉意上头，兴致颇高，当场奏瑟一曲。这时，秦国的史官上前记录道："某年月日，秦王与赵王会饮，令赵王鼓瑟"（《史记·廉颇蔺相如列传》）秦昭王这是在公然挑衅赵惠文王。

蔺相如不甘示弱，当即手持盆缻，走到秦昭王跟前，请求秦昭王击缻助兴。缻就是装酒的瓦罐，当时秦国盛行击缻而歌。秦昭王知道蔺相如的心思，就是想让他也当众出丑，秦昭王自然是不肯的。谁知蔺相如竟胆大包天地威胁道："我与大王仅五步之遥，大王要是不答应，蔺相如颈部的鲜血就要溅到大王身上了。"

赵国君臣毕竟是秦昭王亲自邀请而来，若是在酒宴上发生流血事件，定会影响秦国的声誉，得不偿失。无奈之下，秦昭王只得用筷子敲打了一下缻。蔺相如见状，回头招呼赵国的史官记下来："某年月日，秦王为赵王击缻。"（《史记·廉颇蔺相如列传》）

一位秦国大臣觉得蔺相如太过无礼，上前说道："请你们用赵国的十五座城池向秦王献礼。"

蔺相如立即回应道："请你们用秦国的咸阳向赵王献礼。"

这场酒宴就是一个没有硝烟的战场，虽不见鲜血四溅，却是暗流涌动。直到酒宴结束，秦昭王始终未能占到赵国的便宜，这对在外交战中不可一世的秦国来说，十分罕见。而蔺相如因为这场较量，其表现成为后世的范本。

这次的渑池会晤，意义重大。通过会晤，秦国与赵国达成了互不侵犯的协定，且赵国向世人展示本国强大。在此后的几年时间里，秦、赵两国都恪守此协议，双方利用这段时间，各自发展，积极对外扩张，完成了各自的战略目标，进一步确立了强势大国的地位。所以说，渑池会晤是战国时期少见的以双赢为结果的会晤。

三、威震楚国

自从张仪提出"征韩论"以来，秦国历代国君都希望通过韩国这个跳板，一举拿下东周与西周。秦昭王继位后，一直保持着夺取二周的初心。

公元前293年，秦昭王派了一支远征军从三川出发，向东周挺进。

韩、魏两国一直自视东周和西周的地界是自家的后花园，现在秦国却大张旗鼓地来抢夺自家地盘，简直是不把他们放在眼里。为此，韩僖王与魏昭王十分恼怒，并秘密商议，决定乘秦军深入之机，集中精锐兵力将秦军一举歼灭。

韩、魏达成协议后，立刻采取行动，集结兵力二十四万，严阵以待，正面迎战，欲消灭秦国的这支远征军。两军列开阵势，就在开战之际，秦军统帅向寿收到消息，韩、魏二十余万的联军正等着秦军深入，意识到自己的处境很危险，立即下令从东周撤军，退至伊阙，以保性命。

向寿的撤军行为，在以虎狼之师著称的秦师里，极为少见，正是因为他缺少血性，反而将秦军置于危险之中。

韩、魏联军很快便得知秦军撤退，这无疑是增长了两国联军的士气，随即追赶，双方三十几万军队陈兵于伊阙，大战一触即发。

第二章·金戈铁马 蹈锋饮血

伊阙地势险要，位于洛阳以南，是秦国东出中原的必经之路。在伊水谷地的深处，有一处山谷，这里两山并立，远望好像门阙，伊水从中流过，所以称为伊阙。

秦相魏冉接到从伊阙发回的军报，忧心忡忡，他深知向寿不是一个优秀的将领，根本没有能力解决如此复杂的局面。为何秦国攻打东周这样的远征战，会选择一个没有军事能力的人为主帅呢？答案显而易见。前章已经说过，向寿是宣太后、魏冉姐弟的外族亲戚，也是秦昭王从小玩到大的朋友。仰仗着外族亲戚的身份，靠着裙带关系，即便是能力平庸，向寿在秦国政坛上也是呼风唤雨的人物。这也是当初商鞅变法中，抑制贵族势力的原因之一。当初也是因为向寿的妒贤，甘茂才被迫离开秦国。

向寿这样贪生怕死的人，为何这次这么踊跃地参与战争呢？因为秦国的军功爵制度。军功是加官晋爵的阶梯，是跻身上流社会的途径，所以不安于现状的向寿才会想通过战场捞些晋升的资本。向寿的军事经验很好，他天真地以为十万大军攻打弱不禁风的东周，简直易如反掌，完全没有想到韩国会和魏国结盟，而且兵力是自己兵力的两倍之多。所以当他得知敌军数量时，想到的第一件事是撤军。

大敌当前，自乱阵脚是兵之大忌，临阵退缩更是忌中之忌，因为这会破坏整个军队的平衡与士气，所以说向寿参战，就是打肿脸充胖子。紧急时刻，还需看魏冉展现出的宰相之风，他做出一个极其大胆也是出乎所有人意料的决定，就是临阵换将，以级别甚低的白起代替向寿，出任秦军主帅，这在战场上，是极为罕见的。

面对如此错综复杂、敌强我弱的形势，临危受命的白起没有一丝慌乱，他冷静自持，快速、理性地分析了敌我双方的优势与劣势，以果断的速度制订作战计划并实施。

从兵力上看，韩、魏联军的人数是秦军的两倍以上，占据绝对优势。

统一的前夜：秦始皇横扫六国

而秦军远征东周，势必要长途跋涉，将士们疲惫不堪，反观韩、魏联军，则是按兵不动，以逸待劳，可谓是占尽地利。从作战地点看，秦军远离大后方，补给线长，没有支援，劣势明显。

乍一看，韩、魏联军简直是胜券在握。实则不然，秦军也有自己的优势。在以往的秦国对韩国、魏国的战争中，秦国占据大半的胜利战绩，从心理层面讲，秦军的心理优势更为明显。而韩、魏两国的将士，心里多多少少对秦军是恐惧害怕的。最重要的一点，韩、魏联军在兵力方面虽占有优势，其中却有一个致命的破绽，就是二十余万的联军没有统一的指挥者，而是各自为战，协同难度很大，这就给了白起以少胜多的机会。

《战国策·中山策》中曾记："韩孤顾魏，不欲先用其众。魏恃韩之锐，欲推以为锋。"韩、魏联军之中，韩国兵力总数占据联军总人数比例较低，军队势单力薄，韩将暴鸢希望以魏军为先锋，率先出击。而魏军统帅公孙喜则希望韩军打头阵。两军都有愿望，却是相悖的，这就注定了他们的合作不会愉快。

由于没有统一的作战指挥，韩、魏两军主帅在谁充当先锋这个问题上争执不下，双方都想保存实力，互相推诿，白白错失了进攻的良机。

此时，白起收到情报，得知魏、韩两军貌合神离，白起抓住这个军机，立刻行动，制订作战计划后，先声夺人，主动发起进攻。

白起先是派出一路军队，摇旗呐喊，虚张声势，直逼韩军阵营，佯装攻打韩军。韩军阵营中，顿时张皇失措，暴鸢不解，两国联合进攻，秦军为何直奔自己的营地，怎么不去打魏军呢？暴鸢对战事做了简单评估，认为胜算不高，不敢贸然迎战。最主要的是，暴鸢不想便宜了魏军。

其实暴鸢不知道的是，这只是白起的一个战术。白起经过一番思考，他判断韩国军队一定抱着保存实力的想法，必然不会出兵迎战，只要牵制住韩军，另一路主力军队再以最快的速度拿下魏军，然后杀个回马枪，对付韩军，便达到了他要逐个击破敌军的目的。

如白起所料，韩军主帅暴鸢果然上当，以为遭遇秦军主力，不敢迎战，闭营不出，坐等魏军的支援。

与此同时，白起亲自率领主力部队，以雷霆之势，迅速攻向魏军大营。魏、韩两军本是遥相呼应之势，倘若秦军来攻打魏军，韩军可立即前往支援。倘若秦军攻打韩军，则魏军前来助阵。孰料，两国竟为谁为主力而产生隔阂，导致无论魏军还是韩军，都认为自己遭遇的是秦军主力，都在等着对方来驰援，都不知道自己已成为白起棋盘中的一颗棋子。

白起之所以会率领主力部队攻打魏国，主要是因为魏军的作战能力较差。在势均力敌的情况下，白起对迅速击败魏军有十足的把握。自魏国的霸权凋零后，与秦国的战争中，魏国基本上一打就输，一输就割地。作为曾经的霸主，竟会沦落至此，令人感慨。

秦军长驱直入，锐不可当，尽管魏军占据人数上的优势，仍然丝毫没有招架之力。秦军的勇猛，绝非浪得虚名，在战场上，个个拼尽全力杀敌。

秦军径直杀向魏军指挥中枢，魏军主帅公孙喜被俘。主帅被俘，群龙无首，魏军很快就没了章法，一片混乱，最终全线溃败。

击败魏军后，白起立刻掉转马头，向韩军阵营奔驰而去。韩国主帅暴鸢得知盟军溃败的消息后，不知所措，胆战心惊。他自认为独木难支，随即率军仓皇撤退。

白起见韩军逃跑，当即下令全军追击，气势凶猛的秦军一路夺旗斩将，攻无不克，如入无人之境，连拔五城。

伊阙之战，是战国时期规模最大的会战之一，秦军在兵力不到敌军一半的劣势下，能够迅速击破魏、韩联军二十四万，取得了辉煌的战绩，令诸侯国惊叹不已。

伊阙之战的胜利，与白起的用兵韬略是分不开的。白起能够在混乱的形势下，因势利导，抓住战机，化被动为主动，利用自己创造的天时、地利、人和，完成了这个在向寿眼中不可能完成的任务，着实令人敬佩。

经此一役，中原战局产生了巨大的变化。魏、韩两国在巨大的失败阴影笼罩下，再也无法组织对秦国的进攻。《战国策·中山策》中记载了秦国著名宰相范雎对此役的评论："韩、魏以故至今称东藩，此君之功，天下莫不闻。"（此君指的是白起。）

伊阙之战后，秦国攻占了魏国位于河东的土地，就是位于今河南、陕西、山西交界的一块儿三角地带。如果秦军以黄河南岸作为挺进中原的切入口，那么这片三角地带就形成一个极具优势的侧翼基地。秦国占领此地后，便可自由出入关中，毫无阻碍。

参与伊阙之战时，白起的君爵是"左更"，位列二十等爵的第十二级。为何魏冉会毫不犹豫地选择白起呢？那是因为在伊阙之战的前一年，即公元前294年，当时魏冉派白起领兵攻打韩国的新城。那时白起的军爵是"左庶长"，在二十等爵中是第十级。关于新城之战的经过，史书并没有详细的记载，但白起的军事天赋成功地引起了魏冉的注意。新城之战，不仅让白起的军爵跃升两级，还为他晋升为伊阙战役的主帅打下了基础。

历史将证明魏冉的眼光有多么的独到。魏冉的破格提拔，为白起开启了一代战神之路。

白起是战国时期最擅长指挥大兵团作战的将领之一，他冷静而果毅，无论在多么混乱的情势下，总能精确地分析局势，善于把握战争的局面，从而主导战势。

伊阙之战，使白起名震诸侯，对各国的军队来说，白起如同一头猛兽，令人闻风丧胆。他是惊天战神，是战地屠夫，一生杀掠无数，与他共处一个时代的将领，在他耀眼的光芒下都黯然失色。

秦昭王对伊阙的战果很满意，欲乘胜挥舞大旗，威震楚国。

自从秦昭王诱擒楚怀王，导致楚怀王客死异乡后，秦、楚两国的关系便水火不容，可谓是剑拔弩张、不共戴天。

据《资治通鉴》中记载，伊阙之战后，秦昭王给楚顷襄王写了一封信，在信中说道："楚倍秦，秦且率诸侯伐楚，争一日之命，愿王之饬士卒，得一乐战。"秦昭王此举，乃公然向楚国下战书。秦昭王告诉楚顷襄王，秦国将率领诸侯军进攻楚国，决一雌雄。

楚顷襄王顿时心慌意乱，秦国这不是要决战，而是要灭掉楚国。楚国何以迎战？只有挨打的份儿。无奈之下，楚顷襄王只好跟秦国请和。

事实证明，被临危推上国君之位的楚顷襄王，并不具备一国之君应具有的能力与智慧。

战国七雄中，楚国是最早立国的国家，曾和周王室平起平坐，只是到了楚怀王这一代，衰落的速度呈直线式下降，这跟国君的不作为有很大的关系。赵国也曾落魄，但能够在困境中实施改革，发愤图强，也因此崛起，这种精神令人敬佩。

反观楚国，实力虽强，号称大国，幅员广阔，拥兵百万，但实际上是徒有虚表，败絮其中，与魏、韩两国的实力不相上下，这绝不是一个大国应该有的面貌。再看楚国与秦国的交锋，几乎是场场败绩。面对秦昭王的恐吓，楚顷襄王第一想到的应对之策竟是求和，一点儿国君的担当都没有，更别说什么国恨家仇了，真真的是苟安一时算一时。

这个战术的结果就是楚顷襄王迎娶秦女为夫人，两国重新联姻，恢复外交关系。

楚顷襄王的举动，惹来楚人全民的嘲笑与不满。泱泱大国，竟被秦国如此欺压，而他们的国君还十分配合秦国，群民激愤。与魏、韩两国相比，楚国此举更加丢人现眼。楚人对秦国充满了深深的敌意，同时也为国家有此国君深感失望，对楚国的未来满是担忧。

当初超级强国的影子已经不复存在，楚人曾经的血性已被国家的积弱磨灭，百万大军在软弱无能的统治阶级下，已形同虚设。这样的楚国，还能走多远？

楚顷襄王大概是意识到自己的无能，决意绝地反击，于公元前281年，发起合纵抗秦运动，派出使者，游说各诸侯国。但是，楚国的合纵计划严重受挫，还没开始就结束了。

齐国，在经历了五国伐齐事件后，国家算是勉强保住了，但军事力量实在太弱，将士们萎靡不振，根本无心战争。最让人无语的是，楚人趁乱杀了齐湣王，这可是不共戴天之仇。于情于理，齐国都不可能参加楚国主导的合纵运动，若不是国力衰弱，齐国早就兵攻楚国为齐湣王报仇了。

赵国，继齐国衰败后，成为东方诸侯中实力最强的国家。尽管赵国的改革只进行了一半，但国力突飞猛进，军事力量迅速增强，已然成为秦国之外的第二军事强国。以赵国在诸侯国中第二把交椅的地位，根本不会，也没必要听命于楚顷襄王。

至于燕国，与秦国相隔甚远，事不关己，高高挂起，是不可能蹚这浑水的。

最后，只剩魏国与韩国了，可这两个国家目前的状态是自身难保，心有余而力不足。自伊阙之战后，秦国对魏、韩两国展开碾压式的蚕食。

先是白起率军渡过黄河，夺取了韩国安邑以东至乾河一带的大片土地。紧接着兵分两路攻魏，攻城略地。

公元前289年，白起率军攻打魏国，夺取了大小城邑六十一座。随后，白起与司马错一起进攻拿下了垣城。接连的败绩，致使魏、韩两国已无力参与合纵，即便是有这个意愿，因为是楚国主导的，它们也是不可能参加的。

楚顷襄王发动合纵运动的举动，彻底激怒了秦昭王，"合纵"可是秦昭王无法忍受的二字。秦昭王决定发兵楚国，毁灭楚国抗击秦国的念头。

为了集中力量打击楚国，秦国与赵国在渑池达成和平协定，解除后顾之忧。

公元前 279 年，魏冉任命白起为统帅，领兵数万，直逼楚国。看军队的人数，秦军是真不把楚军放在眼里，攻打拥有百万大军的楚国，只派出数万人的军队，简直就是来自王的蔑视。

众所周知，孙子是最杰出的军事理论家。而白起，算得上最杰出的军事实践家。

此次伐楚之战，又是一场以寡敌众的战争。临战之前，白起首先就要精准地分析战况，评估风险，以制订作战计划。

白起首先分析出了楚国存在的问题，这就等于抓住了楚国的弱点，知道弱点在哪儿，就便于一击即中。此时的楚国，兵力很足，将士们也还算热血，但是楚国的内政实在太糟了，国君没有智慧，没有主见，统治阶层软弱无能。这样的国家的兵团，就算兵力再多，也很难取胜。

白起曾说："是时楚王恃其国大，不恤其政，而群臣相妒以功，谄谀用事，良臣斥疏，百姓心离，城池不修，既无良臣，又无守备，故起所以得引兵深入，多倍城邑，发梁焚舟以专民心，掠于郊野以足军食。"（《战国策·中山策》）

楚顷襄王敢公然发动合纵，攻打秦国，无非就是仗着兵多地广，不可否认，这的确是楚国的优势。但是，楚顷襄王忘记了如今楚国的国情。楚国仗恃国家强大，不顾念国政，而群臣因为争功互相嫉妒，阿谀谄媚者受到重用，贤臣遭到排斥疏远，百姓离心离德，城墙和护城河不加修治，防御能力极其低下，内无良臣，外无守备，所以秦军能够深入楚国，占领很多城邑。

秦军攻入楚国后，直取鄢城（湖北宜城）。鄢城是楚国的别都，名义上是楚国的军事重镇，实则城防有许多弱点。

白起仔细地研究了一下鄢城的布防，精准地找到鄢城的弱点，就是防洪能力很弱。于是白起命将士们掘开汉水的堤坝，引水灌城，鄢城守军当即陷入灭顶之灾，鄢城瞬间成为一片汪洋。

从作战手段可以看出，白起是一个冷酷无情之人，对生命缺少敬畏之心，在一场场博弈中，从不手软。其实，这也是生于战国时代的军人的可悲之处，为了生存，为了自保，为了自己的国家，可以视生命如沙砾，肆意挥洒。

鄢城一战，楚军毫无还手之力，任人宰割。楚国军民伤亡惨重，用生灵涂炭形容都不为过。攻陷鄢城后，白起一鼓作气，又拿下邓、西陵等城池。

鄢城大捷后，白起信心大增，热血澎湃，欲乘胜而上。尽管他手中只有几万人，仍大胆突进，孤军深入，直逼楚国的首都郢都。

此战，白起做了生死对决的准备，在秦军渡河后，白起下令拆毁桥梁，焚毁船只，只为以实际行动鼓舞将士们，战则生，退则亡。

白起率领孤军深入，此举实为冒险。倘若没有按照他的预想，无法攻克郢都，秦军就没有退路，极有可能被楚军反包围而全军覆没。白起之所以敢如此冒进，是深思熟虑过的。鄢城一战，楚军早已失了士气，楚国君臣更是被秦军吓破胆。纵观楚国政坛，很难找出一个有才干的臣子，试问又如何能阻止秦军前进的脚步呢？

战国时期的战争，比起春秋时期要更加残酷、更加暴虐、更加凶狠。

通过掠食的方法，秦军势不可当，直逼郢都城下。一时间，郢都城内一片混乱。这时的秦军与楚军的士气是有本质上的不同的，《战国策·中山策》中曾记："秦中士卒以军中为家，将帅为父母，不约而亲，不谋而信，一心同功，死不旋踵。楚人自战其地，咸顾其家，各有散心，莫有斗志，是以能有功也。"

秦国的将士以军为家，将主帅当作父母，不用约束就很亲近，不用商量就十分信任，全军一心想着同获战功，奋勇向前死而不后退。这足以表明秦军训练之有素，在战场上的视死如归，是楚军无法企及的精神。楚军只会顾念自己的家，各怀心事，毫无斗志，因此注定了楚军的失败。

郢都守军无力抵抗如此强悍的秦军，没有激烈抵抗，便束手就擒，沦陷于秦军之手。楚军一溃千里，而白起的数万人马烧毁了楚王先祖陵墓，并长驱东进，一直到达竟陵。

白起就这样轻而易举地攻克郢都，秦国把郢都设立为其南郡。而楚顷襄王在秦军压境时，早已逃离郢都，向东逃难，迁都陈县。经此一役，楚顷襄王再也不敢存有复仇的想法了。

伐楚之战成为白起继伊阙之战后的又一个军事杰作，他再次以过人的军事才能，以少胜多，把楚国的大片土地收入秦国的囊中。白起凭此战绩，被秦昭王封为武安君。他的赫赫战功已然超越秦国历史上的任何一位将领。当然，他的传奇还远未结束。

四、一场政治对决

白起凭借着战功卓著，成功登上秦国的政治舞台，能有这样的地位，白起很感激他的伯乐，即秦相魏冉。若是没有魏冉的关注、发掘、信任，白起不会在这么短的时间内，地位得到大大的提升。

穰侯魏冉，乃秦国之相，位高权重，是秦国发展史中不可忽略的一位重要人物。当年，秦昭王之所以能在王位争夺战中顺利即位，正是因为有了魏冉的全力支持。

在之前的内容中提到过，魏冉是宣太后的异父弟弟，也是一位贤能之人，从惠王、武王时期就已经在朝中任职，处理国事。

秦昭王继位之初，任命魏冉做将军，守护咸阳。魏冉不负秦昭王、宣太后之望，曾平定了季君之乱，将秦武王后送回自己的故国魏国，并斩杀了对王位图谋不轨的公子。魏冉凭借平息内乱的功绩，一时间声名

统一的前夜：秦始皇横扫六国

大噪，震动秦国。反观刚刚继位的秦昭王，由于年纪较轻，没有亲政的能力，所以秦国的政权只能由宣太后主持、魏冉掌控。当时秦国的丞相还是樗里疾和甘茂。

樗里子去世后，赵国人楼缓前往秦国，出任丞相一职，赵国大臣认为楼缓此举对赵国十分不利，赵武灵王也觉得此事欠妥，随即派仇液前往秦国，去说服秦昭王，让他任命魏冉为秦国的宰相，如此一来，楼缓就不需要到秦国了。

一切安排妥当，正当仇液准备出发时，他的门客宋公前来寻他，并说道："如果游说秦王不顺利，楼缓怕是要怨恨你。不如你先安抚好楼缓，再行说服秦国之事。到时即便事情不成功，楼缓仍然感激你。若是成功，秦王任用魏冉为相，那么，魏冉也会因此感激你的。"仇液觉得宋公说的在理，便采纳他的意见，动身去往秦国。

在仇液的游说下，秦昭王果然将楼缓撤了下来，让魏冉担任丞相一职。

魏冉任职丞相后，在政务上，没有丝毫的懈怠，反而更加勤恳，兢兢业业，在诸多事件中，彰显出自己出色的领导才能。魏冉能够临危不乱，举荐白起为将军，使他替代向寿为主帅，在伊阙大败韩国和魏国，还接连攻取了楚国的宛城、叶城。

但是，正因为魏冉临战换将，起用白起，把秦昭王的朋友向寿换掉，且没有经过秦昭王的同意，导致秦昭王心生芥蒂，对魏冉的专政产生不满。不久之后，由于魏冉身体不好，只能辞去丞相一职。秦昭王自是喜闻乐见，随即任用客卿寿烛为丞相。

用老谋深算这四个字形容魏冉，还是很贴切的。在秦昭王心生芥蒂之时，他能够恰巧身体抱恙，从激流勇进的政坛中全身而退，的确很高明。或许从他在伊阙之战中临阵换将的那一刻开始，就知道秦昭王会对他不满，所以早早地为自己做好安排。

不管秦昭王对他有多么不满，不能否定的是，魏冉在伊阙之战取得胜利的成果上做出了巨大的贡献。当时的魏冉，顶住了各方压力，冒着越俎代庖的罪名的风险，执意起用一个职位低级的将士为主帅，对战争有着明确的判断和果断的决定，这些所想所为，都是出于一个目的，那就是使秦国取得胜利。在魏冉的心里，秦国的分量是很重的。

寿烛虽身在丞相之职，但无丞相之能，所以仅仅做了一年的秦相，便被秦昭王罢免。丞相之位不可空缺，当时又没有更适合的人选，秦昭王只能又重新任用魏冉为相，并把穰邑赏给魏冉作为封邑，后来又加封了陶邑，由此，魏冉被称为穰侯。

公元前275年，穰侯升任秦相一职，亲自率军攻打魏国。在穰侯的指挥下，秦军锐不可当，赶走芒卯，进入北宅，接着围攻大梁。

如此看，穰侯这样的政治人物，军事能力也很强，他的仕途之路理应顺畅才是，但是穰侯好像与秦昭王的磁场不对，两人中间存在的干扰因素太多，导致穰侯的政治道路起起落落，走得并不平稳。当然，这是后话。

魏国面对的情况十分危险。这时，魏国大夫须贾找到穰侯，动之以情、晓之以理地进行劝说。

须贾说道："《周书》上曾言'惟命不于常'。天命不是恒常不变的，幸运亦不是常有的。秦国战胜暴鸢，夺取土地，非兵力精锐、计策精妙，只是运气好而已。如今秦国打败芒卯，进入北宅，围攻大梁，这是把运气当作常例了，绝非明智之举。听说魏国已经集结了上百个县的精兵良将来保卫大梁，军力不少于三十万。以三十万的军力守护七丈高的城垣，我认为，即便是商汤、周武王在世，也很难实现攻克。倘若攻而不克，秦军的将士们一定会士气大减，渐渐疲惫，粮食的补给也会出现短缺，如此一来，不攻而自衰。若真是如此，穰侯的陶邑反而也不一定能保住。现在魏国正犹豫不决，不如趁魏国寻来的援军还未抵达大梁，象征性地

统一的前夜：秦始皇横扫六国

向魏王索取一些土地，此时魏国正处于焦头烂额之际，魏王为了避免战争，必然会答应少量割让土地的要求。这么一来，秦国想得到的魏国之地，不费吹灰之力便可得到，同时魏国又可以免去一场血雨腥风的战争。如此，穰侯既可建功，又可保住自己的封地，此乃一箭三雕之策，何乐而不为呢？"

穰侯听了须贾的长篇大论，陷入沉思。须贾的话不无道理，穰侯觉得此主意甚好，便欣然同意了。穰侯随即下令，停止对大梁的进攻，带着魏国割让的土地，回到了秦国。

穰侯万万没有想到的是，魏国在第二年，就背叛了秦国，"与齐从亲"。魏、齐的联合，使穰侯陷入尴尬的境地。秦昭王对此强烈不满，心生怨气，并命穰侯领军，再次攻打魏国。

穰侯上次被魏国戏耍，心中有恨，自然不会再轻易地放过魏国。从他采取的作战方式就能看出，穰侯势必要让魏国付出欺骗自己的代价。穰侯采取积极进取的作战方式，一鼓作气，丝毫不给魏军喘息的机会，大败魏军，斩首四万，并占领了魏国三个县。

秦昭王对穰侯的作战能力很满意，追加了封邑。穰侯并没有因胜利就停下继续作战的脚步，随后便和白起及客卿胡阳又率领大军攻打赵国、韩国和魏国，在华阳城下，大败芒卯，斩杀十万人，并夺取了魏国的卷城、蔡阳、长社和赵国的观津。

穰侯俨然已经杀疯了，在他的带领下，秦军所到之处，一片哀号。

秦昭王为了笼络赵国，命穰侯将观津之地归还赵国，并准备在军事上支援赵国。秦昭王这么做的目的很明显，就是想利用赵国的军事行动，去打压齐国。

在获悉赵国得到秦国的援助，准备向齐国进发之时，齐襄王吓得魂不守舍，他害怕战争，畏惧其他国家发动的征讨齐国的战争，因为他不知道该怎么御敌。

此时的齐襄王,如热锅上的蚂蚁,急得团团转。他灵光一闪,立即让苏代替齐国暗中送给穰侯一封信,又是一封劝说信件。

苏代在信中说道:"我听到传言,说秦国要以四万精兵支援赵国来攻打齐国。但是我不相信,我告诉齐王,秦王明智并善于计谋,穰侯有智慧且熟悉政事,一定不会做支援赵国这件事。为什么这么说呢?众所周知,韩、赵、魏三国友好结盟,这可都是秦国的仇敌。他们三国之间的关系非同一般,尽管有上百次的互相背弃,上百次的互相欺骗,但都不算是背信弃义,没有品行。倘若现在赵国打败齐国,就会随之壮大,赵国是秦国的仇敌,若真是这样,这显然对秦国不利。现在的齐国,已经衰微,调集天下诸侯的兵力来攻打齐国,就如同用千钧强弓去冲开溃烂的痛疽,齐国必败。齐国若是败了,还怎么辅助秦国打垮韩、赵、魏三国及楚国呢?秦国派出的兵力如果少了,那么韩、赵、魏和楚国就不会相信秦国,相反,若是派出的兵力多,就会受制于韩国、赵国、魏国和楚国。这种做法就是让这些国家借秦国之力,谋取齐国,拿齐国之地,对付秦国,实在不是明举啊。"

又是一篇长篇大论,通过苏代洋洋洒洒的文字,穰侯又一次被成功说服了。随后,穰侯停止出兵,率领军队回到了秦国。齐国的危机,因此得以化解。

其实,穰侯两次三番地被轻易劝说,是有迹可循的。若是仔细品读须贾和苏代的话,不难发现,每一次的劝说中,二人都在围绕着秦国的利益为出发点,这无可厚非。但是他们在替秦国考虑的同时,能够精准地为穰侯考虑,这就是他们的精明之处。穰侯身为秦相,位高权重,权力于他来说,已经不再是最重要的了,明哲保身才是他此刻所求。攻魏也好,伐齐也罢,能够得到切身利益的是秦国,而非穰侯。但是如果在征战中,出现意外,那么就事关穰侯了。在之后的攻魏之战中,穰侯虽然发挥出了一位主帅的英勇果断,但是内在的他是没有斗志的。他已经不会再拼尽全力为秦国付出，更多的是为自己谋划。须贾以陶邑警醒，苏代以政治捧杀，一个触及到他的逆鳞，一个满足了他的虚荣心，所以就算当时有机会能够拿下两国，他也不会继续奋战。所谓的劝说信件，也只是穰侯收兵的一个台阶。

公元前271年，穰侯仍位居高位，由于战功赫赫，得到的封赏不计其数。随着权力与财富的不断增多，穰侯内心的欲望也在不断地膨胀。人在达到一定高度时，要么无欲无求，要么欲求不满。显然穰侯属于后者。他不再满足于秦昭王的封赏，而是另谋渠道。他与客卿竈商议，欲攻打齐国，夺取刚、寿两城，以此来扩大自己在陶邑的封地。

穰侯的野心，昭然若揭。这时，一个人的出现，将穰侯从高位上拉了下来，此人就是自称张禄先生的魏国人范雎。

范雎乃魏国人，曾周游列国，希望能寻找到欣赏自己的君主，可以实现自己的政治抱负。然而，这一路上的游历并没有让他愿望成真，无奈之下，他只得回到魏国，打算做魏昭王的谋臣，为其出谋划策。范雎家境贫寒，致使他根本见不着魏昭王的面，为了寻求机会，他只能先在魏国中大夫须贾的门下当差。

一次，魏昭王派须贾出使齐国，范雎在一旁陪同。他们在齐国停留了一段时间，魏昭王交代的事情始终没有办成。

当时，齐襄王听闻范雎的口才很好，他很欣赏有才之人，便派人拿着许多黄金和贵重的礼物给范雎送去。范雎再胆大，也不敢贸然收下这些礼物，于是便拒绝接收，但送礼的人放下礼物就跑了。这件事很快就被他的上司须贾知道了，须贾勃然大怒，他自以为是地认为齐襄王之所以送给范雎如此贵重的礼物，是因为范雎出卖了魏国的情报，示意让范雎立刻把礼物都给齐襄王还回去。

须贾之所以会这么厉色，很大一部分原因是他嫉妒范雎，毕竟自己才是去齐国的使者、范雎的领导，可齐襄王只知范雎，却不知道他，这样让他产生了强烈的嫉妒。以致回到魏国后，须贾添油加醋地把事情的经过告诉了魏国宰相，也就是魏国公子之一的魏齐。

魏齐听后，没有给范雎任何辩解的机会，便认定范雎是卖国贼，并决定替国除贼，命人用板子、荆条抽打范雎，一下一下稳准狠，范雎被毒打至肋折齿断。范雎强忍着疼痛，用仅存的神志告诉自己，必须得想个办法。他们的目的无非是要打死自己，那么就死给他们看，于是范雎眼睛一闭，腿一直，假装死去。

众人见范雎一动不动地躺在那里，真的以为范雎死了，魏齐便命人用席子把范雎卷起来，扔进了厕所。

接下来发生的事，是范雎一生的噩梦，一度成为他魔怔的症结。魏齐的宾客喝醉了，竟然轮番在范雎的"尸体"上撒尿，以此来羞辱他，借以惩一儆百，让其他人不敢乱说话。

席子里的范雎是如何忍耐这一切的，无从而知，这大概就是求生的意志吧。后来的范雎十分看重权势，疑神疑鬼，心胸狭窄，有仇必报，想必就是这件事所引起的后续反应。

趁着四下无人的时候，范雎用仅存的一口气，乞求看守说："你若放了我，日后我定会重谢。"看守本就无心为难于他，便找机会将他放了。

这时，魏齐才反应过来，觉得自己可能被范雎骗了，又派人去搜寻范雎。范雎的朋友郑安平闻讯后，立刻带着范雎逃亡，二人从此隐姓埋名，范雎以张禄为名，重新开始。

恰逢此时，秦昭王派使臣王稽出使魏国。郑安平觉得这是一个逃离魏国的时机，便找机会混入到王稽的门下，做王稽的侍从。王稽随口打听道："你可知道，魏国是否有能人？"

郑安平也没想到良机会来得这么快，恭敬地答道："我认识一位先生，名叫张禄，想求见您，谈谈天下大事。但是他有仇人，不敢白天出来。"

王稽说道："你夜里带他来便是了。"郑安平感激万分，于当天夜里，偷偷带着张禄拜见王稽。

范雎见到王稽后,一番高谈阔论,令王稽十分赞赏,他认为范雎心怀谋略,思维活跃,是个贤能之人,对范雎说道:"请先生在三亭冈的南边等着我。"王稽想把范雎从魏国救出去,带他去秦国。

辞别魏昭王后,王稽便踏上返回秦国的路,途经三亭冈南边时,接上已经在那里等候的范雎,两人马不停蹄地奔向秦国边境。

行至湖邑时,王稽和范雎远远看见一队车马从西边奔驰而来。范雎问王稽:"那边过来的是谁?"

王稽说:"那是秦国国相穰侯去东边巡视县邑。"

范雎听到来人是穰侯,心慌意乱,慌张地说道:"我听说秦相穰侯掌控着秦国政权,他对说客极为厌恶,如果被他发现了我,定会引起不快,我在车里躲一躲,别让他发现了。"

穰侯见到王稽的马车,知道他去了魏国,怕他带回闲杂人等,便朝马车这边而来。范雎刚刚藏好,穰侯就出现在王稽的面前,经过一番询问后,便走了。

马车前行了一会儿,范雎顿感不妙,说道:"不对,穰侯聪慧过人、谨小慎微,刚刚明明怀疑车里藏有他人,却没有搜查,等他回过神儿来,定会反悔。"于是范雎跳下车,边走边说:"穰侯一定会追回搜车。"如范雎所料,穰侯派骑兵追了回来,结果什么都没搜到,才讪讪离开。

正如范雎所说,穰侯确实不喜欢那些说客。他认为说客只会靠油嘴滑舌,四处蒙骗,如果遇到品行端正善良的还好一点儿,若是碰到那种自私自利、阴险狡诈的,只会为了自己的利益,挑拨离间、惑乱人心。不幸的是,范雎就是穰侯极其讨厌的那类说客。

王稽向秦昭王报告了出使魏国的情况,并趁机进言,将范雎推荐给秦昭王。怎么说秦昭王也是一国之君,不可能随随便便推荐个人,他都会见,哪怕是王稽的举荐,他也不会就这么召见范雎,他对范雎的能力还存在疑虑,所以暂时把范雎安排在了客舍。范雎这一住,就是一年多。

秦昭王已经在位三十六年,秦国得到了稳步发展,在南方大败楚国,夺取了鄢、郢重镇。对其他诸侯国亦有军事行动,并且都得到了领土。在秦国不断地扩张中,穰侯亦是出了一份力,他为秦国的贡献不少,也正是因为这些贡献,他才会追求得更多更甚。

而此时利欲熏心的穰侯,已然忘记,自己的一切都来自秦国之成全。

范雎不知从哪里听说穰侯要攻打齐国,只为私欲。他认为这是一个向秦昭王展示自己的好机会,于是夜以继日,谨慎措辞,洋洋洒洒写了一封上书呈给秦昭王。

范雎在信中言辞恳切,生怕秦昭王体会不到他的良苦用心,他劝谏道:"臣下听说,自古贤明的国君制定、推行政策时,会按照功劳进行奖赏,任用之人必先看其才能,有功者当赏,有能者重用,功劳大的人俸禄就多,能力高的人爵位级别就会高,也就是说没有才能的人不能赐予官职,有才能的人不会被埋没。倘若大王认为臣下的话有道理,就会在国内推行这样的政策。臣下还听闻,位居要职的官员饱其私囊,是从国家中获取利益。有远见的国君要想使国家富强,会从其他国家中获取利益。然而,若是天下有了贤明的共主,其他诸侯便不会各自富强,因为共主不会允许他们会为了一己私利,做损害国家的事情。"

范雎的这些话,是明目张胆地在讽刺穰侯。在上书的最后,他说道:"想必是我太过愚蠢,因此不合大王的心意。但我还是恳请大王能够接受我的拜见。如果那时大王依然觉得我愚蠢,我愿以死谢罪。"他想用这样自轻自贱的话,引起秦昭王的注意,达到见秦昭王一面的目的。

秦昭王看过范雎的上书,心中大喜,当即命王稽用专车去接范雎。

秦昭王之所以会见范雎,想必是范雎对穰侯的讽刺成功引起了秦昭王的关注。秦昭王与穰侯的隔阂已经不是一天两天的了,加之穰侯欲私自扩大自己封地这样几近疯狂的行为,更加让秦昭王不满,甚至出现了除掉穰侯的念头。

范雎到了离宫门口，看着眼前的内官通道，却佯装不知，径直向里走去。范雎的时间掐得刚刚好，秦昭王正从里往外走，秦昭王身边的宦官见到范雎出现在通道处，便大声呵斥道："大王来了！还不赶快让开！"范雎把时间掐得太准了，以至于这场相遇像是被事先安排好的一样。

范雎故意说道："秦国哪里有王？秦国只有太后和穰侯罢了。"范雎的话，似一把利剑，直击秦昭王的内心。

秦昭王已经得知眼前是何人，亲自上前迎接范雎，并带着歉意地说道："我本应早些时候向你请教，恰巧遇到政事，才耽搁了，还请先生莫要见怪。"秦昭王不仅语中带着歉意，甚至还给范雎行了礼。

秦昭王对范雎的尊敬之举，惹得在场的大臣纷纷投来佩服的目光。

秦昭王将范雎迎进门后，屏退所有近臣，竟"跪而请曰：'先生何以幸教寡人？'"（《战国策·秦策三》）堂堂一国之君，竟然跪着向一个说客请教，这种场面，足以让人惊掉下巴。通过文献中的描写，足以让人见识了范雎的能力。当然，更让人佩服的应该是秦昭王，容人之量非比常人，瞬间将国君的高度又提升一个层次，是战国时期，乃至春秋时期，都无国君可比的。

可笑的是，范雎接下来的举动，他怕被别人偷听到他与秦昭王说的话，诚惶诚恐，他不敢谈论宫廷内部太后专权的事，只能先说穰侯对诸侯国的外交谋略一事，以此来试探秦昭王现在对穰侯的态度，好方便计划他接下来该说什么样子的话。与他在上书中的慷慨激昂全然相反。

史书中对范雎如何逃难、求职、升迁有着详细的记述，将他这个人物刻画得活灵活现，让人们可以通过语言，就能清楚他大概是个怎样的人。

范雎将穰侯准备越过韩国和魏国向齐国发起攻击的事情告诉了秦昭王，还非常合时宜地对这件事做了分析，范雎认为穰侯攻齐的目的，并非真的在于帮助秦国扩大领土，而是为了自己的私欲，借用秦军之力，谋其利益而已。秦昭王很早以前就对穰侯有戒心，如今听到范雎的分析，更加确定了心里的想法，遂拒绝穰侯率军攻齐。

秦昭王认为，范雎的话，有理有据，分析局势，精准到位，可以委以重任，于是，任命范雎为客卿，今后同他一起谋划军事。并且，秦昭王还听从了范雎的建议，派五大夫绾率兵攻打魏国，占领了怀邑（今河南武陟）。

自此，范雎成为秦昭王身边的红人，秦昭王越来越信任他，风头一度盖过穰侯。

秦昭王的信任，反倒是给了范雎扳倒穰侯的机会。转眼间，范雎已经被秦昭王重用了几年，范雎觉得时机差不多成熟了，便找了一个四下无人的机会，对秦昭王说道："我住在崤山东边的时候，只听说秦国有太后、穰侯、华阳君、高陵君以及泾阳君，从未听说过秦国有秦王。如今，太后独断专政，毫无顾忌，穰侯更是出使国外都不报告，华阳君、泾阳君等人惩处断罚亦是随心所欲。长此以往，大权旁落，秦国就危险了。现在穰侯掌控的都是大王的重权，随意对诸侯各国发号施令，还向天下派持符使臣，订立盟约，征讨敌方，攻伐别国，没有人敢不听从他的命令。现如今秦国上下，再到大王的左右，都是穰侯的亲信。我见大王在朝中孤身一人，都替您担惊受怕，在您之后，拥有秦国的恐怕就不是您的子孙了。"

范雎的一番话，将以宣太后为中心的楚系权力网全都批判个遍。秦昭王听后，如梦初醒，大感惊恐。范雎这话不是没有道理，他看穰侯及其党徒的动机，还是很精准的。其实，秦昭王的心里也清楚，但因为宣太后的原因，他动不了穰侯。而今，身边有像范雎这样能为他切身考虑的人在，他决定不再忍受来自宣太后和穰侯的掣肘。

于是，秦昭王采取了一系列行动，据《史记·范雎蔡泽列传》中记载:"废太后,逐穰侯、高陵、华阳、泾阳君于关外。秦王乃拜范雎为相。收穰侯之印,使归陶。"秦昭王下令废黜了宣太后,将穰侯和高陵君、华阳君以及泾阳君驱逐出国都,收回了穰侯的相印,让他回到封地陶邑去,并正式任用范雎为秦国相国,还将应城封给范雎,封号为应侯。

穰侯迁出关外的那天,据《史记·范雎蔡泽列传》中记载:"因使县官给车牛以徙,千乘有余,到关,关阅其宝器,宝器珍怪多于王室。"秦国政府派了马车和牛来帮穰侯装载他的行李,马车足足用了千余辆。车队行至咸阳关卡时,守城官吏例行检查,被穰侯所拥有的珍宝器物的数量惊呆了,甚至比国君拥有的还要多。

可见,此时的穰侯,确实富可敌国。

白起得知穰侯的境遇时,不管身在何处,心里的惦念是绝对不会少的。史料中对穰侯离开那天的情景没有详细的记载。根据当时的情势判断,穰侯一手提拔的白起,没有前去送行,并非是白起无情无义,而是情有可原。穰侯的落马,是秦昭王对政权的整治,于公,白起身为武安君,没有立场出现在这种场合,一旦现身,必会落人口实,引起秦昭王的猜忌,更是辜负了穰侯违背君意的破格提拔;于私,穰侯也有自己的骄傲,即使腰缠万贯又如何,终究是被驱逐,想必不会希望白起看到这样的场景。如此,好像是二人之间早有的默契。

自穰侯被罢免到贬斥出京,短短数日,穰侯经历了人生中最大的起伏,从巅峰跌落谷底。想当初,他为秦国鞠躬尽瘁可不是只为了那些虚无缥缈的身外物,只是在欲望的驱使下,迷失了自我。

战乱时代,不仅仅是国与国之间的战争,亦是人与人之间的博弈。

所幸穰侯事件没有牵连到白起,秦国还能继续拥有这位军事奇才,否则,又会是不一样的结果。

穰侯回到陶邑后,郁郁寡欢,没过多久便忧愤而死。穰侯死后,秦昭王把陶邑收回,改设为郡。

太史公曾评价穰侯曰："穰侯，昭王亲舅也。而秦所以东益地，弱诸侯，尝称帝于天下，天下皆西乡稽首者，穰侯之功也。及其贵极富溢，一夫开说，身折势夺而以忧死，况于羁旅之臣乎！"（《史记·穰侯列传》）

从记载中可以看出，在太史公的眼里，穰侯于公于私，对秦国的付出，都竭尽所能。秦国之所以能够不断向东扩张，削弱其他国家的国力，甚至一度称帝，其他国家对秦国心生畏惧，都是因为穰侯的付出。然而，穰侯却因为显贵至极，豪富无比，便身受挫折，势力被削夺，以致忧愤而死。太史公认为，秦国对待有功之臣尚且苛责，对待那些寄居异国的臣子，也好不到哪去。

穰侯的下台成就了范雎的上台。范雎华丽转身，由一个名不见经传的说客、能够为了活命忍辱负重的说客、为了跻身权力中心巧立名目的说客，摇身一变，成为秦国的相国，权倾朝野，一人之下、万人之上。

不能说范雎一点儿才能都没有，否则秦昭王也不会重用他。但是，范雎的所作所为、所思所想，真真的称不上正人君子。他所展现的，基本都是如何利用自己的巧言善辩，而达到自己争权夺利的目的。

纵然他可以从旁观者的角度，看待当时的时局，说出来的观点较为客观，制定的战略也有清晰的思路，但是他为了巩固自己的权力，不辨是非，挑拨离间，甚至为了营建自己的政治权力网而任用无能之辈，这种做法，令人嗤之以鼻。由此可见，范雎有负于秦昭王对他的信任与期望。

如果在秦昭王急需贤能之人时，还有其他能力者，相信就没有范雎的一席之地了。

接下来发生的事，让大家更加见识到了范雎的小人之志。闪亮登场的应侯范雎，享受到了拥有权力的快乐，极大地满足了他的虚荣心。身份不再是一个象征，而是成为他报复的工具。

殊不知，大家背地里仍唤他张禄，因为他是以张禄为名来到的秦国，秦人自然不知道他的本名。或许，这也是范雎德不配位的一种暗喻。

这时，秦昭王准备向东扩张，欲对韩、魏两国采取军事行动。范雎得知秦昭王的决定时，暗自窃喜，这可是他打击报复魏国的绝好时机。

魏国收到消息后，十分惊恐，当即派须贾出使秦国，进行劝说。范雎得知须贾到了秦国，便故意隐瞒相国的身份，改装出行，步行到须贾住的地方。须贾看到范雎大吃一惊，但是见范雎一身褴褛，随即换上盛气凌人的嘴脸，施舍给范雎一件衣袍。范雎一点儿也不在乎须贾对他的态度，因为范雎知道，须贾现在有多嚣张，之后就有多谦卑。

范雎告诉须贾，有办法让他见到相国。待须贾到了相国办公的门口，范雎对须贾说："你在这里等一下，我去通报一声。"

须贾等了一段时间，也不见范雎的身影，便上前询问门口的守卫，为何范雎还不出来？谁知，门卒竟说道："那是我们相国张君啊。"

须贾顿时醒悟，明白范雎是故意引他过来的。须贾自知在劫难逃，于是脱掉上衣，光着膀子，跪地而行，以此来表达自己最诚挚的歉意。然而，范雎没有因此手软，冷冷地说道："第一，魏国是我的故乡，你却污蔑我出卖国家。第二，当年魏齐那么对我，你没有制止。第三，允许他们那么辱我，以上每一条，足以让我杀你百回。我不杀你，是因为那件袍子，我姑且当你还存有良知。回去告诉魏王，我要魏齐的脑袋。"说完便把须贾放了。

范雎藏在心里的这个仇报了。这也让他彻底体会到了权力的滋味，真美妙！正是因为体会到了高高在上、颐指气使的感觉，范雎对权力的渴望愈加的疯狂。但凡有威胁到他权力的人，他都要解决掉。

人之心胸，多欲则窄，寡欲则宽。范雎显然是前者。

五、政乱于内，痛失战神

秦昭王在位四十七年（前260年）时，秦昭王派左庶长王龁攻打韩国，夺取上党。上党的百姓逃至赵国，赵国便在长平屯兵，以便安置救援上党的百姓。这是战国时期著名战役长平之战的起因。

当时，楚国已经失去了抵抗秦国的能力。实力与秦国不相上下的赵国，自然成为继楚国之后，秦国最有力的敌手。赵国是其他国家遭受重大损失时，唯一实力尚存的国家。赵武灵王在赵国实行改革，虽没有完全成功，但其略微的成效，却持久地影响着这个国家。所以，赵国才能够在楚国衰落后，位居七雄中的第二。

赵国在这样的情势下，实力依然尚存，跟它的地理位置优势有很大的关系。它地处韩国和魏国的北面，倘若赵国始终保持着军事力量，那么，秦国若要攻打韩国和魏国，赵国就可以趁此机会从背后突袭秦国，而赵国的存在，还严重阻碍了秦国攻打北方的燕国和东方的齐国的战略计划。

赵国的领土面积十分广阔，北方占有草原地区，还有险峻的太行山作为加持，可谓是易守难攻，尤其是倚靠太行山东麓的首都邯郸，秦国与赵国相距较远，秦国要想攻克赵国，势必要远征，这对兵力及战略资源的补给要求很高，是一个巨大的考验。

若想成功攻克赵国，还得是从韩、魏两国入手，一步一步地推进。只要将韩国、魏国在黄河两岸的战略要地一一拿下，就可将战线推至赵国的边界上，那么，攻克赵国便指日可待。

秦国之所以有这样的战略计划，是因为已经占有韩国的宜阳、南阳，魏国的河内、安城、陶等土地，是秦国继续向东深入的底气。

眼下，秦军倚靠新占领的楚地，以南方为切入口，攻打魏国的大梁

统一的前夜：秦始皇横扫六国

（今河南开封），在秦军势如破竹的攻势下，顺利地占领了魏国的华阳。紧接着，白起领兵攻打韩国的陉城，一连夺取了五座城邑。

接二连三的蚕食，韩、魏两国的军事力量受到严重的打击，领土损失惨重。自此，韩国已经丧失了与秦军对抗的能力，而魏国在秦、赵两国的长平之战前，已经没有能力顾及其他国家。

秦昭王认为时机成熟，直接发动对赵国的攻击。秦昭王的战略计划略显草率，秦军行至太行山中的阏与要道时，遭遇了由赵奢率领的赵军，结果被赵军打败。这次小失败，却说明一个大问题，就是秦国之远征军离本国太远，进攻半径太大，导致攻赵的计划很难进行。

所以，要完成攻赵的战略计划，必须找出一条捷径。而这个捷径，便是韩国境内的上党。

上党位于现在山西境内以长治为中心的一片山间高地，在山西高原的太行山与太岳山之间，东、南侧倚靠太行山，西北侧倚靠太岳山，地理优势显而易见，是连接山西与河南的重要通道，也是连接晋中山地与黄河之间的要道，最为关键的是，上党地处从关中通往赵国首都邯郸的必经之路。

由此可见，只要攻取上党，就等于打通了秦国到赵国最快的那条捷径。通过上党，穿过东面的太行山，秦军便可直抵邯郸城下。而上党，自然成为秦国进攻赵国的前线基地。

接下来，秦国连续发动了征韩战争。《史记·白起王翦列传》中对此也有记载："（昭王）四十四年，白起攻南阳太行道，绝之。""（昭王）四十五年，伐韩之野王。野王降秦，上党道绝。""（昭王）四十七年，秦使左庶长王龁攻韩，取上党。"

公元前263年，白起领兵向韩国南阳的太行道发起攻击，成功截断了这条通道。

公元前262年，白起率军向韩国的野王郡发起攻击，在秦军猛烈的攻势下，野王惨败。

公元前260年，秦昭王派左庶长王龁攻打韩国，夺取上党。

战国时期的上党，区域划为两部分，上党的北部在赵国的管辖范围内，南部则属于韩国的领土。

上党地区于韩国而言，属于比较特别的地区，除了上党，韩国的大部分领土都位于黄河以南的新郑一带。上党与新郑之间有一条狭窄的中间地带，以此为连接。在这条狭窄的地带上有平阳、野王、南阳三座城池，均位于黄河以北、太行山以南。

由此可以看出，只要秦军占领了这三座城池，就能切断上党与韩国的联系，便能迫使韩国交出上党。

所以，在秦军实施战略计划后，上党郡守冯亭自知上党岌岌可危，便对上党城内的百姓说："眼下通往郑都的道路已被秦军切断，以韩王的行事作风，不可能派兵援救我们。如今秦军压境，我们只能另想他法，赵国是个不错的依附对象。若是赵国肯接纳我们，秦国自会调转矛头，向赵国发起攻击。到时，赵国势必要与韩国联合，一同抗秦。只要韩、赵两国联合，就可以抵挡秦国的攻势。"

冯亭很有智慧，放眼天下，能与秦国一较高低的，也只有赵国了。特别之前秦国与赵国的阏与之战，赵奢领兵大破秦军不败的神话，证明了赵国的军事力量。

冯亭亲手将上党十七城献给赵国，其他诸侯国纷纷投来羡慕的目光，只有赵国清楚，这十七座城是个烫手的山芋，接也不是，不接也不是。

秦国的意图很明显，对上党势在必得。如果此时赵国横插一脚，接收上党，那秦昭王势必会发动军事行动，到时赵国便不得安稳。果然，天下没有免费的午餐。赵孝成王就要不要接受上党这个问题，与平阳君和平原君一起商讨。

《史记·白起王翦列传》和《史记·赵世家》中记载了平阳君赵豹的

主张"不如勿受。受之，祸大于所得。""圣人甚祸无故之利。""夫秦蚕食韩氏地，中绝不令相通，固自以为坐而受上党之地也。韩氏所以不入秦者，欲嫁其祸于赵也。秦服其劳而赵受其利，虽强大不能得之于小弱，小弱顾能得之于强大乎？岂可谓非无故之利哉！"平阳君认为无缘无故的利益，就是大祸。秦国攻打韩国，我们从中作梗，自以为可以白白得到上党之地，实则不然。韩国之所以不肯降于秦国，是因为想把祸端引到赵国身上。秦国劳心劳力，而赵国白白得利，即便是强大的国家，也没有随意能从小国获利的，更何况我们的实力尚不如秦国，怎么可能从秦国手里夺走上党。接收上党，就是与秦国为敌，所以上党不能要。

而平原君赵胜曾因魏齐之事被秦昭王绑架，因此特别讨厌秦国，力主赵国接收上党。"无故得一郡，受之便""发百万之军而攻，逾岁而不得一城，今坐受城市邑十七，此大利，不可失也。"平原君认为秦国一直采取远交近攻的作战策略，早晚会与赵国一战，如果上党落入秦国之手，相当于给秦国开了一扇门，赵国的安全将会受到威胁。况且，出动百万大军，辛苦作战一年，也未必能攻下一座城，而今不费一兵一卒便能得到十七座城池，如此大利，怎能不要？

其实，赵孝成王需要考虑的只有一件事，倘若接收上党，赵国是否能够顶得住秦国的攻击。这是当下非常现实的问题。

对此，赵国还是很有信心的。赵国曾在阏与之战中大败秦军，这对赵军来说，是极大的鼓舞。此时的赵军，可谓是战劲儿十足，都觉得秦军不过如此。而且，在一系列的对外扩张战争中，赵国都取得了胜利，由此可见，赵国军队整体素质还是比较高的。最重要的是，赵国有军事人才，尽管大将赵奢已经去世，但还有廉颇。廉颇骁勇善战，对士兵爱护有加，遇到紧急的情况，冷静自持，十分有军事才能，野战能力虽不如白起，但论持久战，足以抵挡。

经过深思熟虑，赵孝成王决定正面迎击秦国，并派平原君前往接收上党十七城。同时，赵国军队进入上党，由廉颇为统帅，驻军于长平。

秦昭王没想到上党郡守能出此应对之策，赵国的参与也在秦昭王的意料之外，虽然心中愤怒，秦昭王还是冷静对待即将要来的血雨腥风。按计划，秦昭王以王龁为将，领兵进攻上党。秦、赵两军于上党以南的长平形成了对峙。长平之战，由此吹响号角。

以秦、赵两国的国力而言，秦国比赵国略高一等。秦国是战国七雄中，作战能力最强、最猛的，尤其是鲸吞巴蜀之地，蚕食韩、魏两国之后，国力得到了突飞猛进的提升，大量的土地与人口资源涌入秦国，足以支撑秦国庞大的军事需要，还有秦国较强的军事后勤的加持，实力不容小觑。反观赵国，自变革后，军事上也得到了突飞猛进的发展，但整体作战能力与秦军相比，还是有差距的。

廉颇久经战场，恃险御敌，攻虽不足，守则有余。所以，在面对秦军的进攻时，廉颇采用坚守的战术，即《孙子兵法》中曾提到的"先为不可胜，以待敌之可胜"。

秦军驰骋沙场，野战能力出神入化，是其他国家有目共睹的。赵军若与秦国拼野战，胜算的概率很小。能否赢得长平之战胜利的关键，不仅仅是上党军民抗战的决心，还有上党军民与赵军的配合度，更重要的是，赵军能否顶住秦军的三板斧，以坚壁清野的战术，守住长平防线，最终拖垮秦军。

战争伊始，廉颇就已经做好了持久战的准备。不单是因为他擅长持久战，更是因为秦军属于远征作战。在上党地区作战，秦军的补给线自然漫长，不利于持久战。更加擅长机动作战的秦军在长平之战中，难以发挥其优势，虽然在局部的攻击战中取得了小胜利，但根本无法重创赵军主力。

长平之战的难度，出乎了秦昭王的意料。很快一年多的时间过去，秦、赵两军相持不下，战争规模逐渐升级，两国不断地投入生力军，但是这场战争依然望不到尽头。这时，长平之战已经成为天下关注的焦点，各诸侯国都密切关注战争的进展。

随着时间的推移，战线的拉长，慢慢地赵孝成王开始按捺不住内心的焦灼，在这样的心理状况下，赵孝成王做了一个草率且让他后悔不已的决定。赵孝成王竟派大臣郑朱出使秦国，商谈停战请和事宜。这明摆着是在向秦国示弱啊。倘若再给廉颇一些时间，也许再坚守三五年，秦军就会被后勤补给给拉垮，赵国便可不战而胜。

而赵孝成王竟天真地以为，通过谈判，可以与秦国停战。这可能就是东方国家固有的作战思维。无论是哪种作战策略，其实打的都是心理战，为何秦国作战能力强，跟强大的心理素质有很大关系，上到国君，下到百姓，论心理战，还得看秦国。

强大的内心驱使下，秦昭王不可能轻易接受谈判。赵国本就是他的眼中钉、肉中刺。上党一事，只是秦国坚持进攻的一个导火索，如果秦国此时接受谈判，那之前的付出全都白费了。秦国始终不会放过赵国，只是时间早晚的问题。

深谙外交手段的范雎利用赵国主动谈和的事实，各种夸大，并且制造舆论，大肆宣扬秦军的作战能力，营造出赵国即将战败的假象。而赵孝成王主动与秦国讲和的举动，也切断了魏、楚两国支援赵国的可能性，导致赵国失去建立统一战线的机会，彻底陷入与秦国的单打独斗中。

结果可想而知，秦、赵两国的谈判并没有成功，双方仍继续增加精锐部队，誓要与对方抗战到底。

公元前260年，距长平之战开战已过去两年之久。该年六月，秦军发起一轮猛烈的攻势，连续突破赵军的几道防线，夺下两个城堡，俘虏了四个校尉官。七月，赵军没有正面迎敌，而是筑起堡垒，闭而不出。秦军加大攻势，俘虏赵军的两个尉官，并夺取赵军驻西边的营垒。秦军的攻势，没有扰乱廉颇，他稳住阵脚，继续坚守营垒，来阻止秦军的进一步攻击。

王龁发动的这一轮轮强烈的攻势，虽然取得了一些战果，但是离歼灭赵国的主力军还是有一段距离的，但是秦军之窘境，已经慢慢显现出来，毕竟是连续几个月的进攻，秦军此时已是强弩之末。

如果上党之战一直持续下去，因为后勤补给问题，秦军极有可能前功尽弃，以失败而告终。这时，天赐良机，促成秦国在上党之战取得决定性胜利。

《孙子兵法》中曾言："涂有所不由，军有所不击，城有所不攻，地有所不争，君命有所不受"，即我们常听到"将在外，君命有所不受"。在古代，这位成为行军作战中一个不成文的规则，意思就是国君不能过分干涉前线将领的决策，若执意干涉，将军有时是可以拒绝国君的命令。但是很多国君做不到这一点，比如赵孝成王。

赵孝成王对军事战略知之甚少，在不完全了解前线战况的情况下，对廉颇的作战方式，指手画脚，接二连三地下令催促廉颇抓紧时间，攻击秦军。廉颇无动于衷，始终坚持自己的作战计划，于是导致了赵孝成王对廉颇心生不满，二人之间产生隔阂。

在征战期间，如果国君与统帅之间不能达成一致，就会留给敌方钻空子的机会，导致作战不利，极有可能失败。赵国如今这个情况，便是如此。范雎得到赵孝成王对廉颇不满的消息，立即采取行动，试图离间赵孝成王与廉颇。

廉颇是赵国最出色的将领，他的位置无人可以替代。若想动摇廉颇的位置，就必须想办法使赵孝成王相信有其他人的能力强于廉颇。范雎觉得以赵括来代替廉颇就不错。可一个外国相国如何参与到赵国的内政当中呢？很简单，借他人之口。

范雎思考好计策后，当即派人携千金入邯郸，贿赂赵国高层，并制造流言。随后，"秦国根本不惧怕廉颇，只怕赵孝成王派赵奢的儿子赵括出战""廉颇作战能力有限,只会坚守不出,就是怕正面迎敌""赵军马上就要输了"这样的流言出现在赵国的大街小巷。

流言仿如一场突如其来的暴雨,速度极快,无孔不入。赵括的大名很快就传遍了整个邯郸城,传着传着,味道就变了,赵括被大家神化成一个军事天才。这可是赵孝成王现在最急需的人,他仿佛看到了胜利的曙光,当即命人把赵括找来。赵孝成王没有直接派他领兵,而是先跟他谈论军事,欲看看他是不是大家说的那么神。赵括对兵法烂熟于心,倒背如流,讲起来滔滔不绝,赵孝成王原本对兵法就知道的很少,现在听赵括夸夸而谈,加之赵括引经据典,赵孝成王对他佩服得五体投地,觉得这是天降神兵,赵括就是上天派来解救赵国的。

自阏与之战后,赵奢成为赵人心目中最伟大的英雄,他的儿子自然很优秀,所谓"虎父无犬子""青出于蓝胜于蓝"这是赵人对赵括固执己见的想当然,也是赵人对赵括的一种期许。范雎之所以力捧赵括,就是这个原因。范雎深知,不管如何吹捧,赵括终究不是赵奢,赵孝成王及赵人终将失望。因为范雎早就了解过,赵括只有高谈阔论的能力,作战能力与赵奢相比差着十万八千里。

赵孝成王原本就对廉颇的坚守不攻非常不满,如今见识到了赵括的军事天赋,更加看不上廉颇,随即做出了一个致命的决定,任命赵括代替廉颇为前线统帅,全权指挥长平一战。

因为赵孝成王轻率的决定,最终导致几十万赵军葬送于长平之役。

赵孝成王的决定,很快就收到了反对意见。蔺相如毫不客气地指出,赵括只会读兵书,根本没有随机应变的作战能力,其他大臣附议。在众多反对者中,有一个人很特别,此人便是赵括的母亲,她认为赵括在思想境界上与他的父亲差距很大,不足以担此重任。但是赵孝成王谁的话都听不进去,执意任命赵括为统帅。

事实证明,赵孝成王缺少一个国君应该有的识人用人之法、从谏如流的胸襟、遇事冷静的格局。

赵括到任后，立刻把廉颇制定的防御战术全部废除了，取而代之的是主动进攻，十分激进。因此，赵国的战略发生了根本性的转变，长平之战也由之前的相持阶段迅速进入到决战阶段。

就在赵国紧锣密鼓地更换主将的同时，秦国神不知鬼不觉地也更换了主将。白起秘密抵达长平前线，取代王龁成为秦军统帅，并下令全军上下，严密封锁此消息，泄露者，杀无赦。

白起战神的称号绝非浪得虚名，他擅长大兵团作战，能够精准地在野战中把握战机，一举歼灭敌军。眼下赵国改变作战策略，变被动为主动，欲与秦军在野战中决一胜负，这无疑是以卵击石，胜算不大。更为致命的是，赵括在对敌方阵营的形势不清楚的情况下，就迫不及待地发动攻势，因为这个草率的决定，导致赵军陷入危难之中。

赵括如此激进，无外乎两个原因：第一，赵孝成王任用他为统帅，目的很明显，就是要打攻击战。第二，赵括急于立功，以此来证明自己的军事才能，并非只懂得纸上谈兵，实战中，亦有赢得战争的能力。第三，赵括需要赵军的信服，从上至下的信服。第四，只有以最快的速度完成这场战争，才能真正地取代廉颇的位置。

只可惜，赵括遇到的对手是白起。对于赵括的每一步动作，都在白起的预判中，并且白起已做好了应对的准备。

为了诱使赵括，白起佯装自己敌不过赵括，并命令士兵们都要在赵军面前示弱，让赵军觉得自己越能耐越好。赵括第一次指挥赵军发动攻势，便打得秦军连连后退，这也是赵括没想到的，他被自己的军事才能震惊到了，一下子信心爆棚，觉得秦军不过如此，自己就是为了了结秦军而存在的。赵括完全放弃防御，把长平一线全部兵力集中起来，四十五万赵军倾巢而出，直逼秦军。

来势汹汹的赵军让秦军招架不住，节节败退。当然，这是赵括的自以为,殊不知已经陷入白起诱敌深入的战术圈套中,据《史记·白起王翦列传》中记载:"赵军逐胜,追造秦壁,壁坚拒不得入,而秦奇兵二万五千人绝赵军后,又一军五千骑绝赵壁间,赵军分而为二,粮道绝。"赵括率军乘胜追击,直到发现前面就是秦军营垒,坚固无比,如铜墙铁壁,根本没办法攻克。这正是白起想要的战事方向,他要做的,是截断赵军的退路。白起早就安排了两支精锐部队,一支部队趁赵军不备,发动突袭,切断了赵军的后路;另一支部队则深入赵军营垒之间,阻断了他们的联系,彻底将赵军分割成两个孤立的部分,并截断运粮通道。

如此危急的情势下,如果换作一位有经验的将军,发现军队被围,就会立马想方设法撤退,以保存军事实力。然而赵括没有这样做,他欲从正面击破秦军,反败为胜。在当时的情况下,正面迎敌,只会让军队身陷绝境,可赵括选择了一意孤行。

这时,白起派出轻骑兵向赵军发动攻击,赵军很快败下阵来。随后,赵括下令,筑起营垒,坚守不出,等待救援。如果这个时候,赵括率领大军实施突围,是能够打通一条退路的,赵国的军队力量也是可以保住的,但是他依然没有。

一切尽在白起的掌握之中,秦军以迅雷之势完成了对赵军的分割包围,又一次展现出惊人的作战能力。秦昭王得知赵军运粮通道已被截断,亲自到河内郡,以重赏的方式征召郡内所有十五岁以上的人,全部奔赴长平战场,拦截赵国的救兵与粮草供应。

这场围歼战持续了四十六天。粮道被切断后,被围困的赵军已经绝粮。一支饥饿难忍的军队,如何作战?为了填饱肚子,赵军营中出现了惨绝人寰的场景,士兵们为争夺食物互相残杀,甚至开始吃人肉,这无疑又蔓延了恐慌的气氛。

赵括从开始的壮志雄心,慢慢地身陷绝望,心里已然承受不住这种折磨，他决定做最后的反击。赵括把军队分成四队，试图突围，反复冲杀数次，皆以失败告终。

赵括拼尽最后的勇气，亲自率军搏杀战斗，在最后一次突围时，被秦军射杀。

统帅一死，群龙无首，加之赵军早已饥饿难忍，心受煎熬，最后四十万赵军只能放下武器，乖乖地向秦军投降。白起下令将赵军降兵集体坑杀。

如此大规模地屠杀战俘，在中国历史上是罕见的。白起为何要这么做呢？白起给出的答案是："前秦已拔上党，上党民不乐为秦而归赵。赵卒反覆，非尽杀之，恐为乱。"意思是，白起认为秦军在攻下上党后，上党的百姓没有真心归顺秦国，反而投靠赵国，如此反复，将来必定会再次出现叛乱，不如斩杀。随即"乃挟诈而尽坑杀之，遗其小者二百四十人归赵。前后斩首虏四十五万人。"（《史记·白起王翦列传》）所以，白起用欺骗的手段把赵国降兵全部活埋了，只留下年纪小的二百四十人放还。

长平之战，前前后后被斩首擒杀的赵军大概有四十五万人，赵国上下一片震惊。

这是历史文献中对白起杀降一事的记载。也有人认为，秦军远征三年之久，军营中的粮草早已短缺，若将赵军战俘全部收下，也没有足够的粮食供应，而且当时秦军对粮草紧缺也毫不知情，如此庞大的人数，很难不出乱子。秦军好不容易取得长平之战的胜利，倘若真的再出乱子，那不是秦军乃至秦国能承受的。所以，无奈之下，白起只能坑杀了赵国降军。

不管当时的实情如何，命令终是白起所下，因此，白起留下了千古骂名，这成为他一生洗不去的污点。

一场旷日经久的大战终于尘埃落定，其中的代价太大，有太多的亡

统一的前夜：秦始皇横扫六国

魂葬于这场战役中。长平之战结束后,王龁领兵,平定上党。

长平之战,作为战国时代规模最大的一场战役,对历史产生了深远的影响。

赵国自长平一战后,跌落神坛,从曾经的军事大国,跌落到再无资本与秦国对战,可谓是大起大落。赵国在长平之战的失败,也暴露出当时赵国内政存在的问题。赵国的高层能够被秦国轻易收买,无疑是暴露了赵孝成王的用人不善及权贵势力对国家发展带来的弊端。这些权贵中饱私囊,只会考虑切身利益,对于国家的存亡完全不在乎,这也是导致赵国在长平之战中失败的主要原因之一。而君不思国、臣不忠国,实属百姓之难也,最终还是赵国百姓承担了所有。这些问题的存在,注定了赵国最后将走向灭亡的结局。

长平一战给秦国也带来了更加深远的意义。可以说,继长平之战后,秦国统一中国的趋势锐不可当,基本成为不可逆转的事实。

在秦国强势的进入下,中原地区的战略要地已基本丧失。韩国、魏国、赵国的主力军已被秦军全部消灭。齐国、燕国由于地处位置较为偏僻,得以短暂的安全,没有遭到秦国的强烈打击,但就它们的战斗力而言,对此时已经占据天下一半土地的秦国来说,一点儿威胁也没有。而楚国的力量,今非昔比,勉强能经得住秦国的进攻,完全没有主动攻击秦国的力量。这样一来,秦国横扫六国,完成统一大业,指日可待。

秦国的对外战争暂时告一段落,但长平之战带给秦国内政的影响远没有结束,秦国取得胜利时也埋下一个隐患。这个隐患就是秦相范雎与武安君白起日益激化的矛盾。这两人的失和,为秦国造成了一定的损失。

白起凭借赫赫战功,在秦国的地位,直逼范雎,这是范雎不能忍受的。众所周知,范雎能任秦相一职,是靠帮助秦昭王摆脱了傀儡的命运,从而得到秦昭王的信赖,其间付出很多时间,加之他以前的遭遇,致使范雎对权力有一种病态的执着。范雎以为,白起的飞升,严重威胁到了他的权力。

自长平之战后，赵国残存兵力所剩无几，国家的存亡已是在生死边缘徘徊。白起欲一鼓作气，乘胜领兵攻打赵国首都邯郸，势必一举拿下赵国。

范雎得知白起要继续攻打赵国，心中慌乱，若是被白起攻灭赵国，那秦国还会有他的立足之地吗？

这时，听到风声的韩、赵两国派苏代携重金游说范雎。苏代问道："白起是要围攻邯郸了吗？"

范雎回道："是。"

于是苏代说："白起为秦国扩张城池十多座，平定了南方楚国的鄢、郢及汉中地区，在北方擒获了赵括四十万大军，即便是历史上赫赫有名的周公、召公，战功最多也就如此。倘若赵国被灭，秦国便君临天下了，白起就会位列三公。到时，你会甘愿于他手下做事吗？当然，就算你不甘心，也于事无补。如果真的把赵国灭掉，那燕国就会乘势占领赵国北边的土地，齐国也不会放过赵国东边的土地，南方的土地自然会落入韩、魏两国。这么看的话，秦国还能得到什么？你也会一无所获。不如趁着韩、魏两国惊恐之际，让它们交出一部分土地，这样秦国既能有所收获，白起的地位也不会有所提升。"

苏代的话，如一把锋利的刀，专门往范雎疼的地方扎，且一扎一个准。

范雎原本就怕白起的功劳大于自己，权力高于自己，所以苏代的话，更加印证了他的心思。范雎是万不能让白起取代自己"一人之下，万人之上"的地位的。

于是，范雎极力反对白起乘胜攻打赵国都城邯郸。他向秦昭王进言道："秦兵劳，请许韩、赵之割地以和，且休士卒。"范雎以秦军甚是疲惫为由，建议不要此时出兵，不如接受韩国和赵国的割地求和，以便休整兵力。

统一的前夜：秦始皇横扫六国

白起对范雎的小人之志十分恼火，据理力争，两人的矛盾开始公开化。秦昭王心里的天平是倒向范雎这边的，毕竟他能够从穰侯手里拿回属于自己的政权，多亏了范雎的出谋划策。而白起，是穰侯一手提拔之人，秦昭王心里认定白起跟他存有异心。最后，秦昭王采纳了范雎的意见。

一段时间过后，秦军经过休整，元气恢复得差不多了，秦昭王那颗扩张的心蠢蠢欲动，欲再度出兵攻赵。作为长平之战的英雄，白起理所当然成为伐赵统帅的不二人选。不巧的是，白起生病了，不能带兵出征。于是秦昭王任命王陵为主帅，率领秦军攻赵。

秦军声势浩大，直抵邯郸。然而不断进攻，不断受阻，几月有余，毫无进展，获利不大，秦昭王便派兵力前往增援，结果王陵所率部队损失了五个营。有些人，天生没有军事能力，却非要不自量力，王陵就是个典型。这个战果对秦军来说，确实有些丢人。

恰逢这时，秦昭王听闻白起病好了，便打算派白起把王陵替换下来。白起对此提出反对意见，认为秦军已丧失灭赵的最佳时机，显然其矛头直指范雎。据《史记·白起王翦列传》中记载，白起对秦昭王说道："邯郸实未易攻也。且诸侯救日至，彼诸侯怨秦之日久矣，今秦虽破长平军，而秦卒死者过半，国内空。远绝河山而争人都，赵应其内，诸侯攻其外，破秦军必矣。不可。"白起给秦昭王分析了一下现在的局势，自长平之战后，赵国君臣同舟共济，励精图治，元气恢复得差不多了，现在很难攻下。在赵国国力恢复之际，赵国积极地发展外交手段，派出大批使臣带着丰厚的礼物出使各国，还与燕国联姻，与齐国、楚国相交甚好，可以说是把防御秦国的攻击作为国家的头等大事。如果秦军在这时，实施强攻，不仅会遭遇赵军在国内的抵御，其他诸侯国也会趁机偷袭秦国，到时秦国便会腹背受敌，实乃非明智之举。秦国已然错失攻克赵国的良机。

白起作为一名出色的军事家，他的分析有理有据。当然，其中也包含了他对范雎的不满。毕竟就是因为范雎的一己私欲,导致攻赵的军事行动落得现在这般田地。由此可见,范雎做事以自己的利益为先,而白起是以国家的利益为先。怎奈号称一代雄君的秦昭王,竟没看透彻,或许,他已经把自己当作局中人了吧。身为一国之君,应当有旁观者的客观、透彻,而不是把自己困在局中,被德不配位的大臣所左右。

秦昭王对白起的分析全然不在意,而是亲自下令,命白起奔赴前线接任主帅一职。然而,白起"终辞不肯行,遂称病"。

白起称病不起,没有赴任。无奈之下,秦昭王只好派长平之战的副帅王龁去代替王陵。谁知,王龁领兵围城九个月,亦是久攻不下。这时,楚国的春申君和魏公子信陵君联合出兵,向围困邯郸的秦军发动奇袭,秦军伤亡惨重。

战报传来,白起得知后,说道:"秦不听臣计,今如何矣!"(《史记·白起王翦列传》)就是说秦昭王不听白起的意见,现在怎么样?被打得惨败吧。好巧不巧的,这话直接传到了秦昭王的耳朵里,秦昭王勃然大怒,强行起用白起,命他出征。但是白起以病情加重为由,再次拒绝出任主帅。

白起一再拒绝出征,不单单是因为对范雎,乃至秦昭王的不满,其中还另有原因。白起多次进言,表示秦国已经错失攻克邯郸的绝佳机会,但秦昭王根本不予理会,执意攻城,导致秦军损失惨重。这样的情况下,秦昭王竟然以为他是在闹脾气、摆架子,白起对此表示很无奈。按照白起的分析,就算换作他是主帅,眼下要想攻克邯郸也是不可能的,诸侯国一旦联合,秦国无法抵抗,最后吃亏的就是秦国了。再者,倘若白起率军失败而归,范雎定会借题发挥,在秦昭王面前大做文章,恐怕到那时,自己就会莫名其妙地背上叛国贼的骂名,这是白起绝不可能容忍之事。

此时的秦昭王已经被范雎蒙蔽了双眼,看不清其中的缘由。

统一的前夜：秦始皇横扫六国

秦昭王为了使白起出征，竟让范雎去请他。结果可想而知，白起仍没有赴任。

秦昭王出面让范雎去请白起，已经是给白起下的最后通牒。一国之君，被一臣子几次三番地拒绝，白起之举，显然已经触碰到秦昭王的底线了。白起的倔脾气，倒是很有武将之风。

秦昭王雷霆震怒，一气之下，免去了白起的武安君官爵，贬为士兵，并将白起发配阴密。因当时白起有病在身，没有立刻动身，还是留在咸阳城养病。

白起被贬，范雎心里的石头落下了一块儿。如今，秦国上下除了秦昭王，没人能撼动他的位置，即便是这样，范雎仍不满足，作为秦相，范雎虽然权倾朝野，但在军队中却无权无力，这让他的心里有些不踏实。既然白起不愿出征，正好把机会留给他。范雎抓住邯郸之战的机会，利用自己职务的便利，推荐亲信王稽出任河南郡守，郑安平为将军，也加入了围困邯郸的战争中。至此，范雎将自己的势力渗透到秦国的军队中。

此时，赵国算是暂时顶住了秦军的进攻，但邯郸的危机并没有解除，随时都有沦陷的可能。为此，赵国必须得到其他诸侯的援助，否则注定要惨淡收场。从目前的情势看，能支援赵国的，也只有楚、魏两国了。

赵孝成王派平原君出使楚国，由于门客毛遂的出色表现，成功地与楚考烈王结盟，在外交上取得了重大突破。而魏国却在是否出兵援赵一事上迟疑了。

赵国面临的形势比较严峻，所以平原君多次向魏安釐王和信陵君送信，请求魏国援赵。平原君的妻子是信陵君的姐姐，平原君希望他们能念及亲情，出手相助。

可魏安釐王觉得魏国不及楚国兵多地广，害怕援赵会引火烧身，引起秦国的报复。秦昭王曾派使者告诫过魏安釐王：秦国迟早会攻克赵国，若诸侯中有敢援助赵国的，一定会成为秦国下一个攻打的目标。魏安釐王听后，十分害怕，立即派人阻止魏将晋鄙出兵，令他在邺城扎营驻守，表面上打着支援赵国的旗号，实际上是以墙头草的策略来观望秦、赵形势的发展。

平原君早就看出魏安釐王的软弱，只能寄希望于信陵君身上。信陵君，在当时名满天下，是一个有气节的人，常常解人之困、救人之危，实乃高节迈俗之人物。对于邯郸的危局，信陵君也很着急，屡屡劝说兄长魏安釐王出兵，却没有得到任何回应。

信陵君深知唇亡齿寒的道理，为了解邯郸城里的百姓之困，为了救姐姐一家于水火之中，他决定不再依靠魏安釐王，欲单独行动，由此造就了"窃符救赵"的经典传奇。

由于信陵君手上没有兵力，只能另想他法，他制订了一个严密的计划。先是想办法从魏安釐王手中盗走虎符（古代用于传达命令、调兵遣将的兵符），而后拿着虎符直奔军营，假称得到魏王之令，代替晋鄙为将。晋鄙为将多年，经验丰富，他仔细验过兵符后，心中仍存有疑虑。信陵君身边的大力士见状，上前用铁锤将晋鄙砸死，随即，信陵君控制了军队。经过整顿，选拔出八万精兵。

公元前257年，信陵君带领八万精兵，奔赴邯郸。

据《史记·平原君虞卿列传》中记载："邯郸之民，炊骨易子而食，可谓急矣。"赵国已经到了生死关头，如果援兵不到，邯郸城内的百姓因缺粮，就无法再坚持了。

紧要关头，信陵君的援军赶到了。与此同时，楚国的援兵也出动了。魏、楚援军的加入，使得邯郸战场形势发生逆转。

这场围困邯郸的战争，历时三年，无论是秦国，还是赵国，都已筋疲力尽。在这样的情形下，赵国有了魏、楚援军的助阵，士气大涨。而秦军孤军奋战，疲惫不堪，士气萎靡，败势已露。

郑安平率领的部队被楚、魏联军包围，没有过多的抵抗，为了自保，很快就放下武器，连同两万多士兵降于赵国。在秦国军事史上，一场战役投降两万人，这是绝无仅有的。

郑安平的投降，带来了极度不好的影响。王龁带领的部队还在浴血奋战，却得到了郑安平投降的消息，手下的士兵顿时如霜打了的茄子，士气全无，斗志全无。王龁明白大势已去，不敢恋战，果断带着残兵败将，力保大家性命，迅速撤出战场，逃回秦国。

至此，邯郸之战结束。秦国大败。

秦昭王征服赵国的梦想破灭，一腔怒火，只能发泄在白起身上。不管白起的身体养没养好，秦昭王派人把白起赶出了咸阳城。

纵然白起想留下，此刻也没有任何理由，或者说没有任何情感的羁绊留住他。白起出了咸阳城，往西赶了十里路，到了一个名为杜邮的小地方。

本以为白起这样离开，他与范雎之间的恩怨也就结束了，但是范雎不这么想。范雎相信白起凭借着一身的军事才能，定有东山再起的那天，东方六国尚在，白起于秦国而言，价值尚在。若是以后秦昭王顿悟，在六国的军事上，势必要重新起用白起。而白起归来之日，就是范雎失去权力之日。

奸诈如范雎，他不会允许这样的事发生，没有任何一个人可以夺他的权，取他的势，除了秦昭王和他自己。

范雎心中忐忑，便派人悄悄跟踪白起。收到手下密报后，范雎便趁着秦昭王余怒未消，向秦昭王报告，说是白起被贬后，心有怨言。于是，秦昭王便与范雎和群臣说道："白起之迁，其意尚怏怏不服，有馀言。"（《史记·白起王翦列传》）秦昭王与群臣议论，无非是想告诉天下，不是他容不下白起，而是白起有大不敬之心。而范雎此举，就是想置白起于死地。也就是说，此时秦昭王和范雎对白起都起了杀心。

可以说秦昭王与白起之间，是君与臣之间的对决。秦昭王是君，自然不会容忍白起三番五次、明目张胆地拒绝自己，最重要的一点，白起是魏冉一手提拔起来的将领，他与魏冉的关系极为密切，在魏冉掌权的四十年里，秦昭王如同傀儡，没有实际的权力在手，这是秦昭王一生都挥之不去的阴影。而伊阙之战，魏冉以白起代替向寿，没有向秦昭王请示，这是对秦昭王赤裸裸的无视。华阳之战，亦是如此，魏冉甚至公然对韩国使臣说，不必去见秦王，他就可以做决定。魏冉的这些举动，像一枚生了锈的钉子一样扎在秦昭王的心里，不只有深深的伤口，还有被感染的怒气，迁至到了白起这里。恰恰在这一点上，白起犯下大忌，他一而再、再而三地抗命不从，折损了秦昭王的面子，刺伤了秦昭王的自尊心。而白起这样的举动，仿佛在提醒秦昭王魏冉的存在。所以，秦昭王不会再留着白起。

范雎也正是抓住了秦昭王的心魔，才会在关键时刻说到关键点上，正是因为这些关键的关键，导致白起走上了绝路。被嫉妒占满内心的人，真的很恐怖。

《史记·白起王翦列传》中记："秦王乃使使者赐之剑，自裁。"秦昭王派人给白起送去一把剑，赐他自杀。当初白起称宁愿伏诛也不愿出战，不想一语成谶。

白起拿起剑，仰天长叹："我何罪于天而至此哉？"良久，叹道："我固当死。长平之战，赵卒降者数十万人，我诈而尽坑之，是足以死。"（《史记·白起王翦列传》）白起至死，没有对不起他的民、他的君、他的国。唯一让他觉得亏欠的，就是在长平一战中，被坑杀的那些赵国降军。

白起，一代战神，一生戎马，最后含泪而自尽。悲矣！

秦国的百姓，自始至终都认为白起的死非他自身的罪过，所以，对于白起的死，大家都很难过，还会祭祀他。

随着白起的陨落，他与范雎的斗争，也就此结束。范雎赢了，但只是赢了权力。以范雎这样的为人，就算权力至高，始终德不配位，走不长久,终究会困在自己给自己设下的牢笼中。

郑安平率两万秦军降于赵国的行为,直接将范雎推至风口浪尖。岂料,一波未平一波又起。范雎的另一个亲信、河东太守王稽因私通卖国,被处以死刑。这两个人,一个对范雎有救命之恩,一个有提携之恩,所以范雎才会视他们为亲信,同时他们又能力平平,这也是范雎敢重用他们的根本原因。令范雎意外的是,两人能力不行,品行也差,竟干起卖国求荣的勾当,引起朝中大臣对范雎的议论,声音此起彼伏,就连秦昭王都为此头疼不已。一系列的事件,致使范雎不得不为自己的性命考虑。

《史记·范雎蔡泽列传》中对范雎的结局做了详细的记载,范雎自知性命堪忧,于是来到秦昭王面前,说道:"臣闻'主忧臣辱,主辱臣死'。今大王中朝而忧,臣敢请其罪。"秦昭王说道:"吾闻楚之铁剑利而倡优拙。夫铁剑利则士勇,倡优拙则思虑远。夫以远思虑而御勇士,吾恐楚之图秦也。夫物不素具,不可以应卒。今武安君既死,而郑安平等畔,内无良将而外多敌国,吾是以忧。"

范雎主动向秦昭王请罪,希望以此感动秦昭王,得以获得最轻的刑罚。然而,秦昭王并没有怪罪范雎的意思。眼下秦昭王对赵国的征伐已是遥遥无望,他更加担忧的是楚国。秦昭王认为楚国有恢复国力的迹象,楚国有深远的谋略,以此来指挥勇敢的士兵,那么对秦国来说,就是一种威胁。正所谓居安思危,如果不提前做好准备,万一有一天楚国奇袭,秦国将会受损。如今白起已死,郑安平等人又叛国,一时间,秦国失去了能征善战的大将,又树敌颇多,所以秦昭王只能寄希望于范雎身上,并鼓励范雎,承担起迎战的责任。

秦昭王的予以厚望,在范雎眼里,竟是可怕的蛇蝎。范雎毫无军事才能,不懂指挥作战,他唯一的才能,就是一张嘴,一张巧舌如簧、颠倒是非、无中生有的嘴。范雎这时应该深刻地体会到什么叫搬起石头砸自己的脚,他无能无德无知,不知所出。

这时一个名为蔡泽的燕人来到秦国，自视才高八斗，智慧过人。范雎见到他如见到了救命稻草，不管蔡泽是否真的有学识才干，只要能得秦昭王的心，由此放过范雎，他就谢天谢地了。

范雎把蔡泽引荐给秦昭王，秦昭王被蔡泽的侃侃而谈惊艳到，觉得他是个能委以重任的人，便留下了他。范雎抓住这个机会，以生病为由，向秦昭王请求送回相印，能够告老还乡、颐养天年。秦昭王同意范雎离开。自此，范雎正式退出秦国的政治舞台。

范雎辞相后四年，一代雄君秦昭王去世。公元前 251 年，秦昭王去世，葬于秦东陵。随着魏冉、白起、范雎、秦昭王先后退出秦国的历史舞台，意味着一个时代结束了。

秦昭王是秦国历史上在位时间最长的一位国君，前任国君秦孝公、秦惠文王、秦武王在位时间的总和都没有秦昭王统治的时间长，同时也超过了后面的秦孝文王、秦庄襄王的总和。

在秦昭王长达五十六年的统治时间里，他在诸多方面创造了空前的功绩，秦国的政治、军事得以突飞猛进，尤其是军事方面的成功，沉重地打击并削弱了赵、齐两国的军事力量，将楚、魏、韩三国的大片土地收入秦国的囊中。自此，秦国的领土得到了大面积的扩张。

秦昭王统治时期，确切地说是秦国发展史上重要的决胜时期，任何国家的发展、成功都不是一蹴而就，而是需要坚硬的基石、明确的目标、不懈的努力。幸好，有秦昭王为秦国的发展增添了浓墨重彩的一笔，然而秦国在接下来的统治时间极为短暂的两任君王时期，内部却不可避免地发生了一些动荡。

第三章

卧薪尝胆　拨云见日

统一的前夜：秦始皇横扫六国

一、奇货可居

秦昭襄王去世后，他的儿子秦孝文王继位。由于秦昭襄王在位时间太长，秦孝文王垂暮之年时才登上君王的宝座。然而，令人震惊的是，秦孝文王仅仅在位三天就去世了，终年53岁，葬于寿陵，成为秦国历史上在位时间最短的国君。

秦孝文王去世后，由太子子楚即位，史称秦庄襄王。

秦庄襄王生于公元前281年，即秦昭王二十六年，是秦孝文王嬴柱众多儿子的其中之一，原名异人，被华阳夫人收为养子后改名为子楚。

秦昭王时期，秦孝文王嬴柱还是王太子，史称安国君。安国君有很多的妃子，所以孩子也很多，光是公子就有二十多位，子楚排在中间位置，是极为普通的那个。用现代的话讲，就是在人群中连影子都找不到的那种普通。如果非要说他有什么特别之处，可能是特别不受待见。古代的宫廷中，大多都是子以母贵，但是子楚的母亲夏姬也不被安国君喜爱，这也导致了他们母子二人的境遇十分凄凉。

公元前265年，即秦昭王四十二年，发生了很多平常事，但这些看似平常的事件，却改变了几个人的命运。

这一年，安国君被秦昭王正式立为王太子；赵孝成王继位为赵国新君；子楚被安国君送到赵国做了质子。

这三件事千丝万缕的联系，对以后秦、赵两国的历史产生了深远的影响。

赵国的新君继位，使得秦、赵两国的关系有了改善的契机。这时，安国君为了彰显秦国对赵国的友好，令子楚前往赵国邯郸作为质子。子楚的生母夏姬心中不舍，但是在安国君面前却没有任何说话的权利。只能任由子楚被安排，这也是身在帝王家的无奈。

在春秋战国时代，各国之间交换质子成风。质子，名义上是各国派出的外交使节，但实际上就是本国抵押在他国的人质，作为两国之间相互制衡的筹码，他们的命运，自然随着两国之间的关系变化而变化。若是两国关系不错，则万事大吉，质子会被奉为上宾，礼遇有加；倘若两国交恶，那这个质子的境遇就另当别论，不仅会遭冷遇羞辱，甚至生命受到威胁。不幸的是，子楚属于后一种。

子楚以人质的身份来到邯郸时，还不到20岁。此时的秦国，将全部的精力投放于向东扩张，正奋力地打击韩国。赵国与韩国相邻，正所谓辅车相依，韩国若是被秦国拿下，赵国自然也不会有好果子吃，所以赵国表面上与秦国和和气气，实际上却偷偷支援韩国抵御秦国。赵国此举，导致秦、赵两国之间的关系貌合神离，表面风平浪静，实际上是暗流涌动，关系日趋紧张。而长平之战的爆发，更是让秦、赵两国彻底决裂，兵戎相见。

战争带来的压抑感、紧迫感，在秦国首都咸阳和赵国首都邯郸城中蔓延开来。这时，身为秦国质子的子楚，在邯郸的日子愈发难过，不仅要承受来自赵国的敌视冷遇，还有源于本国的抛弃，那种无依无靠的感觉，使他备受煎熬。子楚整日里愁眉不展，郁郁寡欢。

《史记·吕不韦列传》里曾写道："车乘进用不饶，居处困，不得意。"通过记载，我们可以看到，子楚虽身为王孙，却手头拮据，车马破旧，居处寒碜，穷困潦倒于异国他乡，很不得意。这说明当时子楚的处境并不好，更糟心的是，无人担忧子楚的境况。

生在帝王之家，是子楚的不幸与幸，这要看他怎么想怎么做。虽然眼前的困境让他压抑、苦楚。但王孙的身份、皇室的血脉，又是他的机会、曙光。在那个王权世袭的时代，王室的血统弥足珍贵，是继承王位的潜在可能。即使是身处窘境的王子皇孙，也有逆风翻盘的机会。子楚也不例外，他也具备继承王位的可能。

战国时代，虽是战火纷飞，但是百姓依然要努力生活，各国之间也存在着贸易往来。卫国商人吕不韦大约是在公元前262年，从阳翟去往邯郸，以寻找商机。

机缘巧合下，吕不韦见到了子楚。当吕不韦得知了子楚的身份处境后，对子楚产生了浓厚的兴趣，不禁发出了"此奇货可居"（《史记·吕不韦列传》）的感叹。奇货，指的是较为稀缺的珍奇货物；可居，意思就是商品值得付出成本，可进货囤积。顾名思义，奇货可居指的是现在投资购进稀缺的商品，留到以后再高价出售。

吕不韦把子楚比喻为奇货，欲投资他。吕不韦为何会选中子楚呢？原因有三：其一，当时商人看似生活富足，无忧无虑，实则地位很低，吕不韦不可能见到那些王子，子楚却就在他眼前。其二，子楚当时的处境很艰难，这个时候如果有人能够帮他一下，他会感激涕零，这在政治运作上就叫"烧冷灶"（就是奉承尚未得势的人）。其三，也是最重要的一点，子楚的性格使然，他柔弱、犹豫，甚至寡断，比较容易掌控。从吕不韦选择子楚，就能看出来，吕不韦是一个强势、独断，有主见的人。

人，若要成事，首先要具备判断的能力。判断精准，事情就成了一半；判断错误，可能会事倍功半。而吕不韦，无疑具有超强的判断力，他通过和子楚接触、深交、给仆人钱，甚至把自己的歌姬都给了子楚。当然，这是后话。

吕不韦认为能够与子楚相识，必定是上天特意为他安排的机遇，他誓要抓住这次投资的机会，且不能让旁人知晓了去。子楚成为吕不韦最高的商业机密。但是有一个人必须清楚，那就是"奇货"子楚。

吕不韦确定了投资方向后，再一次来到邯郸，这次他直接登门拜访子楚。《史记·吕不韦列传》中详细记载了吕不韦与子楚的对话，吕不韦见到子楚后，先是试探性地对子楚说道："吾能大子之门。"吕不韦的意思很明显，借子楚门户寒酸，向子楚表示愿意光大子楚的门庭。

子楚笑着说道："且自大君之门，而乃大吾门。"子楚能品出吕不韦话中的含义，但是他摸不准吕不韦的诚意有多少，于是借着让吕不韦先顾好自己，再来顾他的玩笑，搪塞过去。若是假意的相助，这时会适时地停止这个话题。

但吕不韦接着说："子不知也，吾门待子门而大。"吕不韦向子楚表明决心，只有子楚成功了，自己才算成功。子楚是聪明人，心领神会，知道吕不韦是真心实意地在为自己着想，立即请吕不韦入内堂详谈。

吕不韦就现在秦国王室的势力分布向子楚作了详细的分析，以及君王将要发生转变的情况。吕不韦说道："秦王老矣，安国君得为太子。窃闻安国君爱幸华阳夫人，华阳夫人无子，能立適嗣者独华阳夫人耳。今子兄弟二十余人，子又居中，不甚见幸，久质诸侯。即大王薨，安国君立为王，则子无几得与长子及诸子旦暮在前者争为太子矣。"吕不韦认为，眼下秦昭王年迈体弱，在不久之前安国君也顺利地成为王太子，基本确定了继承人的身份。按照这样的局势走向，公子们都在为自己的未来谋划。子楚的兄长子傒，已经寻得谋士的辅助，加上他母亲背后的势力，似乎已经形成了接任王位的势头。当然，这不是什么扭转不了的局面。吕不韦听闻华阳夫人是安国君最为宠爱的夫人，但是华阳夫人没有儿子，这也是为何到了今天，尚未定夺嫡嗣的事宜，其中定与华阳夫人有关，所以华阳夫人是关键。若是子楚应允，吕不韦就会立刻着手游说华阳夫人，争取说动她立子楚为安国君的继承人。一切全凭子楚的意向，现在吕不韦就等着他做决定。

吕不韦的一番话，对子楚触动很深，原来吕不韦早已有所准备，只等他点头答应。子楚离席起身，叩头拜谢说："必如君策，请得分秦国与君共之。"子楚没想到在异国他乡，还能有人尽心为他筹划，激动之余，子楚叩谢吕不韦，并表示，若大势所成那天，愿与吕不韦共享秦国。

子楚的确是柔弱之人，他从未想过，吕不韦选择他既是机缘，也是吕不韦的无奈之举，因为吕不韦没有机会接触到别的公子。子楚不会想到，因为他一时激动的承诺，差点儿导致秦国易主。此乃后话。

吕不韦与子楚达成共识时，秦昭王已经在位45年，垂垂老矣，没过多久，就与世长辞。秦昭王去世，安国君继承王位，是为秦孝文王。

前面提到过，秦孝文王继位之时，已是垂暮之年，所以在他被立为王太子时，就已经开始思虑继承人人选的事情。

秦孝文王有二十多个儿子，但继承人悬而未决，跟他宠爱的华阳夫人有很大关系。华阳夫人，是秦孝文王的正妻，天意弄人，他们夫妻二人一生无子无女。那为何秦孝文王立嗣的问题会取决于华阳夫人呢？当然，不仅仅是单纯地喜爱华阳夫人，这其中还关乎着华阳夫人背后的势力。

华阳夫人熊姓芈氏，乃楚国人，是以宣太后为首的楚系外族。宣太后是秦孝文王的祖母，华阳夫人的名号又来自华阳君，以此来推断的话，华阳夫人应该是华阳君芈戎的直系后人。单凭这个身份，就足以说明她在秦国的地位。

华阳夫人家世显赫，年轻貌美，聪明伶俐，善解人意，对事物有独特的洞察力和判断力，且做事有主见，游刃有余。宣太后十分看好华阳夫人，在华阳夫人的身上找到了自己当年的影子，甚至认为华阳夫人是自己的接班人，是芈氏外戚一族的领军人物。所以，宣太后和芈戎才会把华阳夫人嫁给秦孝文王，其目的无外乎就是希望华阳夫人与秦孝文王生下的儿子，将来继承秦国的国君之位，如此一来，芈氏外戚一族的权力就不会外移。

秦孝文王与华阳夫人的结合，应该算是亲上加亲的政治联姻。由此可见，华阳夫人在继承人这个问题上，具有决定性的发言权。

而秦孝文王的王太子之位，也是靠芈氏家族得来的。公元前265年，秦昭王所立的前王太子去世，这才给了秦孝文王一个捡漏的机会，依仗着芈氏家族的鼎力相助，在多位公子中脱颖而出，顺利成为王太子。由是，秦孝文王对华阳夫人，可以说是言听计从。

遗憾的是，秦孝文王与华阳夫人始终没有子女，这就是他们不肯确定王太子、等待多年的原因。随着秦孝文王年纪的增长，身体日益衰弱，再想生儿育女基本是不可能了。正因如此，继承人的人选就必须在二十多位公子中选取。毫无疑问，每位公子当选的概率都有来自各自母亲的干预，因为这不仅关系着自家儿子的未来，还与她们的切身利益息息相关。

形势如此复杂，却又简单明了，因为最后的人选取决于华阳夫人以及她背后芈氏家族的意向，常言道一语定乾坤，大概就是这个景象。吕不韦所看中的实现子楚潜在价值的机遇，就在此处。

吕不韦出身于商人世家，从小耳濡目染，造就了他做事谨小慎微，投资眼光独到，为人处世圆滑，思虑周全的性格。性格使然，即便是他已经明确了目标，但落实到行动上，也会万分小心。想当初刚见到子楚时，吕不韦没有表露出一点儿惊喜之意，而是在心中审度盘算。回到阳翟后，他第一时间派人去秦国暗中调查，打探一切有关秦国后宫的消息，以及秦国政坛的相关信息。吕不韦是经过了仔细的研究，才做出的这个计划。所以，吕不韦才会认定华阳夫人就是子楚成为继承人的敲门砖。

说到底，子楚的投资价值属于潜在价值，最后是否会如愿以偿，三分靠运气，七分靠打拼，谁也说不准。兹事体大，吕不韦认为有必要跟父亲商量一下。

吕不韦从阳翟回到濮阳的老家，把自己的投资计划告诉了父亲，并征求他的意见。《战国策·秦策五》里记载了吕不韦与他父亲谈话的详细内容:"谓父曰:'耕田之利几倍?'曰:'十倍。''珠玉之赢几倍?'曰:'百倍。''立国家之主赢几倍?'曰:'无数。'曰:'今力田疾作,不得暖衣余食;今建国立君,泽可以遗世。愿往事之。'"也就是说吕不韦向父亲询问了投资农业、投资商业,以及投资政治分别可获得的利润。毋庸置疑,父亲告诉他,投资政治扶植国君,可获利无数。于是吕不韦告诉他父亲,拥立国君可以留传后世,自己愿意赌这一把。吕不韦得到父亲的支持后,心中最后那一丝疑虑彻底消除。

从吕不韦与他父亲的对话中不难看出,吕不韦把子楚看成了商品,而王位的继承权就是子楚的商品价值所在。在吕不韦眼里,子楚的价值,不能拿普通商品的价值来衡量,这种价值,属于政治权力的特殊价值。

吕不韦满怀壮志,要由经营商业转变为经营政治,这对于一位商人来说,可谓是破天荒的投资计划,所以,吕不韦也是中国历史上第一位投资政治并且成功的商人。在之后的文字中会有记录。

商人终究是商人,追求利益是商人的本质,吕不韦的这个投资计划并没有脱离商人的计算,最终目的仍是牟利。秦国一半的土地,一半的权力,任谁都会为之心动。

这场史无前例的政治投资计划的第一步,已经完成。吕不韦辞别父亲后,回到阳翟,准备开始第二步行动,精心包装子楚。据《史记·吕不韦列传》中所记:"吕不韦乃以五百金与子楚,为进用,结宾客。"大意是吕不韦出资,让子楚把居住环境装扮得阔绰些,并为子楚购置车马,抬高出行的排场,还让子楚多结交一些能人志士,有了吕不韦金钱上的支持,子楚一度在邯郸活跃起来,颇有声势。

经过包装,加上充实的财力为后盾,子楚俨然换了一个人,变得更加自信,举止言谈尽显王孙贵族的风貌。渐渐地,子楚的变化,传到了秦国首都咸阳,自然引起秦国高层的关注。

第二步顺利完成，接下来就是第三步行动。据《史记·吕不韦列传》中所记："以五百金买奇物玩好，自奉而西游秦，求见华阳夫人姊，而皆以其物献华阳夫人。"据资料显示，华阳夫人家有姐弟三人，华阳夫人排行居中，上有一姐，下有一弟，姐姐被称为华阳大姐，弟弟受封为阳泉君。吕不韦斥重金，购买了许多珍奇玩物，然后带着这些珍贵物品，只身前往咸阳城，准备说服华阳夫人。

此次来到秦国，吕不韦不是以商人的身份而来，而是以秦国派往赵国的质子公子子楚的使者身份前来，他是代表子楚来看望秦孝文王夫妇，向父母请安。而这些珍贵的物品，是子楚对父母的孝敬。

吕不韦的意图显而易见，就是通过游说华阳夫人，使子楚成为秦孝文王的继承人，可谓是有名有实有所求。

在抵达咸阳之后，吕不韦没有立即去见华阳夫人，而是先去见了华阳夫人的弟弟阳泉君。吕不韦之所以先见阳泉君，是有自己的考虑。

阳泉君，是华阳夫人的弟弟，从亲人入手，是攻取妇人之心的捷径。吕不韦深谙人情世故，他知道，只要说服阳泉君，再以阳泉君去劝说华阳夫人，子楚成为继承人这事儿就成了一半。

吕不韦见到阳泉君，没有过多的场面话，也没有非必要的寒暄，而是直奔主题，先声夺人，以居安思危之名，行警告之实，吕不韦这么激进的谈话内容，无非就是想警告阳泉君，他和整个芈氏家族眼下的处境并不乐观，岌岌可危。吕不韦详细地分析了当时秦国政权的局势，芈氏家族，看似权力滔天，人人身居高位，荣华富贵，实则都是表面现象。芈氏属于外戚，宠辱全在于婚姻和女宠，最为关键的是秦孝文王与华阳夫人没有子女，那么恩宠能持续多久。即使恩宠不断，没有儿子，芈氏政权终有走到尽头的时候。再者，秦孝文王年事已高，随时都有撒手人寰的可能，继承人选尚未选定，倘若秦孝文王现在有个万一，继承人又非芈氏近亲，那样的话，华阳夫人和芈氏家族可就毫无前路可言了。如今,公子子傒已经寻得士仓的帮助,按长幼排序,他是最有可能成为继承人的人。若是子傒成为继承人,他母亲的权势自然而然会扩大。到那时,华阳夫人的地位就真真的保不住了。

阳泉君听得认真,唯恐漏掉了哪句关键的。吕不韦十分善于察言观色,阳泉君的神情,尽收眼底,心下了然,知道自己的话奏效了。吕不韦掐准时机,直接挑明自己此番前来的目的,一是请求阳泉君的协助,劝说华阳夫人,帮助子楚成为继承人。二是解阳泉君的困扰,只要子楚成为继承人,定会视华阳夫人为母亲,芈氏为自己的家人,那么,芈氏家族的荣华富贵与尊位自然能够保住,而芈氏家族面临的危机,也可迎刃而解。

吕不韦明打明敲,字字珠玑,直击要害。

阳泉君陷入沉思,吕不韦的话,确实句句在理。正如吕不韦分析的形势,芈氏家族自宣太后去世后,势力大不如从前。芈氏家族新的恩宠,新的希望,全部寄托于华阳夫人。遗憾的是,天不遂人愿,华阳夫人得宠却没有子嗣,给芈氏家族一朝倾覆埋下了巨大的隐患。阳泉君毕竟是秦国政治圈的人,对于芈氏家族面临的种种情势,他比谁都清楚。

"黄金无足色,白玉有微瑕",世间事,哪有十全十美的呢?正如子楚虽为王室血脉,身份高贵,但他却是众多兄弟中最不得宠的那一个。华阳夫人是集宠爱于一身的正夫人,但是她没有儿子。而这二者之间,仿佛有着老天眷顾的互补关系。华阳夫人所拥有的,正是子楚缺少的,子楚拥有的,也是华阳夫人所缺的,一种互补的磁场在他们两人之间形成。

事实证明,吕不韦的确独具慧眼,竟然被他看出来子楚与华阳夫人之间这种浑然天成的互补关系。所以,吕不韦才会有底气,严词厉语地直接向阳泉君挑明这种关系,目的就是为了让阳泉君明白其中的利害关系,如果他们再不采取行动,便会导致两败俱伤的结果,子楚会因此穷困于邯郸，而华阳夫人和芈氏家族也会因此面临衰败。如果可以促成子楚和华阳夫人的结盟，那么事情的结果会截然相反，子楚会继承王位，华阳夫人顺理成章地成为太后，与子楚母慈子孝，共掌秦国的大权。这种结果，就是双赢的。

吕不韦不愧是一个商人，利弊分析得精准到位，且能够抓住时机，成为谈判的主导者，最后再将问题抛给对方，以气势迫使对方做出抉择。如果放在现代，吕不韦这样的商人，应该就是霸总的人设。

吕不韦已经将橄榄枝抛给阳泉君，接与不接，就看阳泉君的抉择了。这就好比吕不韦的投资计划，对阳泉君来说，这也是一场赌局，阳泉君以政治的角度在衡量其中的利弊。

经过短暂的沉思，阳泉君当即低头，拱手向吕不韦请教，愿听他的方针大计。

吕不韦成竹于胸，据《战国策·秦策五》中记载，吕不韦说："子异人贤材也，弃在于赵，无母于内，引领西望，而愿一得归。王后诚请而立之，是子异人无国而有国，王后无子而有子也。"大意是吕不韦说子楚是一个才智具备的人，只是迫于无奈，被遗弃在赵国做质子，他时刻盼望着回到秦国，却没有能为他说话的母亲，若是华阳夫人不嫌弃，请收子楚为养子，拥立子楚成为继承人。那么子楚以后便是有国有母之人，华阳夫人亦可成为有宠有子的夫人，这绝对是两全其美的办法。

阳泉君认为吕不韦的话甚是有理，当即达成与吕不韦的合作，充当起吕不韦的助手。阳泉君顺理成章成为华阳夫人身边的第一位说客。

成功说服阳泉君后，吕不韦紧接着开始第四步行动，欲通过华阳大姐劝说华阳夫人。在华阳夫人姐弟三人中，当数华阳大姐最受华阳夫人的信赖和倚重。所以华阳大姐的话，华阳夫人能听得进去，并会认真考量。

通过阳泉君的引荐，吕不韦得以见到华阳大姐。面对华阳大姐时，吕不韦明显收敛了劝说阳泉君时的气势，转而对华阳大姐轻声细语，动之以情、晓之以理，遣词用句，深得华阳大姐的好感。

两人交谈的过程中，吕不韦时刻关注着华阳大姐的表情，见华阳大姐对自己没有抵触情绪，颇为赞赏，顿时安心不少。吕不韦对于时机的把握，十分精准，他见谈话内容进行得差不多了，瞅准时机，拿出准备好的丰厚礼物，请华阳大姐代为转交给华阳夫人。吕不韦的诚意深得华阳大姐的欢心，华阳大姐欣然同意去劝说华阳夫人。

华阳大姐将礼物安置好，便进宫面见华阳夫人。姐妹见面，自然要说些体己话，华阳大姐的分寸把握得很好，适时地夸赞子楚有才有德有孝心，且广结天下贤才，是众多公子中出类拔萃的一位。华阳大姐将子楚的心意转达出来："子楚没日没夜地思念你们做父母的。在他的心里，妹妹就如他的天一般，一心一意期待着你的眷顾。子楚真是时时刻刻惦念你，还特地准备了一份薄礼给你，略表一下孝心。"

华阳夫人听了华阳大姐对子楚的赞美，心里很高兴，当看到那些珍奇异宝时，更是喜出望外。华阳大姐也在观察着华阳夫人的神情，见华阳夫人一脸高兴，便一股脑儿地把吕不韦的计划全都告诉了华阳夫人。

华阳大姐语重心长地说道："常言道'以色事人者，色衰而爱弛。'靠青春博得的宠爱，注定不牢靠，若是青春逝去，容颜衰老，宠爱也会随着烟消云散。如今你正值盛宠之际，可却没有儿子加持，再不趁恩宠正浓时早作打算，怎么能保障未来啊。不如趁这时在众多公子中结交一个有才能，有孝心，能够视你为母亲的人，拥立他为继承人。这样他对你更加感恩，就能像亲生儿子一样对待你。如此一来，你会一直受到尊重，就算中间有突发情况，自己立的儿子继位为王，也不会失势。常言道：'一言而万世之利也'就是这个意思。"

华阳大姐见华阳夫人陷入沉思，将心比心地继续劝说："如果不在恩宠的时候树立根本，假使容貌衰竭，失去恩宠，到时想说上句话，恐怕都没人听了。现在子楚自己也知道排行居中，按长幼尊卑，是轮不到他被立为继承人的，而他的生母又不受宠，自然就会全心全意依附于你，你若真能在此时提拔他为继承人，那么就可保住在秦国终身可享荣华富贵了。"

华阳夫人是何等聪明的人，她心里想得明白，看得透彻，听了华阳大姐的话，当即"以为然"，颔首称是。得到华阳夫人的首肯，华阳大姐心中的大石落地，功成身退。

既已确定中意的继承人人选，华阳夫人开始在心里盘算，如何才能顺利使子楚成为继承人？第一步，加强子楚在秦孝文王面前的存在感。秦孝文王的儿子太多了，平时根本不会关注子楚，所以华阳夫人有事儿没事儿的就在秦孝文王面前夸赞子楚，称子楚聪慧兰心，受到很多人的赞誉。

华阳夫人的确很聪明，没有一上来就强烈推荐子楚，若是贸然地推荐，会使秦孝文王心生反感，产生疑虑，反而适得其反。华阳夫人以这种隐晦曲折的办法，让秦孝文王慢慢地注意到子楚，虽然成效慢，却是最稳妥、最自然的。第二步，华阳夫人见秦孝文王对子楚颇有好感时，便采取怀柔的方式，进行更深层次的劝说。华阳夫人声泪俱下地对秦孝文王说："我有幸能充盈后宫，已是三生有幸，遗憾的是我福薄，未能有嗣，还请应允我收子楚为养子，立他为继承人，这样我日后便有了依托。"华阳夫人的真情实感果然奏效，秦孝文王当即点头答应了。秦孝文王始终记得当初他之所以能够顺利成为王太子，全靠华阳夫人的关系，况且秦孝文王执政期间，也需要芈氏家族的助力。于公于私，于情于理，秦孝文王都不可能拒绝华阳夫人的要求。

从古至今，王室的宫廷与前朝的政治紧密联系。秦国时期，后宫的嫔妃分了八个等级，分别是：王后、夫人、美人、良人、八子、七子、长使、少使。宣太后成为太后之前，曾位列八子。秦国公子的宠辱依靠的是母亲的等级，母亲即为嫔妃，嫔妃的等级又需要倚仗母家的权势，而母家权势的兴衰又是依靠嫔妃在宫中的等级。也就是说，嫔妃和子女的处境，以及嫔妃的母家，一荣俱荣，一损俱损。

这也是华阳夫人为何要参与到政权夺取战中，而子楚的生母，对他的政治生涯，毫无助益，这也是为什么华阳夫人与子楚的政治结盟能够顺利达成的根本原因。

经过各方的努力，子楚终于成为秦孝文王的法定继承人，回国之日，近在眼前。然而，就在众人以为可以松一口气的时候，平地起了风波，秦、赵两国的关系再次恶化，致使子楚回国之日，遥遥无期。

二、秦始皇诞生

公元前260年，赵国在长平之战中遭遇惨败，损失了四十五万将士，这对于赵国来说，是莫大的耻辱与仇恨。正是因为长平之战的惨败，秦、赵两国关系再次恶化。

战争结束后，子楚没能如期回到秦国，被赵国扣为人质。此时的子楚，不单单是外交的抵押，于赵国而言，他就是一张护身符，在关键时刻，能用于赵国与秦国的谈判中。

子楚未能如愿回到秦国，在赵国的日子也更加的艰难。赵国君臣视他为国仇，赵国百姓视他为家恨。可想而知，当时子楚承受着巨大的压力，生活在水深火热之中，内心无比煎熬。就是在如此艰难的形势下，子楚遇到了赵姬，一位身姿妙曼、国色天香的绝色女子。赵姬的出现，抚慰了子楚的忧心如惔。

赵姬，出生于赵国邯郸，曾是吕不韦家里的歌姬，因美如冠玉，妩媚多姿，善于跳舞，深得吕不韦的喜爱。而赵姬亦是被吕不韦的气度不凡、才识过人深深吸引，两人情投意合，在一起度过了一段很温馨、很美好的时光。但是因为子楚的出现，打破赵姬与吕不韦的美好。

一次偶然的机会，子楚与吕不韦正把酒言欢。这时，赵姬出现于厅堂之上，子楚当场就被赵姬的美貌所吸引。从此，子楚便陷入了爱情的旋涡，不能自拔。

俗话说，酒壮孬人胆。酒过三巡，对赵姬无法忘怀的子楚，举起酒杯，堂而皇之地向吕不韦提出了一个不太礼貌的请求，希望吕不韦可以把赵姬送给自己。

吕不韦的身边有很多舞姬，赵姬不过是其中一个，因此吕不韦对赵姬喜爱但绝不看重。而子楚的喜欢，可能是赵姬价值的最大化。吕不韦是何等精明之人，面对子楚的无理要求，作为男人，吕不韦心里是不快的，但他已经为子楚付出了大量家产，却尚未收到回报，自然不会因为一个舞姬跟子楚闹翻，于是吕不韦大方地将赵姬送给了子楚。若换成小说里的桥段，这本应该是一段虐恋，谁知，吕不韦对赵姬毫不在意，倒是成全了子楚之美。

《史记·吕不韦列传》中记载了这样一段话："吕不韦取邯郸诸姬绝好舞者与居，知有身。子楚从不韦饮，见而说之，因起为寿，请之。吕不韦怒，念业已破家为子楚，欲以钓奇，乃遂献其姬。姬自匿有身，至大期时，生子政。"根据记载，吕不韦在把赵姬介绍给子楚的时候，就已经知道赵姬怀有他的孩子。吕不韦应该也没想到子楚会对赵姬一见钟情，甚至开口要人。但吕不韦却顺水推舟，将赵姬送给了子楚。这种情况下，赵姬与子楚的见面，被人揣测为吕不韦故意安排的，也无可厚非。

子楚视赵姬为至宝，很快迎娶她，赵姬名正言顺地成了子楚的正妻，而赵姬却隐瞒了有孕一事。公元前 259 年，赵姬为子楚生下了一名男婴，他就是嬴政。此时的时局并不稳定，在这样的历史背景下，任谁都不会预料到，若干年后，就是这样一个备受争议的婴儿，会号令天下。

文献中简单的记载，信息量却很大。秦始皇嬴政是吕不韦的儿子的

统一的前夜：秦始皇横扫六国

传言，始于此处。也正是因为这段记载，自嬴政出生到现在，他的身世一直都是大家乐此不疲谈论的话题之一，他也是中国历史上第一个有关身世被质疑的皇帝。

直到现在，秦始皇究竟是不是吕不韦的儿子的争议依然存在。有人认为《史记》中的那句："至大期时，生子政。"大期，据古人的注释，是"十二月"的意思，就是说赵姬怀胎十二个月才生下婴儿，这显然不合乎常理。因此，赵姬可能并未提前怀孕。《左传·僖公十七年》作注疏说："十月而产，妇人大期。"这句话的意思是，怀孕十个月生产，称为妇人的大期。所谓十月怀胎，这就比较合乎常理，以此推断，子楚与赵姬在一起十个月以后，生下了嬴政。

投资子楚，可以说是吕不韦毕生的事业，他奋力游说华阳夫人，竭尽全力地促成子楚成为继承人，纵观整个事件，无外乎是一件围绕着秦国王位继承权展开的三方合作，三方成员显而易见。吕不韦以策划人的身份，成功地将互利互惠、双赢的投资结果用于这次合作中，为最终取得秦国政权奠定了基础。这件事情的关键，就是子楚的王室血统，也是吕不韦和华阳夫人对子楚坚定不移的助力的根本所在。

子楚的王室血统，为吕不韦的政治投资带来了无限的可能，且吕不韦为此赌上了身家性命，正因为如此，吕不韦必须确保王室血统的纯正，这已经无关个人生死，而是会牵连整个家族的大事，以吕不韦的性格，必然不会疏忽。

再看华阳夫人，之所以选择子楚，看中的也是子楚的王室血统。由是，华阳夫人和芈氏家族在子楚血统的任何问题上，也必然会严谨地监督、甄别，不可能留下被人诟病的机会，否则会葬送芈氏家族的政治前途，带来灭顶之灾。

由此可见，暗有华阳夫人和芈氏家族的监视，明有吕不韦只有小心唯恐不及的谨慎，不敢有任何疏忽。吕不韦是嬴政的生父，也就不成立。

《史记·秦始皇本纪》中曾记："秦始皇帝者，秦庄襄王子也。庄襄王为秦质子于赵，见吕不韦姬，悦而取之，生始皇。以秦昭王四十八年正月生于邯郸。及生，名为政，姓赵氏。"这段话说的是，秦庄襄王是秦始皇的父亲，曾以秦昭王孙子的身份作为人质，被送往赵国。秦庄襄王在赵国时，遇见了吕不韦的歌姬，心生情愫，娶之为妻，并生下了秦始皇。秦昭王四十八年，秦始皇于邯郸出生，名为政，赵氏。

《史记·秦始皇本纪》中的记载和后面所记录的秦王谱系还是比较靠谱的，相反，《史记·吕不韦列传》中所记的吕不韦献有孕之女，有待推敲，并不完全符合事实。

秦始皇本名赵政，后来叫秦王政，史书一般称他为嬴政。据《史记·秦始皇本纪》的记载，秦始皇是赵氏，又是怎么一回事呢？我们习惯性地把秦始皇的名字称为"嬴政"，但实际上在先秦不是这么叫的。秦属于"嬴"姓，这点是没错，但是先秦姓与名并不合在一起使用。与名合在一起用的是"氏"而不是"姓"。现在"姓氏"已经是一个词，但先秦"姓"和"氏"是两个不同的概念。姓是大宗，而氏是小宗，乃姓的分支。"嬴"姓并不只是秦国有，赵与秦本是同源，赵国王族也是"嬴"姓。在先秦所有的历史文献中，没有哪个人的名字与姓同用，因此"嬴政"这样的叫法，在当时是不存在的。只是后世这么称呼，逐渐地转化成较为通俗的叫法，并沿用至今。

长平之战结束后，由于赵国惨败，导致国内政治动荡，邯郸城内的官员及百姓悲愤交加，生活举步维艰，全城陷入一片恐慌。在这样的情势下，秦昭王全然不顾身在赵国的子楚，于公元前259年，发动邯郸之战。秦昭王此举，无疑是更加激化了秦、赵两国的矛盾。

公元前259年，正是嬴政出生的这一年。按照中国历史的传统，凡大人物降生，必有异象。而嬴政出生前后，除了兵荒马乱、秦赵交战，天地万物没有一丝异象，这似乎暗示了他不可能成为一位伟大的人物，

统一的前夜：秦始皇横扫六国

但就是这样普普通通降生的人，完成了中国的第一次大一统。

嬴政降生时，正赶上子楚的人生面临重大转折点的节骨眼，所以他对嬴政的降生，并没有太多的感触和激动，而是一心扑在转折点上，这个转折点也成为嬴政的人生转折点。

公元前258年，秦军压境，开始长期围困邯郸。秦昭王欲拿下赵国，邯郸之战就是他打响的信号。与秦军咄咄逼人的架势截然不同，子楚一家陷入赵国人民仇恨的汪洋大海中，随时会有遭遇不测的可能，处境堪忧。

公元前257年，秦军大举进攻邯郸，攻势异常猛烈，两国战事胶着、惨烈。邯郸城内，一片凄惨，士兵一个一个地倒下，粮食一点一点地减少，随着战况愈下，城内已经出现断粮、妇女老弱被迫参军的惨况。

此时赵国上下，对秦国恨之入骨，为了表明誓死抗秦的决心，赵国决定处死子楚及其全家。子楚得知此事后，如遭雷击，慌忙向吕不韦求助。

据《战国策·秦策五》中记载："赵未之遣，不韦说赵曰：'子异人，秦之宠子也，无母于中，王后欲取而子之。使秦而欲屠赵，不顾一子以留计，是抱空质也。若使子异人归而得立，赵厚送遣之，是不敢倍德畔施，是自为德讲。秦王老矣，一日晏驾，虽有子异人，不足以结秦。'赵乃遣之。"这里说，赵国不肯放过子楚，吕不韦前去游说赵王。吕不韦以子楚是秦王之宠儿，并且是王后的养子为由，劝说赵王，若是送子楚回到秦国，待子楚顺利立为秦王，自然不会忘记赵国的恩情。现在秦王已老，一旦去世，赵国只有通过子楚才能拉拢秦国。赵王听后，认为有道理，便将子楚送返回秦国。

《史记·吕不韦列传》中是这样记载的："秦昭王五十年，使王齮围邯郸，急，赵欲杀子楚，子楚与吕不韦谋，行金六百斤予守者吏，得脱，亡赴秦军，遂以得归。"这里说，秦昭王派王齮围困邯郸，战事十分紧急，两国关系急剧恶化，赵国欲杀子楚。子楚为了保住性命，与吕不韦密谋，以重金买通守城的官吏，得以脱身，逃到秦军大营，最后顺利回到秦国。

《战国策·秦策五》和《史记·吕不韦列传》中的记载有些出入。当时的具体情况不得而知，可以肯定的是，子楚是吕不韦的重点保护对象，是他未来事业的全部，他自不会让子楚深处危险。紧要关头，吕不韦定会想办法使子楚脱险，以吕不韦惯用的手段来看，斥重金收买赵国的看守官吏的可能性会更大一些。不管过程如何，结果就是吕不韦与子楚二人逃出邯郸城，顺利回到秦国。

邯郸城被秦军围困了一段时间，危在旦夕，随时都有沦陷的可能。国家到了这样的生死关头，赵王决定以子楚来逼迫秦国撤兵。没承想，子楚竟然跑了，但是却留下了赵姬母子，赵王怒不可遏，下令逮捕滞留在赵国的赵姬母子。

没过多久，赵国幸得信陵君窃符救援，邯郸城得以保全，致使秦军兵败，被迫撤退，子楚也随同大军回到了秦国。

自此，很长一段时间内，子楚与赵姬母子断了联系。他们母子二人只能互相依靠，彼此温暖，等待子楚将他们接回秦国。但是，在那样的历史背景下，即便是有母亲的陪伴，嬴政的童年仍然是无法治愈的。

三、秦始皇无法治愈的童年

子楚逃回秦国后，赵姬和年仅 3 岁的嬴政被留在了邯郸城内，就当时秦、赵两国的关系而言，赵姬和嬴政的处境不会很好。他们母子二人比较幸运的是，赵姬是邯郸人，母家还是邯郸城里的豪门大户，还算有些势力。赵姬和嬴政母子二人在母家的保护下，被转移躲藏起来，得以保住性命，而这一躲，便是 6 年。

统一的前夜：秦始皇横扫六国

嬴政的童年，可以说是生活在暗无天日的躲藏之中。很难想象，一个孩童，大部分的时光只能躲藏在深宅内院，若要出门，需时时刻刻警惕，随时都有生命危险，为了想要看看外面的世界，为了短暂的欢乐时光，要时常忍受着赵国百姓的冷言冷语，还有那如刀子般冷冽的眼神射向自己，即便是走在热闹的街上，他也只能是形单影只。这样的境遇，换作一个成年人，都未必能够挺住，毕竟不是一朝一夕，而是日久年深。

即便是这样，也挡不住嬴政想去外面看看的心，终归还是个孩童。偶然的机缘下，嬴政结识了同样为质子生活在邯郸的燕国王子姬丹。大概是两个孩子都经历着同样的遭遇，加之年纪相仿，比较有共同语言，嬴政和姬丹越走越近，经常一起游玩打闹，欢声笑语，十分开心。也正是这个时候，嬴政的脸上才会出现他这个年纪该有的笑容。嬴政也没有想到自己会在这座陌生又熟悉、处处充满危险的城里，结交到朋友。

只是之后发生的事情，导致两人的友情走到了尽头。还是孩子的他们，不会想到，在未来的某一天，他们的地位会发生翻天覆地的变化。正是因为地位的转变、立场的不同、思维方式的变化，导致姬丹心怀怨恨，为解心头之恨，姬丹欲招揽刺客暗杀嬴政，这次嬴政被刺杀事件，成为流传至今的一场历史大戏。当然，这都是后话。

按照心理学分析，人在10岁以前，记忆力尤为发达，情感也比成年后更丰富，任何幸福和耻辱的事都会记得特别清楚，甚至终生难忘，慢慢地形成一种刻在骨子里的记忆，正是因为这些记忆的存在，使人的性格特点各不相同。这个时间段，是人的性格养成时段。

原本嬴政应该有个快乐的童年，但随着秦、赵两国关系的恶化，加之父亲的离开而星离雨散。这时的嬴政，只剩下母亲的陪伴，虽然偶尔能够出现在邯郸城的街头，但也只是少之甚少的偶尔，他大部分的时间，还是躲在小小的四方之地，以书相伴，与母亲相依为命。这样的环境，使他心里承受着巨大的压力，而这些压力本不该由一个孩童承受。

准确地说，嬴政在赵国的这九年时间里，过的是黯淡无光、诚惶诚恐、云迷雾锁的日子。除了与他相依为命的母亲，他被其他人视作异端、仇敌、阶下囚，那一双双凌厉鄙夷的眼神、随意的唾骂，在嬴政的心里烙下深深的印迹，慢慢地他的心里也产生了微妙的变化，性格也变得不再阳光开朗，反而异常敏感，极度缺乏安全感，而他又以顽强的意志来阻挡这些负面情绪，尽量让自己获得缺失的安全感。这一点，在若干年后，他掌握权力，可以运用权力时，表现得极为明显。

在嬴政阴郁的性格养成之时，他的父亲子楚正在热热闹闹地忙着人生大事。

子楚逃回咸阳城的时候，是 25 岁，赵姬和嬴政被迫留在赵国，与子楚断了联系，子楚对他们母子的情况一无所知。在这样的情况下，子楚的母亲夏姬以稳定秦国内政为由，开始张罗给他物色一位新的夫人。

子楚当初被立为太子，夏姬因为没有说话的权利，完全没有资格参与到其中，全凭华阳夫人做主。现在，她母凭子贵，虽然在政事上依然没有发言权，但是在子楚的第二次婚姻上，她必须当仁不让。

夏姬这么积极地给子楚安排人生大事，意欲何为，显而易见。夏姬是子楚的亲生母亲，但因为自己的不得宠，子楚在回国、成为继承人这些事情上，她仿佛成了一个透明人。作为一个生活在后宫的嫔妃来说，这算一种耻辱。夏姬不愿被华阳夫人一直碾压，势必要在子楚面前努力表现，增加自己的存在感。还有一个十分重要的原因，夏姬想要在秦国的政权网中分一杯羹。

根据当时的秦国历史背景，不难发现，母亲为儿子选择夫人，会以夫人是不是母家近亲为前提。就拿秦武王来说，他的母亲惠文后是魏国人，她为秦武王挑选的夫人也是魏夫人。宣太后为秦昭王选定的夫人，与她同是来自于楚国。由是，夏姬为子楚选的新夫人，必然是夏姬的近亲韩国夫人。这也是夏姬为何对子楚娶妻这么上心的根本原因，她要发

统一的前夜：秦始皇横扫六国

展属于自己的权力网。

子楚刚刚回国，对突如其来的安排，他只能接受。或许是出于对秦国内政的稳定考虑，或许为了以后秦国的大权不旁落，其中真实原因我们不得而知。无论是哪个时期的王室，都不会愿意没有纯正血统的人来继承王权。

子楚迎娶了新夫人，被称为韩夫人，并于第二年生下了一个男婴，名为成蟜。据推算，成蟜大概比嬴政小四岁左右，是子楚的第二个儿子。母凭子贵，韩夫人生下成蟜后，荣宠盛极一时，夏姬对他们母子更是关爱有加。

韩夫人和成蟜的得宠，对赵姬和嬴政的地位产生了威胁。就当时的情况来说，如果赵姬和嬴政无法从赵国全身而退，成蟜便会顺理成章地取代嬴政，成为子楚的第一继承人，而韩夫人也必定会取代赵姬，成为秦国的第一夫人。如果真是这样，秦国的局势将会发生天翻地覆的变化，内以夏姬、韩夫人和成蟜，以及韩系外戚政治势力为中心，外以韩国为后援，将在秦国的王室里面，翻手为云，覆手为雨。如此一来，嬴政的一生、秦国的未来、六国的风向，将会是另一种结局。

历史证明，这样的事情没有发生。赵姬和嬴政得到了上天的垂怜，劫后余生，从赵国这个危险之地全身而退。

公元前251年，秦昭王去世，安国君即位，史称秦孝文王，子楚正式成为王太子。此时，赵国由于受到燕国的进攻，为了能够全力应对燕国，赵国迫切地想与秦国缓和关系，便借着秦王新立的机会，把赵姬母子护送回秦国，以此向秦国示好。

公元前250年，即秦孝文王元年，孝文王突然暴毙，子楚即位，史称秦庄襄王。

秦庄襄王没有忘记当初对吕不韦的承诺，以"定国立君"之功，任命吕不韦为秦国宰相，并封为文信侯，河南洛阳十万户为其食邑。吕不韦的政治投资计划，获得了圆满的成功，从此，带给了他无限的收益。吕不韦也正式从一名商人华丽转身，成为天下第一强国的宰相，权倾朝野，一人之下、万人之上。

秦庄襄王尊华阳夫人为华阳太后，夏姬为夏太后，两宫太后互相掣肘的局面正式形成。此时秦国的政治权力中心，形成了一张微妙的关系网。秦庄襄王为中心点，两侧分别是华阳太后和夏太后。

华阳太后虽然是养母，却是秦庄襄王实实在在的政治母亲，正是因为有了华阳太后实力强大的楚系外戚势力的支持，秦庄襄王才得以顺利成为王太子，最终继承王位。而秦庄襄王生母夏太后身后的韩系外戚势力，也不容小觑。两位太后虽然形成互相掣肘之势，但在支持秦庄襄王的态度上是一致的。但是，对待赵姬和韩夫人，她们便各有各的想法，各有各的打算。

在子楚逃回秦国整整六年后，嬴政和赵姬才得以从邯郸安全回到秦国，此时的嬴政已经九岁，他的弟弟成蟜应该是五岁左右。

"在其位谋其职"在吕不韦的身上，体现得淋漓尽致，通过吕不韦在中间的沟通和周旋，华阳太后欣然接受了子楚在邯郸成家的事实，对赵姬正夫人的身份也十分认可，尤其认同嬴政嫡长子的身份。

华阳太后之所以认可赵姬和嬴政，当然有她的考量。如今她名义上是太后，依然拥有绝对的话语权，并且秦庄襄王十分敬重她。但是，夏太后与她并立，她不再是一家独大，而且夏太后还拥有韩夫人和成蟜，这让华阳太后产生了危机感。华阳太后急需拥有一个儿媳妇和一个孙子与她统一战线，只有这样，才能保证有资本压制夏太后及她背后的韩国势力。基于以上种种，华阳太后自然能接受赵姬和嬴政，与他们亲近，并对他们寄予厚望。

反观夏太后就不同了，她没有参与过吕不韦、秦庄襄王和华阳太后之间的合作，与赵姬更没什么关系，嬴政也是九岁以后才回到秦国的，祖孙两人没有任何感情基础，所以夏太后对赵姬和嬴政的态度相对冷淡些。夏太后的心里更倾向于韩夫人和成蟜，认为他们才是自家人，自然与他们更为亲近。

自此，华阳太后、赵姬、嬴政自成一队，夏太后、韩夫人、成蟜为一队，以秦庄襄王为中心，形成了对立的局面。

回到秦国以前，平安地活着、顺利回秦国，是赵姬心里最大的渴望，除此之外，她对其他的事不抱有任何幻想。但今时不同往日，如今秦庄襄王登上王位，她就不得不想了。而且，这事儿也由不得她不想，毕竟关系到生存、权力和未来，注定在这场无声的硝烟中，她无法置身事外。

赵姬出身赵国豪门，也就是说，她与华阳太后、嬴政不仅有来自楚国芈氏家族的支持，还有来自赵国的力量，政治势力实为强大。而韩夫人出身于韩国的王族，是夏太后的亲戚，她背后的力量则是来自韩国，也仅有韩国。如此一来，这已经不是简单的一场继承权争夺战了，还关系着三个国家的利益，牵扯甚广。

从当时的形势来看，赵姬和嬴政的获胜可能非常大。他们母子二人有来自华阳太后为首的楚系外戚势力的支持，加上财力雄厚的吕不韦的辅助，有赵国不遗余力的帮忙，还有最重要的一点，秦庄襄王一直没有册立韩夫人为第一夫人，从侧面说明，秦庄襄王一直在等待赵姬母子回到秦国，并且足足等了六年，而这个态度足以说明一切。也就是说，赵姬和嬴政注定在这场继承权争夺战中不战而胜，毫无悬念。

这场无声的政治斗争在嬴政的心里又添上浓墨的一笔。当时，嬴政不过九岁，刚刚回到咸阳，内心是极度缺乏安全感的。咸阳城里的一切，对于他来说，都太陌生了，他甚至快要记不住父亲的模样了。在这样的心理状况下，他又莫名其妙地成为政治斗争中的主角，对他的心理是极大的冲击。

此时的嬴政，已经有了不属于这个年纪该有的成熟，在长辈的驱使下，他开始明白了权力的意义，虽然是懵懂的，但在他的认知里，似乎已经形成了权力在手、诸事大吉的思想。这时候，嬴政对权力的渴望，对专权的欲望，在心里生根发芽，直至根深蒂固。

没过多久，赵姬被封为王后，嬴政为王太子。秦庄襄王从中平衡各方势力，仍重用之前朝中的老臣们，王室宗亲也得到优待，秦国的百姓也得到秦庄襄王赐予的恩惠，内政相对稳定，外政也暂时风平浪静。一时间，秦国的百姓终于过上了较为安稳的日子。

在这段时间内，嬴政也慢慢地阳光开朗起来。秦庄襄王为了弥补之前缺失的陪伴，经常会带着嬴政和成蟜一起玩耍。也是在这时，嬴政和他的这位对立的弟弟关系越来越近，谈不上有多要好，起码能做到互相承认对方的存在。秦庄襄王见兄弟二人可以慢慢地消除隔阂，也乐在其中。

后宫内，两位太后在上，各执一方势力，相互制衡，一时也是相安无事。

在当时的历史背景下，王后一般是参与不到政治当中的。在没有直接的利益冲突之下，王后赵姬与侧室韩夫人，基本上可以保持风平浪静。

可以说，这是一段鲜有的幸福时光，也是嬴政为数不多的真正快乐的时光。

而这一切的平静，随着秦庄襄王的离世，转瞬即逝。

四、艰辛的亲政之路

公元前247年，秦庄襄王去世，终年35岁。嬴政继任为王，是为秦王政。

这一时期的秦国君主，在位时间都不长，秦庄襄王仅仅在位三年的时间。虽然时间短暂，但秦庄襄王也是积极为秦国的政治做出了贡献，

统一的前夜：秦始皇横扫六国

为秦国版图的扩张已尽绵薄之力。

据《史记·秦始皇本纪》中记载："政代立为秦王。当是之时，秦地已并巴、蜀、汉中，越宛有郢，置南郡矣；北收上郡以东，有河东、太原、上党郡；东至荥阳，灭二周，置三川郡。"秦王政继位之时，秦国已经兼并了巴、蜀、汉中，越过宛占领郢，设立南郡；向北攻占了上郡以东，设有河东、太原、上党郡；东到荥阳，消灭了东、西二周，设置了三川郡。由此可以看出，秦国在对外战争中取得了很大的胜利，收获了不小的成果，领土得以扩张，国力得以增加，相对安定。

由于秦王政继位时，只是一个13岁的孩童，并未成年，无法把控秦国的朝政，只能委政于太后和大臣们。在秦王政13岁至22岁的十年间，主要掌握政权的是野心颇大的吕不韦。

公元前249年，秦庄襄王继位时，吕不韦便认为自己的人生已到达了巅峰，他的伟大构想——奇货可居，终于得以完成。当时的吕不韦，可谓风光一时，名利双收，无人能及。

"太子政立为王，尊吕不韦为相国，号称'仲父'。"秦庄襄王去世后，秦王政出于对吕不韦的敬重之意，唤吕不韦为仲父。

齐国在春秋时代，曾一度称霸诸侯，那时的齐桓公，就尊称齐相管仲为"仲父"，自此，"仲父"成为一种最高的尊称。

秦王政对吕不韦如此尊重，吕不韦自然尽心尽力辅佐秦王政，并让秦王政收获了很多，其中就包括当时的精英教育。

在赵国度日的时期，让秦王政喜欢上了读书。回到秦国后，秦王政对知识的渴求溢于言表。相传，为了满足秦王政的求学想法，吕不韦从各国搜索有才之士，让他做秦王政的老师。为了顺应当时招收门客之风，吕不韦也为自己招揽了很多的门客，如果发现有贤能之人，便会推荐给秦王政。正是因为如此，秦王政的知识储备量得到很大的提升，并且在人事的判断方面，也有很大的进步。秦王政在以后的政事上，十分懂得如何任人唯贤，也是现在打下的基础。

吕不韦除了重视秦王政的教育，还让秦王政学会如何在瓶颈中发挥创造力。创造力，是指产生新思想、发现和创造新事物的能力。它是人类特有的一种综合性本领。在秦王政那个时期，这种能力还没有一个确切的名称。

秦庄襄王刚刚登上王位那年，与吕不韦在宫中议事，这时，吕不韦命人呈上一副竹简，九个大鼎赫然出现在竹简上。前面已经多次提到过这九个大鼎，相传这是权力的象征，乃大禹以当时被划分的九州为蓝本，命人所铸，代表着天下。夏、商、周三朝都把这九个大鼎视作传国之宝，谁拥有这九个鼎，便可以号令天下。

当时，秦王政也在场，吕不韦指着九鼎，实则意指灭掉东周，秦庄襄王自然向而往之。果不其然，没过多久，吕不韦便率军大举进攻东周，东周不敌，就此覆灭。

由此，拥有八百年历史的周王朝，正式灭亡。

九鼎的去向。相传，夏朝被商朝灭掉之后，九鼎便迁至商朝的都城亳邑。周武王攻克殷商，又将九鼎迁至雒邑。直到战国时期，秦国攻灭周朝，准备将九鼎迁至秦都。这时，出现两种说法：一种是秦军在运鼎的途中发生意外，其中一鼎掉入了泗水之中，再也不见踪影，剩下的八鼎被秦军运到咸阳之后，便再也没有相关的信息了。关于一鼎掉入泗水中的传说，《史记·秦始皇本纪》中也有记载："始皇还，过彭城，斋戒祷祠，欲出周鼎泗水。"即秦始皇在东巡返回的路上，途经彭城，斋戒祈祷，路过泗水河时，见到水中露出一周鼎，当即下令下水捞鼎。另一种说法是，吕不韦带兵进入洛阳后，到处寻找九鼎，结果东周早将九个鼎熔掉。

不管九鼎在何处，对吕不韦来说，毫无意义，他的目的就是为了用实际行动告诉秦王政，凡天地间的人、事如何发展，依靠的是人的所思所想、所作所为，只要有理想，路就在脚下，天下事亦可是掌中事。这就是吕不韦所认为的创造力。

《史记·秦始皇本纪》中提道："王年少，初即位，委国事大臣。"是指秦王政年纪尚轻，刚继任王位，无法执政，所以把国家大事都交给大臣们处理。由此推断，当时政事方面，秦王政是以吕不韦的意见为主，但还有其他大臣一起辅佐，比如将军蒙骜、王齮等人，他们一直受到秦王政的尊宠和重用，掌管军中大小事务。在当时，还有两位重臣与吕不韦一同掌控秦国的内政，一位是昌平君，一位是昌文君，他们都是活跃在秦国政坛的楚国公子。

秦国没有因为秦王政年轻，就发生内乱，相反，政权得以安定，是幸中之幸。但是，平静的表面下，却暗流涌动。

公元前 242 年，成蟜出使韩国，没有动用任何兵力，便轻松拿到韩国献出的百里之地。文献中有相关记载，如下：

《战国策·秦策四》中记载："今王使盛桥守事于韩，盛桥以地入秦。是王不用甲，不伸威，而得百里之地，王可谓能矣。"（这里成蟜作盛桥）

《史记·春申君列传》中记载："今王使盛桥守事于韩，盛桥以其地入秦，是王不用甲，不伸威，而得百里之地。"（这里成蟜作盛桥）

关于成蟜出使韩国一事，以故事的形式流传下来，偶尔在他国使者与秦王政的谈话中才能听到一二，对于此事的始末经过，历史文献中并没有详细记录。

成蟜出使韩国归来后，因功受封，被封为长安君。

在对韩国的扩张行动中，成蟜能顺利拿到土地，想必这背后少不了夏太后和韩夫人的推波助澜。众所周知，夏太后和韩夫人都出身于韩国，与韩国王室有着密切的联系。秦王政继位后，成蟜仿佛成了透明人，历史文献上对他的记载少之甚少，只能存在于他人的对话中，可想而知，成蟜在当时的秦国政坛上，毫无作为，抑或是没有机会大展拳脚。所以夏太后和韩夫人才会想方设法，启动她们的关系网，安排成蟜前去韩国，中间以什么样的手段逼迫韩国，我们不得而知，结果就是韩国献出了土地。这次行动，极有可能就是夏太后和韩夫人专门为成蟜安排的。而成蟜获得封赏，就是她们的目的。当然，成蟜被封为长安君，只是她们的初步计划，这次事件，还远没有结束，一度成为秦国内斗的导火索。

公元前241年，即秦王政继位的第六年。楚考烈王不堪再被秦国镇压，毅然决然地振作起来，誓要让秦国见识一下楚国的力量，但仅限于振作，楚国的力量不足以抗击秦国，楚考烈王只能向其他国家发出邀请，希望他们可以积极参与共同抗秦的军事行动。

楚国的邀请，是其他国家始料未及的，甚至十分震惊。秦国自吕不韦开始掌控政事后，国势蒸蒸日上，各国时常受到秦国的打击，但是没有一个国家敢主动挑衅秦国。楚考烈王此举，绝对有雄起之心，得到其他国家纷纷的响应。至于他们有没有雄起的力量，很难说。

以楚国为主导者的五国联军很快集结，在楚相春申君的带领下，浩浩荡荡地向秦国进发。

秦王政和吕不韦收到五国联军正向秦国进发的消息时，没有丝毫慌乱，秦王政虽未上过战场，但出生于战乱时代，早就在赵国见识过战争的残酷，他没有像个孩子一样向吕不韦求助，而是十分冷静地倾听吕不韦的战略计划。制定好应战计划后，吕不韦便下令驻守函谷关的秦军，主动发起进攻，直面五国联军。

函谷关守军接到命令，当即大开城门，准备列开阵势的时候，五国联军已经被秦军的气势震慑住，自知不敌，一哄而散，纷乱逃命。

可见其他国家对秦国的畏惧，已然深入骨髓，成为心病，且病入膏肓。五国联军未战先退的举动，无疑增强了秦王政在之后吞并各国的信心。

然而，这次五国联军攻击秦国的事情并未结束，秦国自然不会放过打击镇压它们的机会。五国攻秦的第二年，秦国开始组织对楚国的军事报复行动，楚国不敌，被迫之下只得迁都；五国攻秦的第三年，秦国将报复目标直指魏国，迫于秦军的威慑，魏国只能低头认错，割地求和；魏国已经不用秦国出手，便主动献出土地，以平息秦国之怒火。

从五国联军的不战而败可以看出，此时有能力与秦国对抗的国家，几乎是没有的，这意味着秦国离统一六国又近了一步。

公元前240年，夏太后去世。随着夏太后的去世，秦国政权的局势发生了根本性的变化。以夏太后、韩夫人、成蟜为中心的这一队政治势力，从此失去了夏太后这个保护伞，以至成蟜的命运发生了极大的转变。

夏太后，是秦孝文王的侧室，仿佛知道自己大限将至，夏太后临终前为自己选定了安葬地杜东（今西安南部）。《史记·吕不韦列传》中记载了夏太后为什么选中杜东作为自己安葬的地方："东望吾子，西望吾夫。后百年，旁当有万家邑。"就是说，夏太后之所以选择杜东，源于杜东的地理位置，向东便是秦庄襄王的墓地，向西是秦孝文王的陵寝。夏太后想在死后可以离自己的儿子、夫君近一些。夏太后还预言，百年以后，这里会兴旺发达，成为拥有千万住户的城市。这也是夏太后在历史上唯一的一句留言。

关于夏太后的历史，史书上记载的很少，只言片语。通过历史事件来看她，发现她只是一位被冷落的后宫夫人，她在历史上的存在，似乎是用作衬托华阳夫人。若真要说她存在的意义，可能只体现在了对成蟜的保护。作为晚年才能在宫中立足的夫人，可以说夏太后把所有的希望都寄予在成蟜身上，并竭尽所能地付出。就在夏太后奋力一搏，促成成蟜被封为长安君，准备以此为跳板，为成蟜铺好未来的路时，她却撒手人寰。

自夏太后去世，韩系外戚权力网失去了主心骨，韩夫人和成蟜也失去了唯一的倚靠，这支政治力量，不可避免地走向衰落。秦国后宫的局势也发生了巨大的变化，如今只剩华阳太后与赵姬以及她们背后的外戚势力。

韩夫人之所以能与赵姬分庭抗礼，保持一定的平衡，是因为夏太后在背后的支持。如今韩夫人孤掌难鸣，不像赵姬，没有了夏太后的压制，实力大涨，权势的天平不断地倒向她那边。

公元前239年，秦王政和吕不韦决定，对赵国展开军事报复。至于统帅的人选，吕不韦选择了成蟜，秦王政虽不明其中缘由，但采纳了吕不韦的意见。当时，吕不韦独揽大权，秦王政也只能听取他的意见。

《史记·秦始皇本纪》曾记载："彗星复见西方十六日。夏太后死。八年，王弟长安君成蟜将军击赵，反，死屯留，军吏皆斩死，迁其民于临洮。"根据记载的内容，可以了解到夏太后去世的第二年，长安君成蟜领兵攻打赵国，在屯留（今山西屯留）起了反意，制造叛乱，将他手下的将士全部斩杀，那里的百姓被迁往临洮（今甘肃临洮）。短短数语，却透露出大量的信息。这件事情，史称成蟜之乱。

恰巧也是在这一年，统治了韩国三十四年之久的韩桓惠王去世，韩国政局随之发生了根本性的变化。

由这一连串的巧合来推断，成蟜之乱的发生，极有可能是以赵姬为首的政治势力，打击韩夫人和成蟜的结果，而这其中，自然少不了吕不韦的推波助澜。

在赵姬和韩夫人两方势力面前，吕不韦是外来人员，以成蟜为首的政治势力始终与吕不韦对抗，如果吕不韦趁机除掉成蟜，也是顺理成章的事。毕竟他要在秦国树立自己的威望，同时又能帮助赵姬和秦王政铲除政敌，可谓是一举两得。所以说，成蟜之乱，是既定的巧合。

据《史记·赵世家》中记载："封长安君以饶。"就是说，成蟜之乱后，他逃到赵国，那时的赵国由赵悼襄王统治，赵悼襄王赐封成蟜封地饶（河北饶阳）。简短的几个字，将成蟜叛乱之名坐实。这是史书上对有关成蟜之乱的全部记载。

从此以后，成蟜消失在历史之中，宛若流星划过夜空。至于成蟜为何会突然在前线反叛，他的逃亡经过，以及到赵国之后的生活，就完全不得而知了。

成蟜之乱，不只是我们表面上看到的兄弟之间的争权夺利，还有两位母亲及其背后外戚势力的暗自较量。而成蟜之乱，无疑带给秦王政一次很大的冲击。

成蟜是秦王政的弟弟，虽是异母，但在秦庄襄王的爱护下，兄弟二人曾经也有过一段很温暖的时光。随着两位母亲对权力的不断追求，导致兄弟之间的关系，到了水火不容的地步，致使家族危机的爆发。成蟜之乱也给秦国的局势带来了震荡，把秦国内政的各方政治势力之间的矛盾抬到了明面上，甚至到了兵戎相见的地步，也可视为政治危机的爆发。这一系列的矛盾爆发，引起了蝴蝶效应，最后，只能有一方势力存在，另一方必须被消灭。

成蟜之乱的细枝末节，史料记载甚少，我们无从得知，然而，秦王政自此，对大权掌控欲的渴望，霸道专制，猜忌多虑，性格变得较之前更为暴戾，是我们在之后发生的历史事件中能够看到的。所以说，成蟜之乱带给秦王政的影响很大。

成蟜之乱的风波刚刚过去，秦国内政得以暂时稳定，但也只是表面上的平静。除掉政治上敌对力量的不只是秦王政，还有吕不韦。自成蟜及其背后的政治势力被铲除，秦国政权无疑是吕不韦一人独大。纵有其他老臣、重臣，说话的分量也不及这位"仲父"。这也让吕不韦志得意满，忘乎所以，在某些方面更加肆无忌惮。

殊不知，吕不韦如今的所作所为，已经为他日后的结局埋下了伏笔。

众所周知，赵姬在嫁给秦庄襄王之前，曾经是吕不韦的舞姬，两人曾经有过一段缱绻旖旎的时光。只可惜，在吕不韦的眼里，只有"女人",没有"爱人",赵姬不过是他的宠妾之一,所以当秦庄襄王向吕不韦要了赵姬时,吕不韦也只是对这突如其来的要求有片刻的愣神,随即毫不顾及赵姬的感情,转身便将赵姬送给了秦庄襄王。

吕不韦将赵姬献给秦庄襄王,两人的关系也随之结束。但是关系断了,赵姬对吕不韦的感情还在。

所以,秦庄襄王去世不久后,吕不韦与赵姬的关系,又死灰复燃。

按时间推算,赵姬在秦庄襄王去世的时候,大概30多岁,亦是年华正好的时候,她又怎会甘愿寡淡一生呢?于是,她那颗蠢蠢欲动的心,投向了老情人吕不韦。《史记·吕不韦列传》中对吕不韦与赵姬的风流韵事也有记载:"秦王年少,太后时时窃私通吕不韦。"就是说,赵姬和吕不韦之间旧情复发,成了隐秘的情人,并经常偷偷摸摸地在深宫幽会。一时间,两人仿佛是回到了当年,你侬我侬,情不自禁的岁月,赵姬更是得到了身心的慰藉。

从古至今,充当幼王母后情人的政治人物,都不得善终。他们此举,不只是触及到了幼王的逆鳞,更是触及到了王室颜面的底线,不仅仅面临身败名裂的巨大风险,全族之性命都很难保住。倘若事情一旦败露,最先面临的就是来自政敌的攻击、打压,还有一个不可忽视的问题,那就是来自秦王政的惩罚。历史上也不缺乏因一己私欲、祸乱后宫,招致全族被牵连的例子。而赵姬与吕不韦的情人关系,还要面临来自两位婆婆的责难。赵姬与吕不韦私通时,夏太后还没有去世。不难想象,如果华阳太后和夏太后发现此事的话,那么受牵连的可就不单单是吕不韦与赵姬及其他们背后的力量,秦王政也会被牵连,甚至会被有心之人借机铲除掉,引发一连串赵姬与吕不韦无法承担的后果。

吕不韦是何等精明之人,这些道理他还是想得明白的,这也就意味着他跟赵姬这种情况绝不可能持久。当时,以吕不韦的身份,政务应当十分繁忙,他不可能将大把的时间都放在赵姬身上,慢慢地自然会引起赵姬的不满，从而产生麻烦，所以，他必须想办法解决这个问题。最重要的一点，秦王政在长大，懂的事随之增加，这种丑事一旦被秦王政知道，便是万劫不复。

有太多双眼睛盯着吕不韦，有太多的潜在危险存在，精明如吕不韦，他自然知道与赵姬的这段不伦之恋，对他来说百害而无一利，他只能想办法，让自己全身而退，尽早斩断这见不得人的关系，以保住自己的未来。

吕不韦为此，想出了一个完美的计划。

吕不韦决定，在政治上一如既往地支持赵姬和秦王政，这也是对他权力的一种保障。但在情感生活上，他要坚决斩断与赵姬的情丝，结束与赵姬的情人关系。吕不韦不愧是在商业圈混迹多年的人，他深谙人情世故，为人圆滑，不会做出突然断绝与赵姬的情人关系的决定，他怕会引起赵姬的不满，惹火烧身，于是他想到一个主意，就是既然赵姬热衷于生理问题，那便找一个可以取代自己，做赵姬情人的替身。而他心中，早就确定了人选，就是他的门客之一——嫪毐。

嫪毐，是赵国邯郸人，与赵姬是同乡。嫪毐本身实力平平，没有什么大智慧，亦没有什么大的才能，之所以会在历史上出名，全靠他与赵姬的风流韵事。如果一定要说嫪毐身上有什么闪光点，可能就是他的腰子比较好了。至少在赵姬眼里，他的腰比他的脑子更加吸引人。

所谓物以类聚，人以群分。臭味相投的人之间仿佛存在磁场，有时只要一个对视，便产生默契，惺惺相惜。正如赵姬与嫪毐，第一次见面，只是一个眼神，两人之间便电光石火，诉尽千言万语。

吕不韦之所以会选择嫪毐，是经过仔细考量的。首先，嫪毐是赵国人，与赵姬同属身在异国他乡，之间会更容易产生情感上的共鸣，以慰藉赵姬的思乡情愁。其次，吕不韦了解过，嫪毐是个具有超强性功能的男子，这对成熟妇人来说，是极大的诱惑，尤其是赵姬这样久居深宫、多情寂寞的女子，可以说嫪毐的这项特质，使赵姬对他完全没有抵抗力。还有最重要的一点，吕不韦认为嫪毐是他的门客，出身低微，且整天只知道风花雪月，没有一点儿作为男子应该有的上进、谋略，所以，即便是嫪毐在赵姬那里得宠，也不会对他的权力构成任何威胁。这也是吕不韦最看重嫪毐的一点。

位高权贵之人，只有在确保被举荐的人无法超越他自身的权力威望时，才会不遗余力地进行举荐。

人的命运的走向，绝大部分因素取决于选择。面对人生难以抉择的时刻，选择的重要性便凸显出来，当然，没有人能预知选择的对与错，只能等待事后的证明。自认完成人生最大选择的吕不韦，忽略了其他选择的重要性，在不久的将来，他就会知道，精明一世的他，在选择嫪毐时，犯了多大的错误。

确定代替自己的人选后，吕不韦只要一有机会，就在赵姬面前提起嫪毐，提的次数越来越频繁，自然引起了赵姬的关注。据《史记·吕不韦列传》中记载："吕不韦恐觉，祸及己，乃私求大阴人嫪毐以为舍人，时纵倡乐，使毐以其阴关桐轮而行，令太后闻之，以啖太后。太后闻，果欲私得之。"吕不韦以赵姬最在乎的秘事，强烈推荐嫪毐，赵姬心痒难耐，随即让吕不韦将嫪毐送到自己的身边来。

从古至今，王室对后宫的守备都十分严谨，为了杜绝丑事发生，严令禁止不相干的男人入内。当然，这种法令对吕不韦来说，不算什么，不然他也不可能跟赵姬私会那么长时间，还没有人发现。但嫪毐的身份毕竟与他不同，他还是要另想他法才可以。

《史记·吕不韦列传》对此也有记载："吕不韦乃进嫪毐，诈令人以腐罪告之。不韦又阴谓太后曰：'可事诈腐，则得给事中。'太后乃阴厚赐主腐者吏，诈论之，拔其须眉为宦者，遂得侍太后。"吕不韦先想方设法地将嫪毐定罪，罚受宫刑。随后，吕不韦又告诉赵姬，买通主持刑罚的吏官。赵姬为了得到嫪毐，按照吕不韦所说，买通了主持刑罚的吏官后，命其拔去嫪毐的胡须假充宦官，随后没有受到任何刑罚的嫪毐就被送进了宫中。从此，嫪毐就以宦官的身份生活在宫中，侍奉赵姬。

自从嫪毐进宫后，赵姬俨然忘记了自己的身份，忘掉了秦王政的存在，更不会继续惦记旧情人吕不韦。吕不韦对此，乐见其成，算是躲过了一个大劫。

然而，嫪毐的得宠却远非吕不韦想的这般简单，甚至一度影响了秦国的内政，导致秦王政与赵姬母子二人走向决裂。

嫪毐进宫后，没过多久，赵姬就怀孕了。这件事对一个守寡的太后来说，兹事体大，且不说带来的舆论影响有多不好，单是这种行为，足以让有心人从中破坏秦国内政的平稳。

如果换作常人，早就被吓得手足无措，但是赵姬没有一丝慌乱，此刻的她完全沉沦于嫪毐的情爱中，无法自拔，为了保住孩子，为了能够与嫪毐长相厮守，赵姬假称身体不舒服，特意找来事先安排好的占卜师，占卜结果显示应当搬离现在的居所，身体才会好转。赵姬以此为借口，顺利带着嫪毐迁居到雍城的离宫生活。

雍城是秦国先任国君的祖墓、祖庙所在地，是秦国的旧都，距离咸阳数百里，这里有很多离宫别馆。此后，赵姬和嫪毐在这里构筑起世外桃源般的爱巢，一个被她称之为家的地方。在这个远离秦国政权的地方，赵姬和嫪毐自由放任，肆无忌惮，一连生下了两个儿子。而赵姬的所作所为，全然没有身为太后的自觉与责任，将秦王政抛诸脑后，甚至想不起自己还有一个儿子在咸阳身陷权力的漩涡之中。她的眼里心里，只有嫪毐。

赵姬对嫪毐的盛宠，让嫪毐得到丰厚的赏赐，嫪毐因此一跃成为秦国数一数二的富豪。更甚的是，赵姬将各种事情全权交由嫪毐处理，一时间，投靠到嫪毐府上做舍人的各国游士有一千多人。拥有了财富，便想以之换取权力，只要拥有强大的权力，那才是拥有真正的财富，正如嫪毐所想，眼前的财富已经无法满足他想成为人上人的欲望。嫪毐深谙仕途之道，有着自己的政治理想，他凭借赵姬对他的宠爱，在秦国政权上得到一席之地，积极参与政治，一度成为权倾一时的宠臣。

也就是说，嫪毐没有因为这段不光彩的关系躲躲藏藏，反而堂堂正正地把离宫别院当成自己的家，还使唤着成千的下人。从他的一举一动就能看出，他并非把自己当作卑贱的人，而是懂得如何隐藏自己的锋芒，察言观色，审时度势，能够抓住一切有利于自己上升的机会，心机颇深。嫪毐还效仿战国四大公子，广开府邸大门，公开招揽各国游士，一时间，宾客满门，盛气凌人。

嫪毐在赵姬的一味纵容下，拥有了与王室贵族相等的权利，不仅可以随意地使用王室的宫室、车马、衣服、苑囿和猎场，还处理着赵姬的家事政事。盛宠之下，嫪毐的地位扶摇直上。不仅如此，嫪毐还被封为长信侯，在山阳这个地方（今河南获嘉、沁阳一带）建立封国。此事绝非一般恩宠能够达到的，封侯封地是会被载入典籍史册的，乃国法大事。

众所周知，爵位在秦国的地位十分重要。秦国自商鞅变法开始，对爵位的授予就曾制定严格的制度，须以军功的大小为授予的标准，抑或是与军功相等的功绩。不管何人，拥有怎样的身份，必须按照这个规定严格执行。

侯，在秦国的爵位中是最高的级别，所需的军功可想而知，被封为侯爵的人，除了身份地位的提高，还有与之相应的权利以及封地，可以建立自己的封国。

纵观秦国历史，曾被授予侯爵的人屈指可数，并且对于此人立下何等军功、为何封侯都有详细的记载。而关于嫪毐封侯一事，文献中只有短短数字，没有记载其中的缘由。

我们只能从历史呈现出的结果来进行判断，主观臆想。在多数人的眼中，会把嫪毐的封侯归功于赵姬，毕竟当时为秦国征战沙场的大将另有他人，国内政权又在吕不韦手中，无论是军事还是政事，嫪毐都做不出任何功绩。所以，嫪毐被封长信侯，是因为赵姬的私恩。至于赵姬如何说通秦王政和吕不韦的，我们不得而知。

通过这件事，嫪毐的男宠形象更加深入人心，就算他是一个有谋略，有思想，甚至有一定的政治能力的人，也抹不掉他在人们心中根深蒂固的印象。

在战国时代，失去丈夫的太后养面首的事儿不是只有赵姬一人。宣太后与西北的义渠王私通，并生下两子，在秦国可以说是公开的秘密，尽人皆知。宣太后病入膏肓时，因舍不得自己的面首，命其为她陪葬，据《战国策·秦策二》中记载："秦宣太后爱魏丑夫。太后病将死，出令曰：'为我葬，必以魏子为殉。'魏子患之。"没有哪个活人是甘心情愿殉葬的，至少宣太后的这个面首不想，谋士庸芮见魏丑夫如此忧愁，便巧妙劝说，宣太后才打消了让魏丑夫陪葬的念头。

养面首是古风古俗之一，其中不乏真情实感。那为何赵姬与嫪毐的关系，却得到了大家更多的关注和评判呢？从嫪毐封侯就能看出，嫪毐的问题，不再是风花雪月，而是已经上升到政治方面，正是因为赵姬的纵容，嫪毐的不自量力，险些造成秦国大乱。其中，最直接的受害者就是秦王政。

在当时的历史背景下，养面首虽然不是被王室禁止的，但也绝非光彩之事。尤其是赵姬这种，让嫪毐假冒宦官在后宫侍奉的，更让秦王政蒙羞。从赵姬与吕不韦私通，宠信嫪毐，为嫪毐别居离宫，为嫪毐生子，从始至终，赵姬做的一桩桩事中，都没有考虑过秦王政的感受、身份、立场。赵姬的所作所为，无疑使得秦王政的心里更加阴郁，更是将秦王政置于危险当中。

当一个人轻而易举地登上人生巅峰、平步青云时，会变得自大、忘我，甚至目中无人。在旁人眼里，一跃成为长信侯，嫪毐已经名成身就，是他人所不及的高度。但是，嫪毐不这么想，对于一个充满野心、骄傲自满的人来说，长信侯只是个开始，嫪毐所追求的，是唯他独尊。

所谓"不患无位，患所以立。不患莫己知，求为可知也"。可惜，嫪毐不明白这个道理。

自从嫪毐被封为长信侯后，受到了更多的关注与奉承的同时，也成了各派政治势力矛盾的焦点。这种情况下，他的一举一动自然都会被放大。而嫪毐的性格使然，并没有因位高权重而低调行事，反而因为自己的权势，肆意张扬，恨不得让所有人都知道他的存在，知道他的"丰功伟绩"。事实证明，往往红极一时又高调行事的人，最后的结局大多都不太好。

嫪毐因为过度消耗自己的名望，终于引来了杀身之祸。

公元前238年，嫪毐的膨胀到达极限。《说苑·正谏》中曾记，嫪毐与很多人一起饮酒作乐，玩得不亦乐乎，席间因为一点儿琐事，嫪毐与人发生了争吵。酒醉的嫪毐怒目圆睁，大声呵斥对方说："我乃秦王的干爹，你这穷鬼王八蛋也敢和我争！"此话一出，一片哗然，在场的人面面相觑，一时间没人敢接嫪毐的话。被嫪毐呵斥的那个人，趁着大家的注意力全在嫪毐身上时，偷偷溜走，并将此事告发。

嫪毐一时口不择言，却为自己带来了不堪的后果，即使后悔不已，也无法挽回。或者，他根本没想过补救。

其实，有关赵姬与嫪毐的私情，早已经在宫中传得沸沸扬扬。秦国朝野上下，宫内宫外，早已尽人皆知。由于秦王政尚且年轻，赵姬独揽大权，大家就算是知道，也只能睁只眼闭只眼，并不会把这层窗户纸捅破了。如今秦王政长大成人，赵姬和嫪毐却不管不顾，更加肆意妄为，嫪毐甚至在大庭广众之下口出狂言，以秦王政的干爹自居，简直是有辱王室颜面，一点儿也没把秦王政放在眼里，实乃大不敬之罪。

嫪毐终究是为自己的狂妄自大付出了代价。"干爹"事件的风声还没过去，就有人向秦王政告发，说嫪毐是假冒宦官，与赵姬私通，还生下两个儿子，并藏匿起来。

可想而知，当时秦王政已经愤怒到了极点，当即命人彻查此事。秦王政不愧是一位拥有智慧的国君，他下令严查嫪毐时，佯装神秘，暗地里已经大肆宣扬，泄露了很多"机密"。比如他会派人去吕不韦招揽的那些门客中"暗中"调查，让嫪毐先露出马脚，然后他以静制动。

嫪毐得知秦王政开始调查自己，感到危险的临近，慌乱之下，他决定做最后的挣扎。嫪毐与赵姬商量，只要秦王政死了，那他们的儿子就可以继位为王，不仅能保住性命，赵姬的太后之位，也无人能撼动。嫪毐之野心，昭然若揭。

嫪毐此举，看似放手一搏，实则已无退路。因为秦王政亲政的日子马上就要到了，如果这时不出手，以后再无机会。嫪毐与秦王政之间，已然到了不是你死就是我亡的地步。

按照秦国的传统，每个人都要举行冠礼，即成人礼，最迟也要在20岁之前，绝大部分的人都会在这个年限前完成成人礼。嫪毐自称秦王政干爹的时候，秦王政时年22岁，却没有举行成人礼，所以无法亲政，这的确不符合常理。其中的缘由，要么是吕不韦从中阻挠，要么就是赵姬与嫪毐从中作梗，以他们对权力的渴望，就知道他们都是不希望秦王政举行成人礼，确切地说是不希望秦王政亲政的人。

直到公元前238年，即秦王政九年，任何人都找不到任何理由再阻挠秦王政举行成人礼了。

为了在宗庙举行成人礼，秦王政从咸阳来到雍城。"己酉，王冠，带剑"秦王政正式举行了成人礼，自此，秦王政得以收回秦国的政权，正式成为秦国说一不二的人。秦王政这条亲政之路，走得十分不易。

就在秦王政举行成人礼之时，咸阳城里却乱作一团。秦王政一离开咸阳，嫪毐就发动了叛乱。由于王室贵族、朝中大臣大部分都去雍城参加成人礼了，留守在咸阳城的人所剩无几，除了百姓，此时的咸阳仿如一座空城，对嫪毐来说，这可是个千载难逢的机会。于是他制定计划，欲先拿下咸阳，接着进攻雍城，杀掉秦王政。

若仔细研究嫪毐的叛乱计划，就会发现，其中的可行性很高。因为当时赵姬手里握有可以调动咸阳卫戍部队的印章，这个印章的作用，足以导致秦国改姓易主。使用这个印章还需一个条件，就是必须和秦王政的印章同时使用，才可号令卫戍部队。从嫪毐敢发动叛乱就能看出，他已经做好万全的准备，一枚印章，完全可以造假，这也是为什么嫪毐在秦王政离开咸阳后，就发动叛乱的原因，卫戍部队就算心有疑虑，也得看章办事。

此时的嫪毐，已近疯狂。控制住咸阳后，他立刻集结兵力，欲向雍城的蕲年宫出击。

秦王政收到嫪毐叛乱的消息，当即下令，命吕不韦、昌平君和昌文君即刻出兵，势必镇压叛乱。两方人马，于咸阳列开阵势，经过激烈的交战，嫪毐所率的叛兵惨败，秦军斩杀数百作乱之人。

自商鞅变法后，秦军有两个十分显著的特点：一是超强的作战能力；二是对国君、对国家的忠贞不贰。所以被嫪毐控制的部队得知秦王政安然无恙时，立刻掉转矛头，向嫪毐发起进攻。这也是秦王政能顺利平定嫪毐之乱的重要因素。

让人震惊的是，参与嫪毐叛乱的人员中，有一大批朝中重臣。如此大规模的叛乱，在战国时代十分少见，若是嫪毐成功，可想而知，秦国将不再是嬴姓的天下，秦国的未来也将发生根本性的变化。

实践出真知，事实又一次证明，痴心妄想和心怀梦想还是有本质上的区别的。一个人若是妄想通过不正当的手段，实现自己不切实际的目标，注定会失败，并为此付出惨烈代价。

统一的前夜：秦始皇横扫六国

嫪毐之乱，以嫪毐兵败逃脱告终。秦王政下令，如果有人活捉嫪毐，赏钱财百万；如果有人杀掉嫪毐，赏钱财五十万。重赏之下，必有勇夫，嫪毐很快就被抓到。秦王政下令处死嫪毐及他的同党，还有他的两个儿子，并诛杀嫪毐三族，也就是父族、母族、妻族。那些依附于嫪毐的家臣，大多被流放。参与这次平定嫪毐之乱的人，无论是朝中大臣，还是宦官，都得到了秦王政的重赏。

嫪毐之乱，得以告一段落，这时，处境最尴尬的就是吕不韦。吕不韦可以说是嫪毐之乱的始作俑者，虽然他没有参与叛乱，但确实是因为他的一己私欲造成了这样的后果。所以说，无论是嫪毐还是秦王政取得胜利，他注定没有什么好果子吃。如今，大局已定，吕不韦也将迎来自己的结局。

在清除嫪毐后，赵姬与秦王政之间的隔阂难以修复。秦王政深知，若不是得到赵姬的首肯，嫪毐不可能有能力发动如此大规模的政变，单凭嫪毐能够轻易地拿到秦王政印章这点，即便是假印章，也足以说明，嫪毐之乱中有赵姬的助纣为虐。由此可见，赵姬对秦王政也动了杀心。正因为如此，秦王政根本不可能原谅赵姬，于是下令将赵姬赶到雍城囚禁。

自此，以赵姬为首的赵系外戚势力，随着赵姬被软禁，土崩瓦解，赵姬也基本上丧失了对于秦国政权和秦王政的影响力。

嫪毐之乱，可以说是秦王政面临的重大危机之一，它既是一场政治危机，亦是一场家庭危机。嫪毐之乱，既对秦王政个人产生了深远的影响，也使得秦国政局发生了巨大的改变。

然而，嫪毐之乱也只是一个由头，秦王政心里明白，当初若是没有吕不韦的穿线，嫪毐不可能有机会攀上赵姬，而吕不韦与赵姬的旧情，秦王政不可能没有一点儿耳闻。也就是说，清除嫪毐不是秦王政的根本目的，他的主要目标应该是吕不韦。

吕不韦以精准的眼光、旁人没有的魄力，通过一场空前的政治投资，从商人摇身一变，成为秦相，足以说明了他的能力与智慧。同时也注定了他不会甘愿平凡。吕不韦曾号召门客，按照他自己的思想编写了一部《吕氏春秋》。吕不韦自从掌管政事，辅佐秦王政后，便加大力度，广招人才，丰富自己的门楣。

无论哪个时代，无论哪个世纪，人才才是最贵重的。

据《史记·吕不韦列传》中记载："当是时，魏有信陵君，楚有春申君，赵有平原君，齐有孟尝君，皆下士喜宾客以相倾。吕不韦以秦之强，羞不如，亦招致士，厚遇之，至食客三千人。是时诸侯多辩士，如荀卿之徒，著书布天下。吕不韦乃使其客人人著所闻，集论以为八览、六论、十二纪，二十余万言，以为备天地万物古今之事，号曰《吕氏春秋》。布咸阳市门，悬千金其上，延诸侯游士宾客有能增损一字者予千金。"

战国时期，诸国在招揽人才方面，都不遗余力，战国时代，有四大公子，他们就是以招揽人才的方式，成功出圈，风极一时。四大公子的门客人数，多达数千，吕不韦大概就是受了四大公子的影响，认为秦国如此强大，不能落于他们之后，才斥巨资，广招门客。

吕不韦还让这些门客将各自的所见所闻都记录下来，整理后，编写了《吕氏春秋》。《吕氏春秋》其实就是一部吕不韦想展现给大家看的治国之书，吕不韦自然是主角，从书名中就能看出，至于"春秋"，就是历史和借鉴历史的一种标记。

书册定稿后，吕不韦志得意满，为了显摆一下他这本著作，命人将书稿挂到咸阳城最大的城门口，并宣称倘若有人能修改其中的文字，哪怕一字，便能获得千金。当然不会有人得到千金的赏赐，吕不韦乃秦相，无人不知，无人不晓，谁都不想、也不敢挑战他的权威。

吕不韦在书稿的序中写道："学黄帝之所以诲颛顼矣。"黄帝是谁，想必无人不识，他是中华的创始人，是颛顼的爷爷，吕不韦借用这句话

统一的前夜：秦始皇横扫六国

来隐喻，意图十分明显，就是在告诉秦王政，他教导秦王政是天经地义的事。吕不韦的这种思想，尚且在秦王政的接受范围内，那时秦王政比较稚嫩，不会想得太深、太远，至少没有引起他的特别警惕。但是《吕氏春秋》中所传达的其他思想，是秦王政断然无法接受的。

例如：思想管制政治。战国后期，能够使人们获得更高的精神或心灵之力的各种宗教仪式不再是主导，而理性和实用，渐渐地成为各国治理国家的主导思想。尤其是秦国，在法家思想为秦国带来进步时，国君必须独揽一切的思想更加牢固。等于说，没有任何力量可以限制君主。

之前，限制君主的是"天"，君主若做错事，天会制造各种自然灾害予以警示、惩罚。但随着人们理性的发展，天已经不是无所不能的存在。吕不韦在《吕氏春秋》中提出：世间必须有一种力量能够限制国君的权力，他认为只有知识分子才具备这种力量。若是深度剖析他的观点，会让人产生他才是这种力量的想法。不管是他，还是他口中的知识分子，他的这个思想唯一想表达的就是思想文化凌驾于国家政治之上。

精明如吕不韦，却功成名就时犯下一个极致的错误。任何时期，任何国家，无论这个帝王圣明还是愚昧，都不可能允许任何形式、任何力量凌驾于国君权力之上，身为一国之君的秦王政必然不会例外。

不仅如此，吕不韦还倡导官天下而非家天下。官天下，说的就是尧舜禹禅让。尧舜禹担任国君时，没有把王位看得过重，发现自己能力不足以治理国家时，就会把王位让给比他贤明有才的人。只是这种情况在大禹之后，不再存在，而是变成国君死后，由儿子继位，儿子死后由孙子继位，一代一代相传君主之位。吕不韦认为这是不对的，应该让最具贤能的人登上王位的宝座，而不是世袭。吕不韦的这种思想，可谓是前卫、大胆，但不可能成功，当然其中也不乏他的私心。

战国时期，王国林立，烽烟四起，各国之间，互相攻击，争夺领土，导致战乱不断，百姓生活在水深火热之中，这时的天下人，都希望出现一个有能力的领导者，可以平息一切战乱，使天下归于太平。但不管这个强者是谁，都不可能容忍吕不韦的这种思想，因为这样一来，根本无法做到统一。

吕不韦思想的失败，注定了他本人的失败。作为一名重臣，一旦有了这些思想，注定和君王分道扬镳。

公元前237年十月，秦王政下令免除吕不韦秦相一职，并将他赶出咸阳，让吕不韦回到自己的封地河南（今河南洛阳）。

吕不韦被驱逐出咸阳这一年，秦王政与赵姬的关系也出现了转机。

秦王政将赵姬赶出咸阳后，曾告诉众人，谁敢为太后求情，一律处死。据文献中记载，拼死为赵姬求情的人多达27人。就在大家心生胆怯、不敢再劝谏的时候，第28个人自称齐国人的茅焦来了，其实就是齐国宫中一名术士，求见秦王政。

秦王政令侍卫问道："你来的目的是什么？"

茅焦答道："我是特意为太后一事而来。"

侍卫继续冷声道："你难道没有看见宫门外的尸体？"

茅焦从容地答道："看见了27个。我听闻天上有二十八星宿，如今已死27人，代表二十七星，现在差一个，特来补足满数。"

秦王政闻讯大怒，手持剑而威坐，传令让茅焦进殿。

茅焦进到殿上，对秦王政施礼说道："凡与人之生死、国之存亡的事情，都是历代贤王迫切想了解的，不知大王是否想听听？"

秦王政问道："此话何意？"

茅焦答道："自古以来，忠臣从不曲意奉承，明君从不违背世俗，如今大王所作所为，实非明君所为，难道大王不觉得自己的行为不妥吗？"

秦王政不以为然地说道："你可以说给寡人听听。"

茅焦说道："秦国受天下之敬重，不只是因为秦国的力量强大，还因大王乃贤明之主，深得人心。而今，大王车裂假父，是为不仁；处死两个弟弟，是为不友；将太后软禁在外，是为不孝。如此行为，何以让天下人信服呢？"

话音刚落，茅焦便解开衣服，准备接受刑罚。秦王政怎会不明白茅焦话中的道理，可能他也在等待一个请回赵姬的契机。

茅焦的一番话，改变了赵姬的处境，结局从悲转喜，的确令人意外。那么多人劝说无果，为何偏偏茅焦成功说服秦王政，究其根本，极有可能是因为茅焦术士的身份。极有可能是茅焦跟秦王政说了很多关于神仙的传说，致使秦王政开始向往永生，并通过迎回赵姬，彰显自己的功德，这才有了后来秦王政寻找长生不老之术的事情。当然，这只是一种推断，也许还另有原因，但我们目前无从知晓。

赵姬回到咸阳后，十分高兴，并设宴款待茅焦，以感谢他出口相救。赵姬的结局，已经算不错了。反观吕不韦，就没那么幸运了，不仅没有人帮他劝谏秦王政，还因为出现他国奸细，更加遭到秦王政的厌恶。

谁会想到，强大的秦国内部，竟然出现了奸细，而且是很重要的职务。也正是因为这个人，使得秦王政与吕不韦不得不面对"有你没我，有我没你"的残酷现实。此人便是郑国。

郑国，乃郑国人，郑国被韩国消灭后，他便投身于韩国，在韩国的水利部门工作，因其工作认真，表现良好，很快就得到了韩国国王的关注。

在战国七雄中，韩国是实力最弱的一个国家，让韩国更加悲伤的是，它也是距离秦国最近的一个国家。

秦国若向东方挺进，韩国就是第一个被消灭的国家。正是因为这堪忧的境遇，这么多年来，韩国郁郁寡欢，每时每刻都在想办法，尽量做到不引起秦国的关注。可两国之间发展的风向并没有遂了韩国的愿，范雎任秦相一职时，曾建议秦国应采取"远交近攻"的战略决策，就是对距离秦国最远的齐国表示友好，对近在咫尺的韩国跃跃欲试。

在秦国不断的攻击下，韩国不停地割地赔款，直到郑国的出现，韩王安才想出了一个缓兵之计，就是使秦国疲惫不堪，这样就无暇再攻打韩国。

《史记·河渠书》中对此作了记载："韩闻秦之好兴事，欲罢之，毋令东伐，乃使水工郑国间说秦，令凿泾水自中山西邸瓠口为渠，并北山东注洛三百余里，欲以溉田。中作而觉，秦欲杀郑国。郑国曰：'始臣为间，然渠成亦秦之利也。'秦以为然，卒使就渠。渠就，用注填阏之水，溉泽卤之地四万馀顷，收皆亩一钟。于是关中为沃野，无凶年，秦以富强，卒并诸侯。因命曰郑国渠。"

秦国对水利工程一向热衷，所以韩王安便派出郑国去为秦国设计一个宏大的水利工程，就是建造水渠，想以此来消耗秦国的国力，这样，秦国就会把全部精力投身于建造水渠，自然没有时间和精力盯着韩国了。

郑国接受了韩王安的命令，只身前往秦国。郑国是在嫪毐叛乱的三年前来到秦国的，当时被吕不韦看重，便推荐给秦王政。郑国向秦王政建议，从中山西到瓠口一段凿穿为渠，沿着北山向东三百多里注入洛水，用以灌溉农田。秦王政听了郑国修建水利工程的计划，心中动容。

吕不韦听后，却极力劝阻，他对秦王政说道："这个工程规模如此宏大，耗时太久，对于我们秦国来说，完全没有必要建造这样的工程。如今秦国已然是诸国中最强的国家，但若要在这项工程上浪费那么多的精力与时间，恐怕到时其他国家就强大起来了。不如现在就实现大业。"

这次，秦王政没有接受吕不韦的反对意见，而是当机立断地命郑国全权负责水渠的建造。事实将证明，秦王政的决策是多么的明智。

韩王安得知郑国被秦王政重用，并全权负责水渠的建造，喜出望外，经常遣人告诉郑国，一定要拖延工期，这样才能保证韩国的安稳和未来。

统一的前夜：秦始皇横扫六国

相较于韩国的奸细，以热爱水利工程的人才来形容郑国更为贴切。建造水渠工程启动后，郑国完全沉浸其中，仅用了三年的时间，便完成总工程的三分之一。

在郑国全身心投入水渠工程中时，秦王政完成了平定嫪毐之乱、驱逐吕不韦离开咸阳。

秦王政以为已经肃清对秦国图谋不轨的权臣。这时，突然接到报告，说郑国是韩国的奸细，秦王政不由得愤怒，不是因为韩王安派郑国到秦国做奸细，欲以水渠工程拖垮秦国的国力，以当时秦国的实力，这种水渠工程，就如芝麻粒大小，完全不存在垮的风险。秦王政恼的是，为什么来自他国的人员总想着暗害秦国，先是嫪毐，再是吕不韦，这次又是郑国。震怒之下，秦王政当即命人将郑国收监，等候发落。

郑国坦诚地对秦王政说道："当初，我的确是以间谍的身份来到秦国，可是水渠修成后，对秦国是十分有利的。若水渠修好，渭水北岸尽是良田，韩国只不过多存活了几年，可秦国从此便多了良田千顷，有了充足的军事储备，消灭韩国更加易如反掌。"郑国早将自己是韩国奸细的身份抛之脑后，而他的的确确是不可多得的人才。于是，秦王政便放了他，让他继续修建水渠。

于郑国而言，能遇到一位肯定他才能、支持他的水利工程的明君，实在是太重要、太幸运。从此，他一心扑在工程上。水渠建成后，以淤泥浑浊的泾河水，灌溉了两岸四万多顷的低洼盐碱地，增加了土壤的肥力，使亩产不断翻倍。自此，关中变成了沃野，没有荒年，秦国因此更加富强，有了强大的经济基础和粮食基础，为之后吞并六国提供了坚实的后盾。这个灌溉渠也被命名为郑国渠。

郑国的事情看似一个小插曲，却改变了两个人的人生，一个是吕不韦，一个是李斯，就是后来秦国的丞相。

这里要先说一下李斯，因为他是秦国历史上不可或缺的人物。

李斯，本是楚国人，年轻时是一个名不见经传的小吏。一次，他在茅厕看到老鼠见了人后四处逃窜，回去后他仔细琢磨，也没有悟出什么道理。没过多久，李斯又去粮仓例行检查，在这里他又看到了老鼠，粮仓的老鼠与茅厕里的老鼠不同，体型更大，脑满肠肥。霎时间，李斯灵光一现，脑海中出现一个闻名至今的人生哲学："人之贤不肖譬如鼠矣，在所自处耳！"（《史记·李斯列传》）意思是，做人如老鼠，能力固然重要，但更重要的是平台。也就是说，人在哪里任职，就注定了高度能达到哪里。

有了感悟，就要落实到行动上，李斯果断辞官，到荀子那里拜师学习。自认学问有成后，便谋划去处。李斯认为楚王不值得跟随，而当下六国国势都已衰弱，没有建功立业的机会，所以他选择了秦国。临行前，李斯对荀子说道："我听闻一个人要是遇到机会，千万不可松懈错过。如今各国都在争取时机，游说之士掌握实权，所以现在是我施展自己才华抱负的最佳时机。长期处于卑微的地位和贫困的环境之中，却还要厌恶功名利禄，标榜自己与世无争，这不是我的本愿。"从李斯与荀子辞行所说的话中，可以看出，李斯是一个权力至上的人，他毫不掩饰自己对权力的渴望和对荣华的追求。

有意思的是，李斯把自己比作从厕所到粮仓的老鼠，为了有更好的发展，需要去更大的地方。

俗话说，打铁还得自身硬，李斯从荀子那里的确学到不少东西，在之后的人生里，他也将一生所学奉献给了秦国。

李斯来到秦国后，便投奔吕不韦，凭着才华，给吕不韦留下了深刻的印象。李斯深知在吕不韦门下，就算再优秀，发展前景也不会太大，因为秦国的君主是秦王政。随后，李斯便千方百计地想要接近秦王政，试图用最快的方式走上人生巅峰。

常言道，机会是留给有准备的人。机缘巧合下，李斯终于见到了秦

统一的前夜：秦始皇横扫六国

王政，并进言道："臣下听闻，平庸的人往往容易失去时机，而能成就大业的人在于他能利用机会并能果断地做出决策。秦穆公时期，秦国得以称霸，却未能东进吞并六国，是因为诸侯的人数太多，周朝尚在，五霸交替兴起，相继推尊周朝。自秦孝公以来，周朝衰微，诸侯之间互相兼并，函谷关以东化为六国，秦国乘胜奴役诸侯已历经六代。现如今诸侯纷纷服从于秦国，这是万世难逢的一个最佳时机。若是现在不抓住这个时机，待日后诸侯复强，就很难吞并它们了。"

李斯的一番话，深得秦王政的意。秦国欲吞并六国，已是尽人皆知的事。秦王政认为李斯有些才能，便任命他为客卿。

就在李斯暗自高兴时，因为郑国事件的刺激，秦王政下令驱逐外国人员，其中也包括李斯。这对李斯来说，如晴天霹雳，好不容易在秦王政面前展现了自己的智谋，眼下竟要被驱逐出境，李斯接受不了这突如其来的状况，于是洋洋洒洒写下一篇《谏逐客书》，在文章的末尾，李斯总结道："臣闻地广者粟多，国大者人众，兵强则士勇。是以太山不让土壤，故能成其大；海河不择细流，故能就其深；王者不却众庶，故能明其德。是以地无四方，民无异国，四时充美，鬼神降福，此五帝、三王之所以无敌也。今乃弃黔首以资敌国，却宾客以业诸侯，使天下之士退而不敢西向，裹足不入秦，此所谓'藉寇兵而赍盗粮'者也。失物不产于秦，可宝者多；士不产于秦，而愿忠者众。今逐客以资敌国，损民以益仇，内自虚而外树怨于诸侯，求国无危，不可得也。"（《史记·李斯列传》）

秦王政被李斯的这篇《谏逐客书》震撼到，他认为李斯的逻辑性很强，虽然言语有些极端，但能够把问题推向极限，让问题呈现出缺陷来，才能将对方说服，这正是李斯的一大优点。

秦王政下令驱逐在秦国任职的其他国家的人员，诱因就是嫪毐与吕不韦的事件，再加上郑国是韩国奸细带来的刺激，所以才会做此决定。

秦王政是个偏理性的人，他明白李斯说的有道理，随后废除了逐客令，并擢升李斯的官职。

时至今日，李斯这篇《谏逐客书》仍在被学习。

与李斯相比，吕不韦的境遇倒是轻松自在些。但这并非一个好现象，吕不韦的轻松自在，是因为他觉得自己身处远方，秦王政无暇顾及到他，反而让他有些翩然欲仙。

吕不韦被赶到洛阳后，秦王政也以为有关他的事就此告一段落。哪承想，吕不韦在洛阳越来越活跃，生活滋润更甚从前，并且还收到了来自各诸侯国的宾客使者的问候。这些举动，落在秦王政的眼里，就是一种危险的信号。为了预防吕不韦发动兵变，秦王政给吕不韦写了一封书信。

秦王政在信中说道："君何功于秦，秦封君河南，食十万户！君何亲于秦？号称仲父！其与家属徙处蜀！"（《史记·吕不韦列传》）

看来，吕不韦被免职以后，因诸侯国的访客络绎不绝，再次触碰秦王政的底线。秦王政下令吕不韦全家迁徙到蜀地去居住。

吕不韦看完书信后，知道自己已无回旋的余地，害怕日后死在秦王政手里，于是饮鸩自尽，终年57岁。

毋庸置疑，吕不韦是个奇才。在那个重农抑商的时代，他凭借灵活的思维，成就了秦庄襄王和秦王政，也成就了他自己。纵观其一生，做得最错误的选择就是与赵姬旧情复燃；倘若没有与赵姬重温旧情，吕不韦就不用绞尽脑汁送嫪毐入宫；倘若嫪毐没有入宫，自然没有能力制造叛乱；倘若嫪毐没有叛乱，吕不韦自然不会受牵连；一连串的诱因，就像一个导火索，加上吕不韦太过自负，最终导致了这样悲惨的结局，令人唏嘘。说到底，都是欲望使然。

通过吕不韦的事件，会发现决定人生走向的关键，完全可以浓缩成两个字：选择。

统一的前夜：秦始皇横扫六国

　　自此，秦王政卧薪尝胆十余年，终于踏上亲政之路。从这一刻起，以六国的血和泪为魂，以横扫六国之势为魄，擎天撼地的统一大戏开始上演。

第四章

戎马倥偬　披荆斩棘

统一的前夜：秦始皇横扫六国

一、走向灭亡的先行国

自秦王政亲政，战国时代的大幕就已开始缓缓垂下。

秦王政亲政后的第一件政事，就是确定先征服哪个国家，并与文武大臣展开商讨。经过探讨，秦王政确定了两个目标，首先是距离秦国最近的韩国，其次是国力大减的赵国。

公元前403年，韩、赵、魏三家分晋，才有了韩、赵、魏这三个国家。其中，韩国的历史，乏善可陈。

公元前323年，魏王"与诸侯会徐州，相王也。"(《史记·魏世家》)魏国欲称王，但是觉得只有自己称王，怪不好意思的，便劝说韩国、赵国、燕国、中山国一起，几个国家互相承认对方的王国身份，这次事件被称为"五国相王"。韩国也因为参与其中，升级为韩王国，韩国的国君韩威侯也因此摇身一变，成为韩宣惠王。

虽然韩王自封为王，但仍改变不了韩国无论处于哪个时期，始终都是以懦弱无能而名扬天下的事实。在历史的长河中，韩国唯一的闪光点就是它把春秋初期的霸主郑国给消灭掉了，别看它有如此壮举，可是依旧没能壮大自己的国力。韩国的领土面积仍是七雄中最少，能力最差的那一个。

苏秦曾主张合纵，即联络东方六国联合起来，一同攻打秦国。韩国热情高涨，积极参与，却实力平平，惹来其他国家的强烈鄙视。

韩国所处的地理位置也很尴尬，前面提到过，它是距离秦国最近的国家，经常被秦国打到割地求和，甚至到最后不用秦国出兵，韩王便主动献上土地，并以秦国的附庸国自居，以求自保。

早在秦惠文王统治时期，韩国就是秦国打压震慑的对象，当时秦相张仪便向秦惠文王建议过，先消灭韩国，以此来打开一条通道，便于秦国征服东方各国。但秦惠文王没有听取张仪的意见，而是采纳了司马错的战略计划，成功攻取巴蜀之地。

当时韩国以为躲过了一劫，高兴了好一阵。可多年后的事实告诉它，靠人不如靠己，自身不强大，只有被拿捏的份儿。

首攻目标是两个，至于先攻打哪一个，秦王政再次与大臣们进行商讨。

李斯主张先攻打韩国，理由和张仪一样，如果东进，需要先开一扇门。也有人主张先攻打赵国，理由是倘若秦国在攻打韩国时，赵国出兵袭击秦国，秦国将腹背受敌。

两方观点展开激烈讨论。最后，秦王政就这次辩论，做出结论，同时展现出他的智慧。高明的领导者，往往都是能在两种不同的论点中，做出精准的判断或者是中和两者的观点，使其更完善，更具备实施的可能性。秦王政便具有这种能力，他决定一起攻打两国，一边攻打赵国，不停地消耗它的实力，持续不断地派小批军队进行攻击；一边以军事行动继续镇压韩国，用蚕食政策，逼它不停地提供攻打赵国所需的军费。

秦王政之所以敢做出同时攻打韩、赵两国的决定，其中一个原因是秦国当时的国力给了他信心。

战略计划制定好后，秦军立刻采取行动。但这时，秦王政却没有把全部心思都放在对韩、赵两国的军事行动上，因为一个名叫韩非的人，分散了他的注意力。

自吕不韦退出秦国政治舞台后，秦王政对辅政的大臣做了调整，李斯任廷尉一职。李斯读书较多，颇受秦王政青睐，因为秦王政一直好学，

统一的前夜：秦始皇横扫六国

经常竹简不离手，时常让李斯推荐好书给他。

李斯向秦王政推荐了两本书《孤愤》《五蠹》，都是韩非所著。两本书所传递的中心思想就是——法，如果想创造太平盛世，统治者必须以法号令上下。孟子和荀子把法看作一种权宜之计，认为一切政事必须以人性和伦理为前提。韩非却不这么认为，在他的认知里，统治者一旦被人性和伦理左右，那就做不到中正，而法就足够治理天下，一国之君，要以法为根本，刑为辅助，赏罚分明。总而言之，就是恩威并施。恩威并施，乃明君之相。

韩非，是集战国时期法家思想之大成的人物，其论点正好与秦王政的想法不谋而合。秦王政看过这两本书后，便想要见见韩非。韩非乃韩国宗室，又与李斯是同窗，师承荀子，有了这层关系，秦王政便命李斯前往韩国请韩非入秦。李斯心里百般不愿，却不敢违抗秦王政的命令。

李斯本以为这是一件再简单不过的差事，没承想让自己办砸了，韩王安说什么都不肯让韩非入秦。李斯只好硬着头皮向秦王政汇报，却惹来秦王政大怒。秦王政不是生李斯的气，而是生韩国的气，他认为韩国太不识抬举，当即命李斯起草宣战书，欲攻打韩国。

战书还没送到韩国，秦军就已开始在秦韩两国边境线集结，宣战书刚送到韩国，秦军便发起进攻。

秦军压境，韩王安在慌乱之中把战书看完，才发现，秦国只是让韩非一人入秦，并没有提到他，这让韩王安欣喜若狂，立刻派人将韩非送往秦国。

此一去，韩非就再也没回来。

韩非怀着忐忑的心情踏入秦国境内，也许在他见到李斯的那刻，心中是有欢喜的，即便很快就被身份不同的落差感所掩盖。李斯以极大的热情接待韩非，反倒让韩非略显无措。此时，只有李斯自己知道，这张热情洋溢的脸下面隐藏了怎样的丑陋。

第四章 · 戎马倥偬 披荆斩棘

李斯表面上拉拢韩非,想与韩非一起在秦国这片土地上大展宏图,实则内心里极度恐慌。李斯是个权力至上的人,他怕秦王政欣赏韩非多过自己,他怕韩非的思想才是秦王政想要的,他怕自己因此而失宠,从此地位不保。所以他在心里已经开始谋划,怎么样才能让秦王政讨厌韩非,怎么样才能保住自己的地位,怎么样才能将韩非清除。

韩非对李斯不知羞耻、张扬地谈论功利,十分反感,觉得李斯已经全然不记得读书人的初心,如此行为,简直就是一种侮辱。韩非为人直率,本就没有李斯的那么多弯弯绕绕,他的理想很明确,就是宣传自己的思想,他认为这才是读书人的责任。

寒暄过后,就是秦王政的召见。韩非有严重的口吃,说起话来十分影响交流进度。秦王政随着他的话语,眉头皱得越来越紧,韩非见秦王政皱眉,就会不自觉地紧张,一紧张,话说得就更不利索,对韩非来说,这简直是个恶性循环。

可以说,秦王政与韩非的第一次见面,是不欢而散。打发走韩非后,秦王政陷入了两难,想要放韩非回韩国,心中却不甘,这样的人才,应该为他所用才是;不放韩非走,又该怎么安置韩非呢?秦王政十分惜才、爱才,他觉得不能因为一次见面,对韩非就全盘否定,于是他决定再见一次韩非。

秦王政再次召见韩非,对于李斯来说,就不算好事了。他绞尽脑汁,决定利用这次的见面,实施自己的阴谋。

如果说第一次见面时,是学生拜见老师,那么这次见面,就是君王召见臣子。秦王政再见韩非时,已然恢复了他的王者尊严和冷酷的面孔。

秦王政先是和韩非聊了一会儿无关痛痒的话题,随后才慢慢地进入主题。秦王政问韩非:"秦国统一天下,已经是板上钉钉,可现在我有个疑虑,不知是先灭韩还是先灭赵,你觉得呢?"

这个问题,韩非知晓如何回答。因为见秦王政之前,李斯已经告诉

统一的前夜：秦始皇横扫六国

他，秦王政最喜欢爱国之士的思想。韩非原本就是一个很爱自己国家的人，为了在秦国谋得出路，他更加坚定了自己爱国的心。所以，当秦王政抛出问题时，韩非立刻想到了李斯的提醒，答道："臣下以为，消灭韩国没有意义。韩国实质上已经是秦国的一部分，秦国说一，韩国不敢说二，这种情况下，韩国只是徒有一个国家的虚名而已，实在无须劳师动众的出兵攻打。"

秦王政继续追问："若是秦国出兵韩国，你会支持秦国，还是支持韩国？"

韩非毫不犹豫地答道："当然是韩国，因为它是我的祖国。"

秦王政听后，看向一旁的李斯，问道："你呢？"

李斯恭敬地答道："臣是楚国人，曾抱有为国效力的想法，奈何欲投无门，所以我来到秦国，因为秦国给予人才可以施展本领的平台。秦国海纳百川，不拒土堆，不嫌细流。我跟随老师学习时，就曾说过这样的话，时机不等人。若是一个人身处困境，却安然自得，不想办法改变现状，反而以'自己已经做得很好了'这样的话来宽慰自己，还算什么有志之士呢！"

李斯别有深意的一番话，无疑是将韩非推向了深渊。

韩非恍然大悟，所谓的同门之情、共图事业，都是他个人的一厢情愿，李斯从始至终都没想过跟他并肩同行。

秦王政和韩非的第二次见面，再次不欢而散。秦王政对韩非的敬仰之情随着两次见面越来越淡，但仍没有要赶走韩非的意思。李斯决定添把火，于是向秦王政进言："今王欲并诸侯，非终为韩不为秦，此人之情也。今王不用，久留而归之，此自遗患也。不如以过法诛之。"（《史记·老子韩非列传》）李斯认为，如果将来把韩非放回韩国，就会埋下隐患，反正韩非不肯为秦国效力，不如杀掉韩非，以绝后患。

秦王政认为李斯说的有道理，便下令将韩非关押起来，只是关押，没处以任何刑罚。谁知，李斯竟私自派人把毒药送给韩非，想让韩非自我了结。韩非直率、爱国，同时也爱惜自己的生命，他想见一下秦王政，为自己申诉，但是李斯绝不可能给他这个机会。关押韩非后，秦王政觉得不妥，命人释放韩非，可惜为时已晚。

自此，一代思想巨星离开人世。

韩非只是秦王政攻打六国的一个小插曲，却足以说明了两个问题。一是韩国软弱无能的问题。韩国的软弱无须再多言，只看韩王安的无能就可得知。韩王安最初拒绝秦国索要韩非的要求，不是因为有骨气，而是韩王安以为秦王政连他也想要，所以才断然拒绝。但看过宣战书后，发现上面只有韩非的名字，韩王安才放下心来，为了自保，毫不犹豫地将韩国王室宗亲送上了不归路。这也说明，韩国上至国君都贪生怕死，下面的将士又怎么会有斗志？此时的韩国，如同被虫子掏空的树干，只需轻轻一推，便国将不国。二是李斯的人品问题。追求权贵，是每个人的权利，尤其是战国时期，人人都想身居高位，跻身于社会的顶层，因此很多人都绞尽脑汁，无所不用其极，李斯便是其中之一。他为了保住自己的地位，将韩非视作政敌，置同窗之情于不顾，置秦王政求贤的急切心情于不顾，从中制造误会，为了一己私欲不择手段，阴险诡诈，这种人更加可怕。正如当年的范雎谗害白起一样。

秦王政为何会将李斯这样的人留在身边呢？自古以来，朝堂之上，有忠臣就有佞臣，有清廉的臣必然有腐败的臣，他们似乎成了一种互相掣肘的关系。于一个领导者而言，看重的是这些大臣为国家创造的价值，而非个人的道德修养，只要大臣们知道自己是臣子，应当为国家尽心尽力，对国君百分百忠诚，即可。其余方面，一个聪明的领导者不会过多的干预，而是利用对立的大臣，相互制约，保持平衡。

李斯除掉韩非以后，高兴的日子没过多久，另外一个人就出现在他的视野中。此人就是与韩非差不多时间来到秦国的尉缭，而且引起了秦王政的关注，致使李斯心生嫉妒，好在两人的特长不是一个方向，否则尉缭的处境就不会太好了。

尉缭是魏国人，曾师承鬼谷子门下，善于用兵，且精于治军之道，是一个极具军事才能的人才。尉缭刚到秦国时，正值秦王政用人之际，尤其是军事方面的人才，所以秦王政十分欣赏尉缭。

反观尉缭，却不甚看好秦王政。因为尉缭此刻满脑子想的都是韩非的死因，当初韩非来到秦国，乃秦王政强烈要求，可不到一年的时间，韩非就死于秦国，而且秦王政对韩非的死，没有表现出任何的忧伤，这让尉缭担心自己会不会也落得韩非的下场。尉缭不知道的是，韩非的死，始作俑者是李斯。

这时，秦王政正在为攻打赵国受阻而烦心，便询问李斯的意见。可李斯脑子空空，说不出个所以然。秦王政便询问尉缭的意见，尉缭说道："以秦国目前的军事力量，秦军的作战能力而言，其他国家的军队不堪一击，根本不足为患，只要秦国继续发动攻势，定能大获全胜。"

秦军之骁勇，不用说秦王政也自然知道，但持续发动战争对秦国也会造成一定的损失，秦王政希望在取得胜利的前提下，可以把损失降到最低。

每个人都希望付出最小，收获最大，此乃人之常情，往往这种情况下，总能产生平时未有的智慧。

尉缭便为秦王政献上一计："如今六国看上去很微弱，若是与它们硬碰硬，定会引起它们的拼死反抗。俗话说，再坚固的城池，若是内里乱了，那么也离被攻破不远了。所以可以使用重金，贿赂各国的权臣，让他们在内部宣扬秦国的友好，以此来缓解各国的反抗情绪。再以重金贿赂各国的佞臣，在本国离间君臣的关系。如此一来，各国从内部就开始自动瓦解，届时再出兵攻打他们，损失自然降到最小。"

秦王政听后，认为尉缭之计甚妙。于是想要重用尉缭，可尉缭却一

第四章 • 戎马倥偬　披荆斩棘

心想离开秦国，另谋出路。

李斯为此感到不解，尉缭说道："大王这个人，忍耐力非常。但是，刻薄寡恩。当你对他来说有用时，便会被高高抬起，倘若有一天他不再用你了，那下场就惨了。"

秦王政确实如尉缭所说那样，有极强的忍耐力，他能从赵国活着回来，足以证明这点。但是薄情寡恩这一点，就见仁见智了。

秦王政采用了尉缭的建议，并继续实施对六国的攻击。

韩王安原以为献出韩非，乖乖听秦国的话，就可保韩国安然，事实证明，他的想法太过天真。公元前232年，秦国攻打赵国受阻，便按原定的中央突破，由近及远，逐个歼灭的方针，将主攻目标指向韩国。

公元前231年，韩国南阳（今河南修武）守将主动向秦国投降，并献出南阳。南阳对韩国来说，十分重要，是一块儿战略要地，与秦国而言，南阳就是一块儿绊脚石，每次攻打韩国，南阳都是秦国的一个阻碍。由于守卫南阳的韩国将领实在是无法忍受来自上方官员的欺压，决定弃暗投明，宣布把南阳献给秦国。这无疑加速了秦国消灭韩国的步伐。

于秦国而言，南阳是意外之喜。在接收南阳后，秦王政以此地作为前进基地，为消灭韩国做准备。

公元前230年，郑国修建好水渠。当初这个修建水渠的工程就是韩国想"疲秦"所用的计策，如今渠已建好，韩王安自以为的安稳日子也到头了。

表面上秦王政是在公元前230年，才开始对韩国组织大规模的军事行动，实际上三年前秦国的行动就已悄然开始。正是因为发动的都是小规模军事行动，所以称之为悄然。秦国将战略计划的重心放在了以重金主攻各国大臣，逐一瓦解各国内部，最显著的效果就是韩国的君臣离心。

《史记·韩世家》中载："秦虏王安，尽入其地，为颍川郡。韩遂亡。"

万事俱备，秦王政立即展开行动，派内史腾（内史是官职，腾为名，无姓）率军南下，渡过黄河，秦军势如破竹，很快就推进到韩国首都新郑城下。秦军来势汹汹，完全没有给韩军抵抗的机会，一举拿下新郑，并俘虏了韩王安，继而占领韩国全境，于韩地设置颍川郡，建郡制于阳翟。秦军攻势行云流水，一气呵成。

至此，韩国灭亡。

韩国从公元前323年升级成为王国，至公元前230年，成立王国共93年。

祸患的发生，不会突然而来，总有一个由小到大的积累过程。有远见的国君，善于发现端倪，防微杜渐，尽量想办法不让事件发展到不可收拾的地步。显然，韩国的国君，并不具备这个能力。

秦灭六国，韩国是第一个被灭亡的国家。而韩国的覆灭，完全是咎由自取。战国时代，没有任何一个国家像韩国一样，直面强大的秦国时，不奋发图强，只是要小聪明，得过且过。古语有云大风起于萍末，细流汇成江河。韩国这种长久以来的苟活心态注定了它的灭亡，秦国只是轻轻推了一把。

在消灭韩国后，秦王政没有对韩王安及韩国王室贵族痛下杀手，而是给予他们的生命、财产最大的保护。而韩王安被俘以后，秦王政让韩王安继续居留在韩都新郑附近，并赐予他宽厚的待遇，相较于其他俘虏，韩王安是境遇很好的俘虏了。

秦王政此举，有他的目的所在，怀柔韩国的遗民，既可以树立良好的形象，也可以向其他国家展示秦国友好的一面，以此来减少他们抵抗的情绪，从而加速统一的脚步。秦王政的这种做法，相当于统战政策。

几年后，秦王政下令，派人将韩王安从新郑迁徙到郢陈。让他没有想到的是，这次的迁徙给韩王安创造了反叛的机会。这是后话。

二、残喘的赵国

秦国对赵国和韩国的一系列小规模军事行动，导致两国的国力削弱，秦王政认为是时候采取实质性行动了。这时候，却收到消息，在秦国持续小规模攻打赵国时，燕国趁机也出兵攻打赵国，结果被赵国狠狠地收拾了一番。

长平之战、邯郸之战后，赵国的国力以及在各国中的地位，可谓是一落千丈，军事力量严重下滑。所以燕国这种实力微弱的国家，才敢对赵国起了歪心思。据《史记·赵世家》中记载："燕王令丞相栗腹约欢，以五百金为赵王酒，还归，报燕王曰：'赵氏壮者皆死长平，其孤未壮，可伐也。'"这时，燕国丞相栗腹出使赵国，来给赵孝成王贺寿，赵孝成王十分高兴，并热情款待栗腹。哪承想，贺寿是假，目的是刺探赵国实力虚实。栗腹回到燕国后，向燕王喜回报，眼下是攻打赵国的绝佳时机，赵国国内只剩下孤儿寡妇，没有作战能力，此时出兵，定能大胜。

为此，燕王喜还召见了燕国名将乐毅之子乐间，并询问他的意见。乐间提出反对意见，他认为，赵国连年与秦军对战，百姓受过军事训练，具有一定的作战能力，而百姓之力，则是燕国攻打赵国最大的阻碍，倘若燕国执意出兵，必败。

燕王喜却认为乐间是怯战，不由大怒，不顾乐间的劝阻，执意攻赵。"燕卒起二军，车二千乘，栗腹将而攻鄗，卿秦将而攻代"燕王喜派出两支军队，命栗腹为将率领一支军队攻打鄗城，卿秦率领一支军队进攻代地。

此时的赵国的确如栗腹看到的那样，国内就剩下些老弱病残。但是燕王忽略了一点，廉颇还在。

赵孝成王早已从大战的失败中得到教训，深知廉颇的重要性，重新任用廉颇为相国，封为信平君。经过一段时间的休整，赵国的军事力量有回暖的趋势，虽不如以前那样强大，但攻打燕国这种实力较弱的国家，还是绰绰有余。

赵孝成王得知燕军已向赵国逼近，便下令国内男子年满十五岁者皆参军，并调集了驻守在北方的部分军队，即使这样，兵力也不足燕国兵力的二分之一，由廉颇为主帅，正面迎战。

廉颇对眼前的形势进行了分析，他认为燕军虽然兵力上占有优势，但是有个致命的弱点，就是轻敌。燕国攻打赵国，虽不能算远征，但距离也不是很近，跋山涉水地抵达战场后，便进行休整。如廉颇所料，他们确实没把赵军放在眼里，认为现在的赵军不堪一击。

廉颇针对燕军的弱点，及长途跋涉导致燕军人困马乏，制定了逐个击破的作战计划。廉颇命令部将乐乘领兵坚守代地，以此牵绊住燕军不能南下与鄗城的燕军会合，而他则率领部队主力迎战燕军主力，赵、燕两军于鄗城展开激烈交战。

在廉颇的带领之下，年轻的将士们虽作战经验不足，但个个热血勇猛，很快便击败燕军主力，燕军将领栗腹战死。而另一支攻打代地的燕军听说主将战死，军心大动，乐乘趁机迅速反击，一举击败燕军。燕军见大势已去，纷纷撤退逃命。

一腔愤怒的廉颇，率军乘胜追击，直至包围燕都。燕王喜现在知道什么是搬起石头砸自己的脚了，无奈之下，被迫献上五城，向赵国求和。

此战对于赵国来说，意义深远。经此战，赵国威名重立，其他各国见识到了赵国的军事实力，不敢再轻易挑衅，一定程度上避免了赵国被分割的危险，同时，也使赵军从长平之战的阴影中走了出来，在日后的抗秦战争中，起到了很大的鼓舞作用。

赵国的军事力量得以恢复，赵孝成王喜闻乐见。反观燕国的境遇，似乎越来越糟糕了。正是因为燕王喜落井下石的草率决定，彻底将赵国激怒,从这以后,赵国对燕国发动了一系列的军事行动,使得燕国毫无喘息的机会。

燕王喜对自己不入流的决定悔恨不已,却于事无补。燕王喜用血的教训在告诉世人,量力而行之的重要性。

赵国与燕国的战争告一段落,而它们两国的情况,也尽在秦王政的掌握之中。赵国实力的恢复,让秦王政心感不妙,于是他把削弱赵国的军事力量作为统一的重要一步,决定要将赵国再次复燃的势头就此掐断,以绝后患,并于公元前236年开始,对赵国发动连续的军事行动,直至赵国灭亡。

秦国消灭赵国可分为两个阶段,第一个阶段是在公元前236年,即秦王政十一年。这一年,赵国国君赵悼襄王再次派兵攻打燕国,给秦国制造了一次进攻赵国的绝佳机会,秦王政以驰援燕国为名,出兵攻打赵国。

正当赵、燕两国开战之际,赵国国内空虚,秦军兵分两路,向赵国发起进攻。秦军主将王翦率领一支部队攻占了阏与(今山西和顺)、橑阳(今山西左权),次将桓齮与末将杨端和率领一支部队攻占了邺(今河北临漳西南)、安阳(今河南安阳西南)等九座城邑,漳水流域已为秦国所占。

赵国在攻打燕国的这场战争中,虽占领了狸阳城,但归根结底,还是惨败。正是因为秦国的介入,致使赵国连丢九城,而赵国好不容易恢复的军事力量,再次被秦国打回原形,更糟的是,赵悼襄王在这一年去世。《资治通鉴》中曾记,赵悼襄王去世前,废黜了与正妻所生的长子,即赵嘉,改立品行不端的赵迁为太子。赵悼襄王去世后,赵迁继位,史称赵王迁。

此时的赵国,实力微弱,在下坡路上越走越远,而赵王迁的继位,直接将赵国推向谷底。

统一的前夜：秦始皇横扫六国

连取赵国九城，对秦军来说，战绩颇丰。秦王政决定乘势，继续攻打赵国。《史记·秦始皇本纪》《史记·赵世家》中均有记载："（秦王政）十三年，桓齮攻赵平阳，杀赵将扈辄，斩首十万。""秦攻武城，扈辄率师救之，军败，死焉。"

公元前 234 年，秦王政命桓齮为统帅，领兵攻打赵国。秦军攻势迅猛，很快便拿下了赵国的军事重镇平阳（今河北磁县东南）和武城（今河北磁县西南），斩杀赵将扈辄，赵军惨败，秦国以所取的赵地建立雁门郡和云中郡。

公元前 233 年，桓齮率军攻打上党位于赵国境内的那部分土地。秦军越过太行山，以北路为切入口，直击赵国后方，以狂风扫落叶之势，拿下了赤丽、宜安（今河北石家庄藁城区西南）。桓齮急于立功，没有安排军队进行休整便赶往下一个战场——邯郸。

此时赵国的大将李牧，正率军驻守赵国北境，听到桓齮正率领大军，向邯郸进发，便火速领兵南下，欲在宜安阻断秦军继续前行。秦、赵两军在宜安形成对峙局面。李牧的威名，无人不知，无人不晓，谁要是能除掉李牧，就是英雄。所以桓齮见到李牧后，分外眼红，誓要拿下李牧，好扬名立万。

李牧，是土生土长的赵国人，从小就喜欢读有关兵法的书籍，而且他还善于思考，愿意为研究兵法付出努力，最重要的是他勇于以自己对兵法的熟知来进行实践。李牧曾被派遣到赵国北方，领兵防御匈奴的入侵。因用兵有道，曾以步兵将匈奴骑兵一网打尽，李牧因此一战成名。面对秦国发动的连续打击，赵王迁便派李牧赶往前线，负责抵御秦国的攻势。

自从李牧抵达前线后，秦军的进攻就没有那么顺利了。秦国的将士再也不能像从前那样，在战场上所向披靡、百战百胜。就连老将王翦，也多次败下阵来。王翦曾跟秦王政说过，赵国若是没有李牧，早就被他攻克了。可见李牧用兵之术，确实厉害。

李牧的作战方式，跟廉颇、赵奢相似，就是先守后攻。正所谓"不可胜者，守也；可胜者，攻也。守则不足，攻则有余。善守者藏于九地之下，善攻者动于九天之上，故能自保而全胜也。"(《孙子兵法》)也就是说，遇到不可胜的敌人时，应该采取防守的战术，在固守中等待时机，时机一到，果断反击。善于防守的人，懂得如何隐藏自己的锋芒，善于进攻的人，懂得如何伺机而动，此乃善战者。

无疑，李牧是极具军事才能之人，且比起廉颇、赵奢，他还能从不同的角度考虑问题，不仅仅是军事角度，还有政治角度。

比如肥下之战，李牧就是以政治思路的突破性，大败秦军。

李牧率领边防军主力与邯郸派出的赵军会合后，在宜安与桓齮形成对立局面。李牧认为，秦军在之前的征战中，连续获胜，士气甚高，若仓促迎战，恐难取胜。于是，他采用的战术仍是拒不出战，严防死守，待敌疲惫，伺机反攻。

双方胶着之际，桓齮认为，廉颇曾以坚垒拒王龁，眼下李牧也用此计策对付他，而秦军远出，不利于打持久战，所以他决定主动出击，亲自率领秦军主力，向肥下发起攻势，企图诱使李牧领兵前往肥下救援。肥下是邯郸的挡箭牌，若是失守，那么邯郸便失去屏障，陷入困境，如此一来，李牧必定会实施营救，待赵军离开营垒后，将其一举歼灭。不仅如此，桓齮还在通往肥下的路上设下埋伏，等李牧自投罗网。

事情的发展方向没有按桓齮设想的那样，李牧始终固守不出。其实李牧早就料想到桓齮的计划，眼看肥下就要被秦军攻破，仍迟迟不见李牧的影子。李牧的部将赵葱见状，向李牧提议，出兵前往肥下进行援助，李牧却道："敌攻而我救，是致于人，此乃兵家所忌。"这时，桓齮做出惊人之举，即将要攻克肥下之时，他竟下令停止攻击，这无疑是给了赵军喘息的时间。随后，桓齮又下令再度进攻，为的只是等李牧现身。

此时的桓齮，已经把肥下之战当作自己与李牧的个人战了，完全不顾大局，就因为他不理智的举动，整个军队为此付出了代价。

然而，李牧依旧没有现身。在秦军主力全部奋战在肥下前线时，军营中留守兵力薄弱，加上连日来赵军拒不迎战，营中守军防范意识薄弱，李牧趁机率兵袭取了秦军大营，俘虏了留守的士兵和辎重。

桓齮得到消息后，怒火中烧，当即率兵返回军营。其实军营中留守的士兵和辎重不会影响到桓齮的这次军事行动，可桓齮心里担心秦王政若是知道他连自己的军营都保不住，会认为他能力不足，免除他的将军一职，所以他火速回救。

李牧料定桓齮定会领兵回救，便事先安排了一支部队正面阻击桓齮，将主力军配置于两翼。当正面赵军与回营秦军交锋之时，两翼赵军主力实施攻击。秦军被打个措手不及，慌乱之下，无法抵敌，桓齮趁乱撤退。

李牧对桓齮采取行动的预判，不仅仅是以军事角度为出发点，同时也反映出了李牧能够以政治角度考虑问题。当时，秦国的将领有很多，而秦国尤其注重军功，所以人人都想立功，不会轻易做出落人话柄的决定，因此李牧断定桓齮会领兵回救，于是把赵军主力设于两翼，以一路军马直面桓齮。桓齮救人心切，直接落入李牧设下的圈套，结果全军覆没。

秦王政收到前线的军报，得知桓齮大败，十分恼火，当即下令由王翦接替桓齮。

公元前232年，秦国再次出兵攻打赵国。秦军兵分两路，一支部队由邺北上，准备渡过漳水向邯郸进发，袭扰邯郸。另一支主力部队，由上党出井陉，企图绕至邯郸背后，将赵国拦腰斩断。

然而，秦军的计划没有顺利实现，攻至番吾时，遭遇到李牧率军抵抗，加上邯郸之南有漳水及赵长城为依托，秦军很难在短时间内迅速突破。

李牧这边也制订了详细的战略计划。他决定采取南守北攻,实行集中兵力逐个击破的战略方针。他派司马尚率领一支部队在邯郸南据守长城一线,自己则率主力部队挺进,正面迎击秦军。秦、赵两军于番吾附近相遇,李牧督军猛攻,秦军受阻大败。

赵军取得暂时性胜利,李牧没有恋战,立即领兵撤回邯郸,与司马尚会合,二人合力抵御南路秦军。

"智者之虑,必杂于利害。杂于利,而务可信也;杂于害,而患可解也。"作战需多方面地权衡利弊得失,从中决定自己的对策,以坏处着眼,以好处着手,才能使战事往有利的方向转化。秦军在这次攻赵的战争中,能够权衡利弊,见难以获胜,便立刻撤兵,没有强行进攻,减少了不必要的损失。这也是秦军在军事方面的一大进步。

赵军在这场战役中,损失也很惨重,再战下去,情势同样不乐观,只能退守邯郸。

三、临战而亲奸佞,邯郸沦陷

自公元前230年,秦国消灭韩国后,赵国自然成为秦国下一个攻克的目标。

秦王政对赵国的感情极为复杂,童年在赵国留下的阴影是他一生都挥之不去的痛,而赵国的尚武精神又让他有种棋逢对手的快感。可以说,赵国是战国时期第一个军国主义国家。这种尚武精神,可能就是秦国与赵国惺惺相惜的一个点。

赵国自参与分裂晋国开始,就不断地在创造奇迹,成为其他国家一直被模仿的对象。战国七雄中,只有秦国所创下的传奇赶超了赵国,打破了赵国无法被超越的魔咒。

魏国在战国初期,曾是一方霸主,各诸侯国纷纷向魏国示好,欲抱上这个大腿,他们用尽办法,各种谄媚,只有赵国,全然无视魏国的威力,甚至敢与魏国兵锋相向。

赵国最辉煌的时刻是在赵武灵王统治时期。赵武灵王是一位十分智慧的国君,雄才大略,全身心地投入到国家的建设中,曾以胡服骑射改革,震动六国,建立了战国时期第一支骑兵部队,并以这支骑兵部队击败了常年滋扰中原的胡人,还将目中无人的中山国一举歼灭。

赵武灵王在位期间,他为了深入了解秦国的实力,还曾假扮使者,偷偷潜入秦国,他之所以以身犯险,就是想在有生之年实现消灭秦国的愿望。然而,这位雄才大略的赵武灵王却死于宫廷斗争,结局令人唏嘘。随着赵武灵王的去世,赵国走向了衰落之路,但实力仍不容小觑。直到长平之战,赵国惨遭溃败,主力军被秦军所灭,十分萎靡。

削弱赵国实力的事宜一直都由秦将王翦负责,在秦王政心里,王翦是将领,更是老师。

王翦是秦国人,打小就喜欢摆弄兵器,研究兵法,长大以后,便投身于秦国的军事事业。由于秦国的战事不断,王翦凭借着过人的军事能力在众将领中脱颖而出,持续升迁。秦王政亲政后,王翦已成为秦国军方的高层重量级人物。

从公元前236年开始,王翦就率领军队,不停地向赵国发动攻击,以致赵国的国土面积越来越小,但这不是王翦最想看到的结果,他最想要的是消灭赵国。

正当王翦以为会把赵国吞灭时,却遭遇了赵国名将李牧。自此,王翦遇到了强劲的对手。

在前面的内容中曾提到过,李牧指挥作战,惯用的战术就是先防守,再反击,固守中等待最佳时机,等敌人被他磨得没有斗志了,这个时候,李牧就会出其不意。王翦与李牧交战也因此败了好几次。

经过长时间的战乱,此时的赵国已是残喘,加上北部代地地震,造成大面积饥荒，国力大幅度向下滑落，国内粮食紧缺，人心浮动。秦王政趁此机会，于公元前229年，大举进攻赵国。王翦为统帅，率领主力军队直下井陉，杨端和率领河内将士，分由南北进围赵都邯郸。

赵王迁得知秦军来犯，命李牧为大将军，司马尚为副将，倾全军抵御秦军的攻击。

出征前，王翦心中忐忑，这时，秦王政告诉王翦，只管奋战，李牧他自会解决。

秦王政为除李牧，采用反间计，派人前往赵国邯郸，以重金收买了曾经诬陷过廉颇的赵国大臣郭开，使郭开在邯郸城内散布谣言，说李牧和司马尚与秦军勾结，欲背叛赵国。

据《史记·赵世家》中记载："秦人攻赵，赵大将李牧、将军司马尚将，击之。李牧诛，司马尚免，赵怱及齐将颜聚代之。赵怱军破，颜聚亡去。以王迁降。"

赵王迁本非明君，无国君之能，占国君之位，所谓德不配位，不成大器。他作为一国之君，遇事不能冷静分析，正因心中无半点儿智谋，才会用人不贤，轻易地相信了这些流言蜚语，并且没有加以调查，便直接派宗室赵怱和齐人投奔过来的颜聚取代李牧和司马尚。

同廉颇一样，"将在外，君命有所不受"亦是李牧行军的信条之一，只是他的运气比廉颇差了一些。

李牧没有理会这道命令，而是让赵怱和颜聚去回报赵王迁，这是秦国实行的奸计，无须理会，其目的就是想利用谣言除掉他，不要轻信。如果赵王迁因为一个流言，处死李牧，那么赵国也会灭亡。赵怱听了李牧的话，被李牧的气场震慑住，转头要回去，却被颜聚拦下。颜聚原本位居统帅之位，可李牧来到前线后，风头远胜于他，从此他就变成了透明人，这让他心有不甘。被嫉妒蒙了心的颜聚哪怕知道李牧是被人冤枉的，也没有为李牧辩解过一句，反倒是觉得这是一个除掉李牧的绝佳机会。

颜聚上前向军营的将士出示了赵王迁的大印,一时间,军中大乱,颜聚趁乱,下令发动攻击,李牧在逃亡的过程中被杀。堂堂一代名将,竟命丧本国将士手中,实在可悲!

三军将士无不为李牧的死悲伤,而赵王迁还在自鸣得意,想当然地认为自己真是聪明,轻轻松松地平定了一场叛乱。

赵国临战而亲奸佞,杀害无辜的忠臣良将,就已注定了它的悲惨结局。

没有李牧在战事中的阻碍,王翦军如蛟龙入海、虎入羊群,作战中行云流水、势如破竹,赵军节节败退,仅仅用了三个月。公元前228年,王翦乘势急攻,平定东阳地区,赵葱战死,颜聚逃亡。秦军趁热打铁,一鼓作气,攻下邯郸,俘获赵王迁。

被俘的那一刻,赵王迁的脑子里想起了李牧曾说的那句"李牧死,赵国亡",心中五味杂陈。

邯郸,是一座坚固的大城,曾多次受到强敌的攻击,但从未陷落,如今却悄无声息地陷落,不免令人叹惜。随着邯郸沦陷,赵国其他地区也陆续被秦军接收。

邯郸的沦陷,令各国都始料未及。赵国曾是各国中实力与秦国相当的国家,也是能与秦国一决高下的国家。因为赵王迁的草率决定,加速了赵国的灭亡。

赵王迁的政权是彻底没有希望了,但那些不愿屈服于秦国的赵国王族却不甘心这样低头,很快联合起来,推举被赵悼襄王废掉的原太子赵嘉为新王,欲重建赵国政权,并在代城称王。

公元前222年,秦国大将王贲率军一举攻下代城,俘虏赵嘉,赵国由此正式灭亡。它在很长一段时间里都是秦国最强劲的对手。

赵国灭亡,可以说是战国末期最大的一起政治事件。秦国自崛起强盛以来，便开始向东图进，在秦国东进的路上，赵国始终是一个强大的阻碍。如今这个阻碍已经不复存在，也就意味着魏、燕、楚三国未来的结局注定悲惨，它们预感大限将至，但每个国家的反应却截然不同。

秦王政收到前方传来的捷报，十分高兴，并决定亲自前往邯郸。只见邯郸城外，浩浩荡荡的秦军排着整齐的队形，王翦和其他将领在阵队的前方，大家都在恭迎秦王政的驾临。秦王政抵达邯郸后，没有坐马车进城，而是下车步行至城内，边走边看这座承载了他痛苦记忆的城。

最后，秦王政来到赵王迁的王宫，看到被囚禁的赵王迁，便问赵王迁为何要杀掉李牧，赵王迁哭着说道："您是上天派来消灭赵国的，李牧阻挡您，我们替您先铲除他。"赵王迁的话，让人从心底生出一种无力感，倘若李牧泉下有知，会不会觉得自己忠贞报国的举动原来是个笑话。

秦王政没再理会赵王迁，他之所以来到赵国，目的不是为了炫耀自己的胜利，而是要血洗儿时在邯郸受到的耻辱。

四、燕国自食恶果

很多事例都在告诉我们一个事实，人若长期处于被欺压、被侮辱的状况，待有一天变得强大后，基本会是两种截然相反的状态，一种是漠然无情，一种是拥有共情能力，温暖他人。显然，秦王政没有成为一个让大家欣赏的温暖的人，而是成为一个果断杀伐的人。

试问，在当时的历史背景下，在那个弱肉强食的时代，倘若秦王政不是一个果断杀伐，冷静自持，甚至无情漠然的国君，他能活到几时？秦国能走到多远？还会横扫六国吗？没有秦王政，也会有下一个国君来完成秦王政现在所做之事，也许又是另一番景象，但那就不是秦国的历史了。

赵国虽是秦王政痛苦记忆的开端，但也不能完全说都是痛苦的记忆，

统一的前夜：秦始皇横扫六国

在痛苦中也曾有过一丝温暖，只是这种温暖不足以弥补秦王政所受的心理创伤。随着时间的推移，这一丝温暖也变了质。

这一丝温暖来自秦王政儿时的玩伴，就是同为质子的燕国太子姬丹。《史记·刺客列传》中曾记："燕太子丹者，故尝质于赵，而秦王政生于赵，其少时与丹欢。及政立为秦王，而丹质于秦。秦王之遇燕太子丹不善，故丹怨而亡归。"

前章已经提到过，秦王政曾与太子丹是儿时的玩伴，两个人在赵国为质子的时候，成了好朋友。有了这层关系，燕国在秦王政继位为王后，主动向秦王政示好，欲送个王室成员到秦国做人质。太子丹自认在秦王政心里有一定的地位，便主动提出要去秦国做人质。

按照太子丹的逻辑，他与秦王政是从小的玩伴，感情自然深厚。他到秦国做人质，都是表面上做给其他人看的，实际上就是去见多年的老友，加深友谊。但此时的秦王政已不再是从前那个天真无忧的孩童，而是一国之君，是一位有理想有抱负的国君，同时，又是一位冷酷高傲的国君，秦王政与太子丹已经不再是普通的人与人之间的关系，而是代表了国与国之间的关系。

太子丹来到秦国后，没有得到预先设想的热情礼遇，相反，秦王政对太子丹的态度十分冷淡。太子丹认为自己是自讨没趣，也知晓此刻两人的关系无法再回到儿时那般，于是找到秦王政，表示希望秦王政可以放自己回燕国。

秦王政听罢太子丹的要求，却说："等到乌鸦白了头，马儿长出角，你就可以回国了。"秦王政的话，引起太子丹的暴怒，这不就是在告诉太子丹别再妄想回到燕国。太子丹不明白，秦王政为何会变得如此冷酷无情，不讲情面。其实原因很简单，两人本就是两国的代表，这时的秦王政已有统一六国的想法，自然不会轻易放太子丹回国。而太子丹的思想，还停留在儿时阶段，两个人的想法完全不同频。

由此，太子丹心生怨恨，便写了一封密信给父亲燕王喜。在信中太子丹告诉燕王喜，秦王政不打算放他回国，让燕王喜赶紧想办法把他从秦国救出去。

燕王喜看过信后，也十分焦急，立刻着手准备，并派出一些看着不起眼却个个身怀绝技的市井之人，居然真的把太子丹救出。

太子丹回到燕国后，燕王喜就将国家交由太子丹管理，自己则退居二线。一朝令在手，便把权来用，只可惜，太子丹用错了地方。他竟然要以手中的权力，向秦王政报羞辱之仇。

燕国是战国七雄里，历史最为厚重光辉的国家。周武王消灭商朝以后，为了彰显周王室的威严，分封了好多个诸侯国，而燕国的开国国君，还是周武王的亲弟弟燕召公，因此，燕国的历史地位仅次于周王室。当时在周武王分封的诸侯国中，有数十个姬姓诸侯，随着时间的推移，春秋时期的姬姓诸侯相继灭亡。到了战国时代，只有燕国尚存，成为周王室王族和姬姓家族的唯一联系。

当然，国家存在时间的长短，不能代表一个国家实力的强弱。燕国的实力，有些匹配不上它悠久的历史。韩国的国力在战国七雄中排行倒数第一，燕国就是倒数第二。而且燕国身处的地理位置实在不算太好，位于中国的最北边，时常受到北方少数民族的挑衅与侵扰。

面对不断的滋扰，燕国没有像赵国那样，在和少数民族的对抗中提升自己，加强自己的军事力量，而燕国却走向衰弱之路，最终导致自己只能和北方少数民族所建立的代国，称兄道弟，平起平坐。

一个国家实力的强弱，发展走向，跟天时、地利、人和有莫大的关系，尤其是人和。因为在事件中，人才是根本，而这个"人和"中就包括了人的思维和行为方式。

燕国自上到下，所有人的思维和行为，都异于常人，他们喜欢浮夸，做事特立独行，尤其是燕国的民间文化，十分繁盛，所以造成了燕国内

统一的前夜：秦始皇横扫六国

政出现的混乱现象，这也是燕国无法做到秦国那样自强、自立、自我完善的根本原因。所以，燕国弱了八百多年。

有意思的是，燕国的弱和韩国的弱还不太一样。韩国知行合一，它承认自己的弱点；燕国却从不肯承认自己弱，反而觉得自己强大无敌，天下无双，自我感觉良好。

秦王政得知太子丹逃走，没有派兵去追捕，也没有向燕国兴师问罪，因为他没有时间去理会太子丹这种无关痛痒的事情。秦王政把全部的精力都用在接下来要征伐的目标上。齐、楚、魏、燕四国，谁都逃不开秦国的狙击。而燕国，很快就成为秦国的下一个目标，燕国君臣都为之惶恐不安。由此可见，秦王政将国与国之间的关系贯彻到底。

太子丹回到燕国后，没有把精力放在国家发展方面，已然放弃励精图治，反而把精力都用来寻找江湖人士。自从太子丹被解救回国后，便对江湖人士产生了深深的崇拜之情。也可能是太子丹想效仿秦孝公，因为秦国自商鞅变法后，国力的增强是大家有目共睹的，那时的其他六国，没有哪个国家敢挑衅秦国，即便是六国联合起来一同打击秦国，也没有获得好的成效。

赵国被灭后，秦国派主力军队驻守赵国，这对燕国来说，绝对不是好兆头。太子丹想拯救自己的国家，却没有好的办法，于是寻找江湖人士来为国助力，希望从他们那里得到建设性的意见，用以强大燕国，可见太子丹已经走投无路，欲剑走偏锋，出奇制胜。然而，无论做什么事，捷径是最不容易寻的，也是最不容易走的一条路。

太子丹每天跟江湖人士混在一起，一点儿建设性的意见都没收获，直到一个人来到了燕国。

此人就是秦国大将樊於期，在与赵军交战的一场战役中，没有敌过赵军，导致全军覆没。由于吃了败仗，樊於期怕被处罚，不敢回秦国，只能逃亡在外。樊於期先是逃到魏国，魏国知道他是秦国的逃将，说什么也不敢收留他，于是他就跑到燕国。

太子丹认为樊於期必有大用，便将他偷偷地藏了起来。为此，太子丹的老师鞠武，前来劝说太子丹，不能留下樊於期，更不能因樊於期与秦国结仇。

可太子丹没有听从鞠武的劝说，他已经走投无路，只能把希望寄托于樊於期的身上。

自樊於期来到燕国后，太子丹经常和他谈天说地，把酒言欢。太子丹和樊於期之所以能成为朋友，很大一部分原因是他们两人有一个共同的敌人——秦王政。

因此，太子丹把樊於期看作自己人，并把自己制订的报仇计划告诉了樊於期。太子丹欲寻找一个高手，刺杀秦王政，只要秦王政一死，自己受辱的仇就得报了，燕国也能保住了，甚至还能保住其他国家。

樊於期是将士出身，久居军营，所经历的都是军事行动，与敌军正面对垒，对于太子丹这种奇巧想法，不是很理解，且抱有怀疑态度。樊於期认为，秦王政固然该死，可秦国才是症结所在，就算杀了秦王政，秦国依然存在，它会有新的国君，新国君没准儿比秦王政还要狠毒。

太子丹却不这么想，他认为秦王政才是所有问题的症结所在。秦国的历代国君，都没有消灭六国，即便有过军事行动，可没有一个国家被灭亡。只有秦王政，敢想敢做，所以必须除掉秦王政。所以说太子丹的想法过于天真，秦国自崛起、东进，就已经有灭六国的想法，只是时机未到而已。

太子丹刺杀秦王政的想法还处于"想"的阶段，落实到实际行动，就犯了难，他不知道应该找谁去刺杀秦王政。他的江湖朋友圈里，倒是有几个备用人选，比如夏扶、宋义、秦舞阳。可太子丹总觉得这些人缺少点什么，于是他找到鞠武，希望鞠武能为他解惑。

鞠武见太子丹心意已决，便向太子丹推荐了田光先生。据田光先生自述，他曾学过武术、巫术、长生不老术、辩术等等，自认智谋深邃而勇敢沉着。太子丹仿佛看到了曙光，立刻前往田光住处，当他看到满脸皱纹、步履蹒跚的田光，大失所望，转念又想，怎么说也是鞠武推荐的人，应该还是有些本事在身上的，于是太子丹向田光说出自己的想法，请田光赐教。

田光表示自己年事已高，有心无力，不能冒昧地谋划国事。于是向太子丹推荐了一个人，名为荆轲，田光告诉太子丹，荆轲能够完成这项任务。

荆轲，乃卫国人，他的祖先是齐国人，后来迁往卫国，卫国人称他为庆卿，到燕国后，燕国人称他为荆卿。

荆轲喜爱读书、击剑，曾游说卫元君，希望谋得出路，却没有得到卫元君的赏识。随后，荆轲便开始四处游走，先后去过榆次、邯郸，在榆次与剑客盖聂谈论剑术，在邯郸与鲁句践争执博局的路数。之后，荆轲来到燕国，在这里认识了田光，结交了知己高渐离。荆轲与高渐离的友情，相传至今，提到荆轲就会想到为他击筑的高渐离，提到高渐离就会想到与他情同手足的荆轲。

荆轲虽说混迹于酒徒之中，但是他为人深沉稳重，饱读诗书，一身侠气，颇受田光的优待。正是因为田光的推荐，荆轲才会去见太子丹。

太子丹开门见山，直接向荆轲说明请他来的目的，燕国目前的形势岌岌可危，秦国消灭赵国后，将主力集中在燕赵边境，对燕国虎视眈眈，为了保住燕国，保住其他国家，必须除掉秦王政。

荆轲对太子丹有如此高尚的情怀赞叹不已，当即向太子丹立下重誓，一定取下秦王政的项上人头。

既然接受这个任务，接下来就是准备工作。荆轲做任何事，都要准备得很充分才可以行动，特别是刺杀秦王政这等大事，更不能冒失，需做好万全的准备。太子丹告诉荆轲，有什么需要尽管提，他全力配合。

荆轲说道:"我需要两样东西,第一样是天下名匠徐夫人(徐夫人是一名男性,乃赵国人,铸剑名师。)的匕首一把。第二样,一个人。"

太子丹问:"何人?"

荆轲答道:"我知一人,名为盖聂,他功夫厉害,若是他能和我一起去秦国,刺杀秦王政一事必成。"如果换个人还好办些,此时这个盖聂已经闭关拒不见人。太子丹可没有耐心等到他愿意出来见人。

面对这紧张危急的时刻,荆轲却迟迟没有要出发的意思。太子丹急了,来到荆轲面前,催促道:"秦军已近在眼前,转眼间就要横渡易水,到时我们还能活命吗?"

在太子丹不断地催促下,荆轲终于有动身的迹象了。出发前,荆轲跟太子丹说:"我还需要两样东西,只要这两样东西准备好,我即刻出发。"

太子丹心中百般无奈地问道:"什么东西?"

荆轲说:"督亢地图和樊於期的人头。"绘制有河北高碑店、涿州和固安之间的地形图被称为督亢地图,督亢是一个十分肥沃富饶的地区,是战国时期各国都想据为己有的膏腴之地。

太子丹一听荆轲的话,顿时一个脑袋两个大。在荆轲的逻辑里,督亢地图和樊於期的人头与一个盖聂的价值相等。可在太子丹的认知里,这三者毫无关联,或者说完全没有可比性。因为太子丹都没见过这个传说中的盖聂,也不清楚传说中的高手功夫到底如何了得,即使他有上九天揽月、下五洋捉鳖的本事,也不值得用樊於期的人头去换。

太子丹提高嗓门道:"秦国早就想占督亢为己有,因此我们在那里布下重兵,就是为了防御秦国的入侵。躲都来不及,如今你却要主动把地图送给秦王政?我看你是疯了。樊於期当初信任我,所以投奔于我,我既然已经收留了他,自然要护他周全,可你却要他的人头?此乃先仁后暴,你让我以后怎么见人?你到底打的什么主意?"

统一的前夜：秦始皇横扫六国

荆轲答道："要刺杀秦王政，首先得接近他，怎么才能接近他，当然要以他感兴趣的东西吸引他。"

太子丹陷入沉思，荆轲说的在理。太子丹一咬牙一跺脚，说道："督亢地图可以，樊於期的人头不行。"

荆轲见太子丹态度坚决，没再继续说下去，扯开话题谈了一些其他的，就告辞离去。荆轲理解太子丹的于心不忍，但是为了完成大业，总要有人牺牲，就像他此番前去秦国刺杀秦王政一样，是一条没有归期的路。

荆轲只身来到樊於期的住处，开门见山地说道："我马上要去刺杀秦王政了，但还差一样东西，希望你不要吝啬。"

樊於期道："要什么尽管开口，凡是我能做到的，绝无二话。"

荆轲把他跟太子丹的计划、安排全都告诉了樊於期，荆轲说："我要接近秦王政，必须有他最感兴趣的东西。"

樊於期沉默许久，说："我的这颗脑袋，早在家人离去的时候，就已经不在了，之所以独活至今，就是为了有一天能够除掉秦王政。现在有人愿意帮我完成这个心愿，我自然愿意。"荆轲抽出宝剑，手起刀落，樊於期的人头落地。

得知樊於期已死，太子丹痛哭不已，仿佛被抽走了灵魂，一副行将就木的样子，他对荆轲说："你可千万别辜负了樊於期啊！"

荆轲郑重地点点头，太子丹还是不放心，追问道："你打算如何行刺？"

荆轲答道："我准备先把匕首藏在地图的里边，待为秦王政展示地图时，他肯定让我在他面前慢慢展开地图，只要露出匕首，我就可趁此机会，刺向秦王政的心脏。"太子丹听后，没有预期中的热血澎湃，脑袋里一片木然。

荆轲临行前，找到了高渐离，将刺秦这件绝密的事情告诉了高渐离，

第四章 · 戎马倥偬　披荆斩棘

只为这世上有一个真心人为他送行。

一切准备就绪，太子丹让秦舞阳跟着荆轲一同前去，做一些辅助工作。

荆轲前往秦国这天，太子丹带着知道计划的人前来为荆轲送行，他们身着白衣、白帽，这身打扮似乎也在预示着荆轲的结局。一行人走到易水岸边时，随风飘来了高渐离的击筑声，荆轲心领神会，和着节拍，以苍凉凄婉的声调，高声唱道："风萧萧兮易水寒，壮士一去兮不复还！"

这一句千古绝唱中，包含着人生太多的无奈，在荆轲死后，成为中华千年以来的经典文本。似乎是在警醒我们，有些时候，即便是我们已经知道结局注定失败，但为了正义，也不要胆怯，这种时候事情的成与败已不重要，精神所在才是重点。

由太子丹、荆轲自编自导的这出历史大戏——荆轲刺秦，即将上演。荆轲刺杀秦王政的始末，《史记·刺客列传》《战国策·燕策三》中均有详细的记载，其中细节，堪比小说一样精彩。

荆轲来到咸阳后，被眼前的场景所震撼，城里的百姓，来去匆匆，忙忙碌碌，但是每个人都昂首挺胸，神清气爽。他们的生活节奏和办事效率，确确实实是燕国无法比及的，甚至是其他国家所没有的。

觐见嬴政那天，荆轲捧着装有樊於期人头的匣子走在前面，秦舞阳捧着督亢地图紧紧地跟在荆轲后面。他们走到宫门处时，侍卫开始搜身，秦舞阳心里有事儿，本就紧张，侍卫一靠近，更让他害怕，因为不安，他的脸色变得很难看。通过第一关，他们一直走到秦王政宝座的台阶下面才停住，两侧是文武大臣，直直地盯着二人。

秦王政早就注意到了荆轲后面秦舞阳的神色，装作不经意地问道："这位使者脸色不好，可是身体不适？"

荆轲的额头已渗出汗珠，故作镇定地说道："大王莫要见怪，他出身卑微，没有见过如此盛大的世面，控制不住自己的胆怯，还请大王宽恕他的无礼。"

秦王政笑了笑说道:"你手里捧着的是什么?"

荆轲答:"樊於期的人头。"

秦王政用眼神示意身边的侍卫,侍卫连忙上前打开盒子,里面果然躺着樊於期的首级。

秦王政问:"樊於期的首级可是他主动给你的?"

荆轲冷静地答道:"是姬丹太子为了向大王表达敬意,亲手砍下的。"

秦王政心中冷笑,然后指向秦舞阳,意味深长地说道:"你,把地图拿上来。"

此刻的秦舞阳已经蒙了,身上的每一根汗毛都在颤抖,腿脚已经不听使唤,只能干干地站在原地回嬴政的话:"大王,不如这个地图也让侍卫拿给您吧。"

秦王政不屑一笑,用下巴示意荆轲:"那就你拿上来吧。"

荆轲从秦舞阳手中接过地图,深吸一口气,一步一个台阶地走向秦王政。

秦王政命人搬来一张桌子,荆轲把地图拿上来,放在桌子上,缓缓地展开,直至地图展到尽头,一道寒光出现在二人面前,霎时间,秦王政和荆轲都被寒光吸引过去,到底是荆轲身手敏捷,抓起匕首,毫不犹豫地朝着秦王政的心脏就是一刺,幸好秦王政反应灵敏,躲过了这一刺。荆轲见状,继续朝秦王政发动攻击,左手抓住秦王政的衣袖,右手拿起匕首奋力向前,说时迟那时快,秦王政向后挣脱,只听刺啦一声,衣袖挣断,秦王政的身体由于惯性向后倒下。

随着秦王政的倒地,终于把下面目瞪口呆的大臣们给惊醒了,"大王小心啊!"喊声不断,可却没见任何一人上来帮忙。因为事发突然,大家伙一时反应不过来,再者,秦王政曾下令,没有他的允许,任何人不得登上那个台阶,且秦国的法律规定,殿上侍从、大臣不允许携带任何兵器。

荆轲再次冲向秦王政，秦王政也爬起来，跑向一根柱子。这时，大臣们喊道："大王，拔剑！拔剑！"于是秦王政急忙去拔剑，但是剑太长，必须得稳住身子，用力拉才能拔出来。在这危急的时刻，秦王政根本拔不出剑。

荆轲在秦王政身后紧追不放，两人围着柱子你追我跑。仓促之间，医官猛地把自己手里的药箱扔向荆轲，就在荆轲晃神之际，秦王政把剑推至背后，站稳用力，刺棱一声，把剑拔了出来，立即转身，顺势朝着荆轲的左腿挥剑。荆轲咬紧牙关，忍着腿部传来的痛感，奋力举起手中的匕首，向秦王政使劲儿一撇，秦王政当即转身躲开，匕首错过秦王政，击中了旁边的铜柱。

荆轲知道自己大势已去，两条腿像簸箕一样坐在地上，倚靠在柱子上放声狂笑："事所以不成者，以欲生劫之，必得约契以报太子也。"(《史记·刺客列传》)荆轲竟妄想生擒秦王政，逼迫他将各国的土地归还，没想到，大事未成。秦王政此时举剑刺向荆轲，荆轲自此名垂青史。

自荆轲走后，太子丹成日里提心吊胆，直到收到荆轲被反杀的消息，一下子失去了精气神儿，悲痛不已。悲的不仅仅是荆轲的死亡，更是对未来的无助和恐惧。

燕王喜虽说把国家交给太子丹管理，但他时刻关注着秦燕两国的实时动态，当得知刺杀秦王政失败后，与太子丹相望无言，因为他们都知道一个事实，燕国的江山保不住了。

公元前227年，秦王政一声令下，命王翦率军全面攻打燕国。燕国军队在素有虎狼之师之称的秦军面前，如蝼蚁一般，溃不成军。

《战国策·燕策三》中曾详细记载："秦大怒燕，益发兵诣赵，诏王翦军以伐燕。十月而拔燕蓟城。燕王喜、太子丹等，皆率其精兵东保于辽东。秦将李信追击燕王，王急，用代王嘉计，杀太子丹，欲献之秦。"

燕王喜和太子丹带着亲信，火速逃离蓟城，向辽东城（今辽宁辽阳）逃去。燕国的主力军没有与秦军正面交锋，而是在蓟城与辽东城之间驻守，欲做最后的抵抗。

被困于辽东城的太子丹又有了新计划，派人去代国请赵嘉出兵，以两军之力，联合抗秦。

秦国在攻克邯郸时，活捉赵王迁，赵嘉趁乱逃脱，才有幸在代地自立为新的赵王，被称为代王嘉。但是，代王嘉称王后，没过一天安稳日子，无时无刻不在担心秦国会出兵攻打他。太子丹向他求援，所剩不多的赵国健儿都跃跃欲试，要求与秦国决一死战，只有代王嘉唯唯诺诺，左右摇摆。代王嘉手下的将领实在看不下去，没有等他下令，便带着赵军残余直奔燕国了。

燕、赵两军的这次合作，是多年以来最真诚的一次，没有再出现各自为营的情况，但是可惜，精诚合作不一定是制胜的筹码。

秦将李信领兵强势来袭，太子丹垂死挣扎，将燕国所剩的全部主力军以及赶来驰援的赵军，全部投入到与李信的对战中，决意背水一战。此时的太子丹已经没有任何退路。李信亦没有退路，他对燕国势在必得，只有一战拿下燕国，他才有出头之日。

秦军与燕赵联合军拼死一战。最终，燕国主力连同前来支援的赵国残余都被李信歼灭。

太子丹见大势已去，便主动把管理国家的大权还给燕王喜。想必，这权力现在被燕王喜视作烫手的山芋。燕王喜见燕军战败，想放弃辽东城，逃往最北方的苦寒之地。

李信当然不会轻易地放过他们，率军紧紧追击。燕王喜在逃跑的路上不停地思考，如何才能摆脱秦军的追击。这时代王嘉献计，秦国之所以出兵攻打燕国，皆因太子丹派荆轲刺杀秦王政，太子丹才是症结所在。

燕王喜为保燕国最后一口气，取下太子丹的首级献给秦王政求和。太子丹做梦都没想到，最后会死在自己的亲爹手里。

如今燕国已经名存实亡，秦王政就把目光收回，不再关注燕国，转而瞄准魏国。

当然，即便是秦王政转移了目标，燕国的灭亡已成定局。直到公元前222年，秦王政把魏国和楚国都消灭后，才想起辽东还有燕国的残余力量，于是派人收拾辽东的残局，一举消灭燕国。

至此，燕国正式灭亡。

燕国在战国七雄中，本来影响力不大，但在燕召公时期，也曾盛极一时，即使是转瞬即逝。太史公在《史记·燕召公世家》中曾这样评价道："召公奭可谓仁矣！甘棠且思之，况其人乎？燕外迫蛮貉，内措齐、晋，崎岖强国之间，最为弱小，几灭者数矣。然社稷血食者八九百岁，于姬姓独后亡，岂非召公之烈耶！"太史公认为，燕国外受蛮貉等外部族落的侵扰，内有齐、晋这样强大的邻国压迫，在好几次险些被消灭的情况下，得以延续八九百年，是姬姓封国中最后一个灭亡的，都是燕召公的功德。

的确如此，燕国自燕召公后，历代的国君中，没有再出现过如燕召公一般的明君。燕国的最后一位国君燕王喜，自私、胆小，毫无作为，不惜杀害自己的儿子，以求平安。国君的无能，已经预示了国家的灭亡。

五、调虎离山，魏国难逃厄运

在燕国名存实亡时，秦王政就将矛头指向魏国。

晋国分裂后，魏国得以自立门户。魏国恰好处在四战之地，无险可守。但是魏国的运气很好，有一位贤明的领导者，就是魏文侯。

魏国在魏文侯执政时期，打下了牢固的基础。魏文侯曾让法家代表

259

统一的前夜：秦始皇横扫六国

人物李悝在国内进行改革，法家的改革行之有效。经过改革后，魏国很快就成为一个超级强国。

魏国曾一度以军事行动，把秦国收拾得服服帖帖，令其不敢轻易东进。其他国家对魏国更是顶礼膜拜，当时实力超强的齐国和楚国，都不敢轻易得罪魏国，事事都要礼让三分。

魏国的文臣出使其他国家时，都是各国的国君亲自接待陪同。魏国的武将也都是纵横驰骋，令人生畏。魏国的国力更是蒸蒸日上，财富充盈，人才辈出，在其他国家的眼里，魏国的头顶是有光环的。

但是，魏国的高光时刻只存在于魏文侯时期。成也人才，败也人才，在魏国的身上体现得淋漓尽致。

继魏文侯之后，魏国出现过有智慧、任人唯贤的国君，但没有一个能像魏文侯那样，对人才给予最大的重视。商鞅曾在魏国寻求发展，但是没有得到重用，最后投身于秦国，并得以施展自己的才能，使得秦国成为强国；还有范雎，被诬陷，被羞辱，差点儿丧命于魏国，最后得以逃到秦国，为秦国的发展贡献了一份力量，使得秦国的势力更上一层楼，已然有横扫六国之势。

别小瞧这两个人的力量，且不论他们的私心，单凭他们的一个策略，足以让秦国一跃成为超级强国。而魏国随着这两人的离开，却日渐衰弱。当然，魏国之所以会衰弱不单单是因为不重视人才，其中还有戕害人才的原因。魏国不停地伤害可以让它变强的有才之士，导致魏国的人才严重流失，这也是魏国从超级强国沦为普通弱国的根本原因。

魏国不似从前那般强大，可它的地理位置随着韩、赵、燕三国的灭亡，变得重要起来。

秦王政和大臣们商讨攻打魏国的计划时，就有人提出：魏国的军事力量本就不容小觑，如果贸然出兵，恐怕会引来齐国和楚国对魏国的支援，那么秦军的处境就会很艰难。

以当时的形势而言，这种担忧是有道理的。魏国是阻挡秦国攻打齐国的一道屏障，如果魏国被灭，那么齐国和秦国便会脸对脸、面对面，相见无碍。倘若秦国真的攻下魏国，还可以把魏国作为自己的根据地，以此向楚国发动攻击。就算齐、楚两国的国君再昏庸不堪，也不会傻到这个地步，换作任何一个国君，都不会放任战火烧到自己的国家来。所以，秦国一旦向魏国发起进攻，齐楚两国必然要驰援魏国。

秦王政却不这么认为，他觉得攻魏没那么难。早在公元前234年，秦国就大举进攻魏国，魏国军队溃败，无法再战。经此一战，秦国几乎将六国拦腰截断，分为南北两段。

秦王政执意攻打魏国，但是他的策略却很迂回。

秦王政先是命王翦之子王贲率领五万精兵南下攻打楚国北部地区。王贲不解，问道："大王，这么少的人马，如何攻下楚国？"

秦王政笑道："此战的目的不是灭楚，而是震慑。所以，你务必要赢，只有赢了，在攻打魏国时楚国才不敢轻易出兵。"秦王政不愧是一位政治家，以曲线思维，解决后患。

王贲却有些顾虑，说："大王，一场战役所带来的震慑怕是不会长久。"

秦王政对王贲的看法表示赞同，说道："的确。所以我们要在楚国没反应过来的时候，以最快的速度拿下魏国。"

站在一旁的李斯这时出声说道："大王，您这个想法好是好，万一将士们没有达到作战要求，无法在短时间内攻克魏国，那么情况将不再受我们控制，到时又该如何收场呢？"随着话音落下，李斯感到脊背发凉，在场的将士们纷纷向他投来如寒光一般的眼神。

秦王政稍作沉默，随即道："李斯说的也在理，将军们怎么看？"

将军们士气高涨，纷纷说道："我们立军令状，半年内定拿下魏国。"

就这样，王贲带着他的精锐部队向楚国进发，另一支部队也整装待

统一的前夜：秦始皇横扫六国

发，直指魏国。

在秦军猛烈的攻势下，楚国连失多城，楚王负刍吓得不敢轻举妄动，他认为只要楚国不插手秦国攻打魏国的战事，楚国便可安枕无忧。

楚国此举，无疑是保障了秦军攻打魏国的侧背安全，于是秦军毫无顾忌地挥师北上，扬言要以河北邯郸为突破口，攻打魏国。魏王假收到消息后，将全部魏军主力置于河北，以抵御秦军的进攻。

然而，魏王假不知道此时已经落入秦国的调虎离山之计中。公元前225年，秦王政趁魏国40余万的主力军集中在北方时，派王贲率领军队突然南下奇袭魏国，绕过楚国38座城池，包围了魏国首都大梁（今河南开封）和安阳邑（今河南安阳）。

秦军压境，先是攻破安阳邑，接着攻下陈城、北定邑。在秦军连战连捷的情况下，大梁几乎被包围，成为一座孤城，魏国援军被阻挡在黄河以北，无法南下实施援助。大梁城不愧是有着悠久而光荣的抗敌史，秦军在此遇到了攻克难题。

大梁城始建于魏惠王时期，初建时，正是魏国如日中天，称霸一方的时候，但当时的大梁城还不是坚不可摧，直到一百多年后的魏王假时期，大梁城才真正做到坚如磐石，坚不可摧。

秦国和齐国曾多次向魏国发动攻势，每每攻到大梁城下时，都会被大梁城阻隔在外，前进不得。无论秦军、齐军以何种方式进攻，都不能撼动大梁城分毫。这足以说明大梁城的坚固，以及城墙上的防御工事，堪称完美。

大梁城还有一个优势，就是城中的粮仓储存了大量的粮食，包括城中的百姓，家家户户都是粮食充足，这也是大梁城不怕被围困的原因之一。除此之外，大梁城还具有一个地理上的优势，它周围布满纵横交错的水网，足以保证城中的需水量。如此一来，任谁都动不了大梁城分毫。

以目前的情势来看，若想消灭魏国，首先就要拿下大梁城，不仅仅是因为它是魏国的首都，它还是魏国精神的标志，试想一下，如果一个国家，连精气神都没有了，自然而然就会土崩瓦解，其他土地便可不费一兵一卒就能得到。然而，一向勇猛善战的秦军面对这座坚固的城池时，亦是束手无策。

秦王政为此召开会议，和将士们商讨攻克大梁城之计，讨论许久，也没想出有效的解决办法。

问题得不到有效的解决时，秦王政不会过于执着、纠结，一定要在当下得到一个结论。他可以绕过眼前的难题，另辟蹊径，如今一时半会儿攻不下大梁城，那就凑到这个难题的跟前看看。秦王政下令，由王贲率军，强攻大梁城，并告诉王贲在进攻的同时，找出大梁城的弱点。

王贲领兵抵达大梁城时，也被眼前高高的城墙所震撼，壮丽大城，果然名不虚传，要想攻克它，必须使出全身力气。事实告诉王贲，这座坚固的城池，就是来磨砺他的，秦军屡攻屡败，一时间，士气十分低落。

魏王假听说城外的秦军伤亡惨重，还跑到城墙上耀武扬威。这时，秦军攻城已经一月有余，粮草将尽，王贲本就烦躁，再看魏王假那一副小人得志的嘴脸，当即大怒，命弓箭手放箭，吓得魏王假连滚带爬地下了城墙，不敢再轻易挑衅。

不管心中多么愤怒，攻不下大梁城是一个不争的事实。王贲准备亲自向秦王政报告，其实就算王贲不报告，秦王政对前线的动态都了如指掌。

秦王政问王贲，可曾在攻城的时候发现了什么？王贲不明所以。

秦王政给了王贲一个竹简，说道："这是苏代写的一篇文章，里面的内容提到过，各国最怕什么样的攻势。魏国，可用水攻。信陵君也曾提醒过魏王，要时刻提防其他国家对大梁城发动水攻。"

水，是生命之源。天地万物，都依仗着水才能存活。对于一座城池来说，亦是如此。所以在很多战事中，大多都会考虑到切断城池的水源以攻之。而大梁城的水源却丰富于其他城池，所以很难实现切断水源的策略。

水攻，仿佛成了一个魔咒，一直萦绕在王贲的脑袋里，他突然明白了一个道理，所谓优势劣势，有时也是一把双刃剑，关键在于怎么用对方法，使优势变为劣势。毋庸置疑，大梁城水源充足，但只要方法对了，它的优势就会成为它的劣势，所以王贲想到，若想拿下大梁城，可以利用水源进行倒灌。

王贲回到军营，立即下令夺取大梁城周边的地区，如此一来，秦军便掌控了大梁城的水网，而大梁城就是网中的大鱼。随后，王贲命人改造水网布局，引黄河、大沟里的水倒灌大梁城，大梁城由于地势很低，滔滔洪水一瞬间涌入大梁城。

大梁城整整泡在水中三月有余。

此时的魏国，岌岌可危。但魏王假并没意识到危险的来临，在他的认知里，大梁城一直被水网包围，城墙始终完好无损，这次的洪水问题也不大，墙体依然稳固。

事实证明，大梁城的安危远没有魏王假想得那么简单。汹涌的洪水没有冲倒城墙，可是城内的百姓却遭了殃，粮食全部被洪水浸泡。时间在一点一点地流逝，城内的粮食也越来越紧缺，不仅如此，就连城墙中的泥石也在洪水的浸泡中慢慢消散。

直到第三个月，魏王假饥饿难耐，想要妥协却心有不甘，他对大梁城仍抱有一丝希望。就在这时，秦王政的招降信来了。秦王政在信中告诉魏王假，如果他现在投降，可以饶他不死，若是继续抵抗，必定取他性命。魏王假看过信后，为了保住性命，果断选择投降。

随着魏王假的投降，魏国就此灭亡。

王翦率军继续向东，向反攻的魏国残余部队发动了平阴之战，消灭魏国在黄河以北赶来攻下安阳邑的40万援军，自此占领了魏国的全部土地。秦王政在魏国的东部地区建立了砀郡。

从公元前323年建王国，到公元前225年灭国，魏国共立国98年。

很多人都认为大梁城被破，魏王假投降，皆因魏王假不听信陵君的劝谏，导致了魏国的灭亡。然而，太史公却认为，秦国平定海内，已是天意，只是尚未完成功业而已，就算是魏国有伊尹这样的贤臣辅佐，也是于事无补。任何国家，任何力量，都不足以阻挡秦国一统大业。

自魏国覆灭，秦国已经占领中国三分之一的领土。截至公元前225年，还有三个国家尚存，分别是西边和中原的秦国、东边的齐国，还有南边的楚国。

楚国预感很快就要遭受灭顶之灾，齐国的君臣们还浑然不觉。

六、王翦、李信之争

至公元前225年，秦王政已经灭掉韩、赵、燕、魏四国，只用了六年的时间。秦王政没有停下吞并的脚步，在攻灭魏国的时候，已经开始谋划伐楚之事。然而，楚国没有想象中那么好对付。

商朝末年，楚国在中国南部悄无声息地崛起，那时还不能称为楚国，顶多算是个部落，周武王灭商朝的战事中，就有楚国的身影。

周王室灭掉商朝后，曾册封楚国为封国的第四级——子。当时的封国等级分为"公侯伯子男"五个等级。

楚国没有太把这个封国等级放在心上，而是专心于国家的治理与发展。其他各国还在对周王室歌功颂德时，楚国已经励精图治，掌控中国南方的领土。

公元前704年，楚武王宣布称王，建立王国。

楚国称王，是周王室始料未及的，自此后，中国就有了两个国王，北方的周国王和南方的楚国王。为了争夺"国王"这个称号，两国经常

统一的前夜：秦始皇横扫六国

发生交战，结果周王国作战实力不敌楚王国，不得不承认楚国的王国身份。

春秋时期，楚国已然凭借超强的军事力量，称霸一方，在掌控整个南方领土后，又问鼎中原。

楚国的崛起与强盛，让周王室及其他各国产生了深深的危机感，要不是有晋国阻挡了楚国北进的路，恐怕楚国早就称霸中原了。但晋国也是勉强抵抗，对楚国做不了任何实质性的打击。

然而，谁都不会想到，如此强大的楚国，也会有走向衰落的一天。更让人意外的是，楚国衰落的原因，竟是因为本国的一位官员，他就是伍子胥。伍子胥在楚国政府中任职，但是父亲却被楚国政府冤枉，导致失去性命。伍子胥为了留住性命给父亲报仇，只能逃亡到吴国。最终，他借助吴国的力量，消灭了楚国，这就是著名的伍子胥事件。

因伍子胥事件，楚国元气大伤，即使后来得以复国，国力却不似从前，逐渐地落于秦国之后。秦国在超越楚国以后，就开始持续打压楚国。楚国只有招架之功，却没有还手之力，无奈之下，楚国只能被迫迁都。

当时，秦国除了善于权诈，还有其强大的军事力量作为蚕食的保障。商鞅变法，成功地激发了秦军的战斗力。秦人"勇于公战"（《史记·商君列传》），"民之见战也，如饿狼之见肉"（《商君书·画策》），"民闻战而相贺也，起居饮食所歌谣者战也"（《商君书·赏刑》）。文献的记载，就是秦军战斗力最好的体现。

而楚国军队，还保持着春秋时代贵族军队的散漫作风。秦昭王时期，白起曾说："楚人自战其他，咸顾其家，各有散心，莫有斗志。"（《战国策·中山策》）组织严密的秦军，其战斗力确实比组织松散的楚军要强得多。

楚国在楚怀王去世后，秦国取得了巴蜀之地。这如同在楚国的背后插入了一把刀子。

公元前 280 年，秦国向楚国发动攻势。《孙子兵法》中说："行千里而不劳者，行于无人之地也。攻而必取者，攻其所不守也。"就是说，行军千里而不疲惫，是因为选择路线的是敌人没有设防的地区，之所以进攻就会取胜，是因为攻打的地方亦是敌人没有设防的地方。秦国行军时，就是从崎岖但防守松懈的山地进军，并将援兵和补给顺长江而下，从而在战事中大败楚军。

由于楚国挫败，于公元前 278 年，将首都东迁至陈城（今河南周口）。自此，秦国成功地夺取楚国西部包括郢都在内的半壁江山。

楚国经营了几百年的故都化为乌有，巨大的城墙出现了一道道裂痕，被秦军攻破后的郢都，到处都是荒烟蔓草、断垣残壁的凋零景象。

公元前 241 年，为了躲避秦国的兵锋，楚国又一次迁都到寿春（今安徽寿县）。

楚国两次迁都，已然预示了它的结局。

如今，秦王政正在谋划。要想一举消灭楚国不是一件容易的事，需要从长计议，秦王政把文武大臣召集在一起，欲商讨灭楚事宜。大臣们都认为，以秦国的军力，消灭楚国虽然比消灭其他国家难一些，但问题不大。

秦王政抛出最后一个问题，以多少兵力去攻克楚国。这时，分歧出现了。

老将军王翦认为"非六十万人不可"，而年轻将领李信却认为"二十万人即可"。（《史记·白起王翦列传》）

年轻将领李信自领兵灭燕后，意气风发，做什么事都有一股子冲劲儿，冲劲儿中又都是满满的骄傲。他认为楚国现在外强中干，只需 20 万人就可轻松拿下。

老将军王翦却不这么认为，楚国毕竟是楚国，即便是衰弱，实力还是尚存的，20 万人实在太过轻敌，必须得 60 万人才能确保万无一失。秦

267

统一的前夜：秦始皇横扫六国

王政听到60万这个人数时，一脸震惊，这可是秦国的全部兵力，说话的声音都带着点儿情绪："王将军年纪大了，怯战了？"

王翦恭敬地答道："如今楚国国力虽不胜从前，但远没有我们想象的那么衰弱。楚国土地多、面积大，兵力比韩、赵、燕、魏四国还要多，如果我们不动用大军，动不了楚国分毫。"

李信自信地说："大王，20万兵力足够，再多就是在浪费粮食。"

秦王政赞赏地看了看眼前的年轻人，说道："年轻人心气高，有冲劲儿，这不就是我们秦国该有的精神吗？"

这时，一道喊声吸引了所有人的目光，"臣反对消灭楚国！"秦王政循着声音看去，说话的正是昌平君。

昌平君本是楚国王室，因秦国、楚国联姻，很多时候，秦国的王室同时也是楚国的王室。当初嫪毐造反，就是昌平君奋勇当先，坐镇前线指挥，大败嫪毐，秦王政对他印象深刻，还封他为丞相之一。

秦王政问昌平君："为何反对？"

众所周知，楚国是昌平君的母国，所以昌平君不会笨到直说，而是找了其他的理由，比如秦国刚刚消灭魏国不久，秦军疲惫不堪，需要休整；楚国实力尚存，不会那么轻易地被攻克；韩、赵、燕、魏四国还有残余的抵抗力量，应该先消灭他们，诸如此类的理由。

秦王政没等昌平君说完，就打断他的话，说道："我们现在讨论的是出兵20万还是60万，至于灭不灭楚国，这不是现在所要考虑的问题，你没有必要再提。"

昌平君认为秦王政是在回避他的问题，不死心地继续劝说："大王，兼听则明啊！"讽刺之意，溢于言表。

秦王政自然听得出昌平君的话中有话，是在讽刺他是个昏君，不能听取多方面意见，愚昧不明。秦王政勃然大怒，当即把昌平君调往郢陈，让他去那里安抚楚国的百姓。

昌平君带着情绪去往郢陈，殊不知却给了他制造叛乱的机会。

当初在消灭韩国时，秦王政下令将韩王安迁离韩国本土，以此来阻断他和韩国残余之间的联系，以防发生不必要的意外。韩国与燕国的情况不同，秦国发动总攻时，韩国没有殊死抵抗，而是很配合地乖乖投降。秦王政正是念及这一点，才没有让韩王安迁徙到远离中原的偏远地区，而是让他迁到不远的郢陈。

秦王政此举，却没有得到韩国人民的理解，他们并不安于秦国的宽政。韩国覆灭后，韩国人民从心底抵触秦国，国仇家恨深深地烙在心底。从此，韩国人民把反抗秦国、复兴祖国作为自己一生的奋斗目标，并且一直在暗地里偷偷地进行。而秦王政下令将韩王安迁徙到郢陈的事，无疑成为韩国人民反秦活动爆发的导火索。

就在韩王安被迫迁徙的第二年，新郑爆发了大规模的反秦叛乱。事态的发展完全与秦王政的预想相反，叛民的举动，将秦王政心里的怒火彻底点燃。

毫无疑问，新郑起义的目的很明确，就是复国。但是所需一个首要条件，那就是要有一个韩王。因为当时韩王安正被软禁在郢陈，所以要想复国，必须先把韩王安救出来，但是历史文献中并无相关记载。历史所显示的事件结果就是，秦王政于公元前226年，派兵镇压韩国之乱，韩王安因此受到牵连，被秦王政下令处死。由此推断，新郑之乱所带来的影响，已然波及到郢陈了。

恰逢此时，秦王政将昌平君调往郢陈。

郢陈这个地方很有意思，它曾是楚国的首都，自沦陷后，成为反秦人士聚集的区域，这里的楚国遗民跃跃欲试，经常发动叛乱，虽然不能伤害到秦国分毫，但也确实让秦国政府十分头疼。

慢慢地，聚集到这里的反秦人士越来越多，都是被秦国所灭国家的移民。比如在秦王政统一天下后，仍不死心，要置秦王政于死地的韩国

统一的前夜：秦始皇横扫六国

遗民张良，就曾经常出入郢陈。还有后来在反秦叛乱中称王的魏国遗民张耳和陈余，亦是长居郢陈。在后来的秦末之乱，陈胜吴广起义以后，他们所建立的张楚政权的首都也是建在郢陈。这些事件都是秦王政统一之后发生的，虽然现在无法讲述事件的详细经过，就单纯的事件而言，足以反映了郢陈作为反秦基地，出现了一批又一批的反秦人士，他们的反秦思想根深蒂固。

秦王政安排昌平君来此，可以说是有意为之，却无意中成全了昌平君。据《史记·秦始皇本纪》中的一条记载："荆将项燕立昌平君为荆王，反秦于淮南。"就是说，楚将项燕拥立昌平君为楚王，在淮河以南发动反秦运动。换句话说，昌平君自从到了郢陈后，便不复返。

秦王政也不会想到，因为一个调令，严重阻碍了秦国攻打楚国的进度。

伐楚会议的最后，秦王政决定派李信、蒙恬率领20万秦军向南攻打楚国。而王翦则以年事已高、身体有恙为由，请求回频阳家乡养老。

李信虽然年轻，但久经战场，少有败绩，所以他果敢自信，临行前，跟蒙恬说道："蒙将军，这次跟着我一起去攻打楚国，你就等着凯旋后，光宗耀祖吧。"

李信跟秦王政说只要20万兵力，其实也有他自己的考量。李信有自己独到的作战策略，他认为楚国地势平坦，有利于秦军的野外作战，尤其是大兵团作战，加上秦军的作战能力，远胜于楚军，所以秦军胜算概率会更大。

公元前225年，制定好作战方案后，李信将军队分成两路，一路由他率领，沿着汝水两岸前进，正面进攻郢陈南部的平舆县（今河南平舆北），另一路由蒙恬率领，沿汝水以南向前，然后迂回，绕过楚军左翼，进攻郢陈东南部的寝县（今安徽临泉）。最后，秦、楚两军在城父（今安徽亳州）列开阵势，秦军包围楚军主力，决战在即。

李信领兵先是攻打河南驻马店，楚军不敌，驻马店被秦军攻陷；随后，领兵攻打河南鄢陵县，楚军不敌，鄢陵县又被秦军攻陷；最后，攻打湖北江陵，楚军不敌，江陵被秦军攻陷。

一连丢失多处领地，楚国震动。楚王负刍立刻派出大将项燕率领主力军从寿春出发，直面迎击李信。

项燕是赫赫有名的楚国大将，楚王负刍这次派他出战，主要是他指挥作战能力出众，其次是楚军已被秦军打得士气大减，只有项燕才能重振楚军的士气。

李信得知项燕领兵迎战，计划把项燕引到城父，可是身在郢陈的昌平君却打乱了李信的计划。

昌平君抵达郢陈后，人人都在劝他领兵反秦。刚开始，昌平君犹豫过，虽然他是楚国人，却是在秦国出生的，对秦国有一定的感情，如果真的反秦，心里过不去那道坎。可是，劝说的人越来越多，反秦的声音也越来越多，昌平君本就不算坚定的心，慢慢发生了变化。昌平君始终觉得当初平定嫪毐之乱，他奋勇当先，是名副其实的功臣，可如今却被贬到郢陈，实在是不甘心。

在这样的心理变化的驱使下，昌平君决定破釜沉舟，为自己的事业放手一搏，直接掌控了郢陈，并利用郢陈之地，切断了李信的补给线。

在两军交战中，归根结底，就是看谁的补给线能够稳住。若仔细研究古代的战事，不难发现，就算军队中有天将神兵，也会在战争初始时，抢夺先机，攻占城池，并且还会将城池占为己用，说到底就是为了保证补给线的顺畅。倘若绕过攻占的城池，当然省时省力，可这样做就相当于是把补给线拱手献给敌方，并告诉敌方，可以开始回击了，敌方一旦坚壁清野，那就真的没有退路可言了。

李信此次攻打楚国，宗旨就是兵贵神速，所以为了减轻行军负担，他储备的军需物资并不多。他已经预设好如遇到粮草断绝的情况，只要迅速解决战事即可。但是李信迟迟不见项燕的身影，有些慌了，这时，他做出一个严重的错误决定，就是停止继续东进，而是掉过头，向郢陈方向进军。

李信的这个决定直接导致他错失了攻下楚国的绝佳机会。

向郢陈进军时，一支楚国军队悄然而至，神不知鬼不觉地出现在李信军队的背后。等李信发现身后有楚军的时候，已经是几天之后的事情。

李信派人去通知正在城父的蒙恬，让蒙恬赶来接应自己，如果他们在郢陈会师，可一举拿下郢陈跟项燕。

由于李信的草率，秦军没能等到蒙恬那路军队前来接应，就遭遇了昌平君的迎面痛击和项燕的背后包围，李信所率军队一时间成了饺子馅儿，根本招架不住两方军队的前后夹击。

最后，李信领着几人奋力突围，终于逃出了包围圈，大败而归。蒙恬听说李信战败，弃了城父，领兵回到秦国。

这次攻楚的战争中，秦国遭受了罕见的惨败。事实证明，对于强大的秦国，楚国仍然是一个不可忽视的对手。这也是秦王政消灭六国战争中遇到的最有力的一次抵抗，说明楚国残存的实力，仍然是其他国家所不能及的。

张正明在《楚史》中曾记："尽管疆土日削月朘，这时的楚国还是仅次于秦国的第二大国，绝长续短，仍有方圆约三千里的江山。"就是说百足之虫，死而不僵，楚国尚有一丝实力。

秦王政收到前线的军报，得知秦军惨败，怒气涌上心头。李信应该感到庆幸，秦王政没有因为战败下令杀掉他，只是他再也没有独立领兵作战的机会了。

秦王政冷静地分析了此战失败的原因。他明白还是李信的作战计划存在问题，就算没有昌平君的叛乱，李信也不可能取胜。首先，李信有些盲目自信，他所采取的是野战计划，但是他没有想过如果敌方不配合该怎么办，实战没有剧本，敌方不会轻易地按照他设定好的地点与他进行交战。其次，李信带领的兵本就不多，还分了两路。当然，李信有这方面的自信，他想让楚国自己把主力集结，主动出击，这样他就能够速战速决。只是没有想到自己的补给线会被昌平君切断，打乱了他所有的计划。

李信的作战方针，不能说全错，只能说他错就错在只琢磨了楚军的弱点，却忽略了秦军的劣势，就像被蒙住双眼，再向移动的箭靶射箭，即使箭神在世，也射不中，所以李信败了。古言道"丈夫立身须自省，知祸知福如形影"，如果人人都能反躬自省，哪还会有那么多的祸事。

对秦王政来说，李信的失败不是问题，眼下最大的问题是如何让王翦出山。

秦王政为了显示出诚意，亲自前往频阳，登门拜访还乡养老的王翦，并向王翦道歉："寡人之前没有采纳将军的意见，李信果然使秦军遭受了耻辱。如今听说楚军正一天天向西逼近，将军虽有病在身，也不能置国家于不顾，置寡人于孤立无助的苦境啊。"

秦王政就是有这样的特质，他做出了错误的判断，不会因为自己是国君的身份，就忽略自己的错误，而是愿意放下身段，想办法弥补自己的错误。

其实，秦王政之所以当初不同意王翦的计划，是有原因的。60万兵力是当时秦国所能征发的兵力总数，把全国军队都用于一战，且兵权交由一人之手，胜当然无话可说，如果败，那么面临的就是亡国的代价。换作任何一位国君，都不敢贸然做这个决定。

一国之君，首先会把国家之利放在首位，都想以最小的成本获最大的利，军事行动亦是如此，军事力量能省则省。如今，事已至此，秦王政选择当机立断，请王翦出山。

但是王翦没有立刻答应，而是推辞说："老臣年老，精力不足，昏聩糊涂，如此重任，还请大王另择良将。"

秦王政说道："请将军不要再推辞了！"

秦王政能亲自前往频阳，主动跟王翦道歉，已是他身为一国之君最大程度的诚意，已然给足王翦面子，至于怎么接住秦王政的诚意，就看王翦如何抉择了。

王翦身为老将，虽没在政权中费尽心机，但到底是在高层领导圈子里摸爬滚打过来的，看得通透，他深知秦王政的为人行事，做了错误判断，可以自省，也会为了自己的错误道歉，但这绝不意味着他可以一直放低身段。如此屈尊的背后，则是大王的尊严，所以，若是没有顺着他给的台阶而下，抗拒他的意愿，在他的眼里，那就是凌驾于他之上。秦王政是不会允许有凌驾于他之上的人存在的。

眼下，秦王政已经在用实际行动告诉王翦，我身为国君，已经登门表达请求，而你，身为臣下，若是驳了我的面子，拒绝我的请求，不从我的意愿，那还是臣下吗？

此时的王翦，就如当年的白起，但境遇又大不相同。秦王政没有听信谗言，只是出于其他原因才做出错误决定，而后能够很快地意识到错误，所以说，王翦现在的处境，比白起幸运很多。识时务者为俊杰，王翦自然明白这个道理，也就没再拒绝，而是向秦王政请求说："如果大王执意让臣下领兵的话，臣下还是原来的意见，非用 60 万兵力不可。"

秦王政对王翦的识时务非常满意，应允道："听老将军的。"于是，王翦作为伐楚的统帅，率领 60 万大军，气势如虹地开赴前线。

公元前 224 年，自王翦被任命为统帅，秦军上下积极响应，全力配合。楚王负刍收到军报，得知王翦率军直奔楚国而来，就调用全国的军队来抗击秦军。

一场大战，即将开始。

王翦率军出征这一天，秦王政亲自送行，一直把王翦及大部队送到咸阳东郊的灞上，殷切之心无以言表。此时的王翦，恩宠荣耀至极。秦王政见已经送到灞上，停下脚步，打算回王宫的时候，王翦出人意料地开口，向秦王政提出了一个意想不到的请求："大王，臣下还有点事儿，希望能得到大王恩准。"

秦王政示意可以。王翦说道："希望大王能赏赐我一些庄园和田地，当然，多多益善。"

王翦的这个请求，完全在秦王政的意料之外。秦王政不明所以地问道："老将军何时开始在意这些身外物了？"

王翦毕恭毕敬地答道："我想给子孙们留下一点儿家业，这样不至于让他们为庄园田宅而奔波劳累。"边说边拿出了事先预备好的一张地图，上面圈圈点点的，东一笔西一笔的，所圈之地都是咸阳一带的豪宅，其中还有面积很大带池塘的庭园，圈完后，王翦把地图呈给秦王政。王翦一再恳求秦王政，务必答应他。

秦王政笑笑，说："老将军，你就安心出征吧，钱财田宅之事，不必多虑，我自会答应。"

王翦听到秦王政答应，脸上也露出了笑容，只是这笑容的背后是苦的，无人能够体会。王翦这种以自污的方式来让国君安心的举动，成为历代王朝的功臣们效仿的例子。

李斯对王翦的请求嗤之以鼻，说："没想到王老将军如此在意身外之物。大王，秦国所有的兵力可都在王老将军手里，万一……"

秦王政摆摆手，说道："用人不疑，疑人不用。既然寡人派他领兵，又处处提防他，那还怎么让他心无旁骛地上战场。你见过有几个大将总被掣肘还能在战场上大获全胜的，寡人看的是结果。"

秦王政作为一国之君，不仅要有旁人没有的心胸，还要能承受旁人所承受不了的压力。当时，秦国所有的兵力都在王翦一人之手，他怎么可能一点儿不担心，不然当初也不会派李信领兵出征。只是秦王政的这种担心，只能他自己默默承受，不能与人说罢了。

秦军行至函谷关时，王翦立即派使者回到咸阳，求见秦王政，并向秦王政表示感谢，顺便又增添了一些田宅的请求，希望秦王政能够应允。据说，王翦到达前线之前，派回咸阳向秦王政讨求田宅的使者多达五批。

在王翦身边多年的亲信，对王翦的这个举动实在不解。在亲信的心里，王翦并不是一个如此贪财之人，但是王翦请求田宅的次数，确实有些过了。亲信实在没忍住，上前劝谏王翦说："将军如此求财的行为，怕是不妥啊。"

王翦微微一笑，语重心长地说道："事情不是你们想的那样。你们看到的只是表面的一种现象，实则我是以此举来安大王的心。这次出征，大王将秦国上下全部的兵力都交到我的手里，心里肯定会不安、焦虑。现在我向大王讨要田宅，就是想告诉大王，我所求的是身外物，而非大王心惧之物，只有这样，大王才能信任我。"

王翦的这个想法，不无道理，但是有些片面。他只想到了秦王政疑心重，却忽略了他手中的兵权于一个国家、一位国君而言，意味着什么。秦王政有他的担心，不假。但秦王政用人能够放手，是真。秦王政可以将60万大军交于王翦，而且没有限制王翦行军作战的任何决定和权力，足以证明，秦王政没有那么重的疑心病。

秦王政的性格和能力中所展现的光辉一面，常常被很多人都忽略掉。在大部分人的眼里，狠辣残暴、多疑猜忌好像已经成为秦王政固有的代名词。其实，通过《史记·秦始皇本纪》不难发现，秦王政用人的眼光、气度和手段，绝非寻常国君可比。

从君臣关系的稳定性和亲密性方面来看，秦王政有过人的优势。在秦王政的统治时期，吕不韦是秦王政唯一除掉的重臣。除此之外，秦王政与秦国政治权力中心的其他重要人物，例如王翦、李斯、蒙恬等人的关系都十分融洽。

可以说，在历代王朝中，秦王政统治时期的政治核心具有一定的稳定性。这与秦王政用人的眼力、胆略和手腕，都密不可分。尉缭曾那么鄙视秦王政，都没能阻挡秦王政重用他的心，不惜以国君的身份，与尉缭同吃同住，以此来打动尉缭。还有来自韩国的奸细郑国，被发现后，秦王政不但没有杀掉他，还给予重用，正是因为秦王政的这份信任，让郑国兢兢业业完成了著名的水利工程郑国渠，秦国的经济实力因此得到了极大的提高。

自秦王政亲政以后，经过了七年的准备，于公元前230年挥师东下消灭了韩国；于公元前228年攻克赵国首都邯郸；于公元前226年击灭了燕军主力，后于公元前222年灭掉了燕国；于公元前225年，覆灭魏国。

秦王政最终得以统一天下的最大资本，就是他手中的这支以他国人才为主体的人才队伍。

秦王政对他手下的每一个臣子都很了解。就拿李斯为例，在他的人生字典中利益至上，像李斯这种人，往往在趋利避害上有别人无法比及的智慧。也正因为李斯对利益的喜好，所以他会倾尽全力效忠于秦王政，因为只有这样他才能保住自己的名利；比如李信，年轻气盛，果敢自信，有秦国不可缺少的尚武精神，亦有急于求成的莽撞行为；比如王翦，不会执着于功名利禄，可为人过度保守，基本不做没有把握之事。

秦王政了解王翦，王翦亦了解秦王政。秦王政执政初期，王翦就发现秦王政和其他国家的国君不同，他虽然武断专横，可手腕又不失灵活。他十分看重结果，不喜欢听人为失败找的任何理由，但他会视情况而定，不会盲目地处决失败的将领。他缺乏安全感，所以要在行动中实现内心的平和。所以，王翦会以田地来消除秦王政心里的不安，确保秦王政不会听信谗言降罪于他。毕竟要想消灭楚国，不是一朝一夕能够完成的。

从秦王政与王翦的这次行事中，不难发现，在集权专制的国家，无关何人，无关何事，只要有人具备了颠覆集权的可能性，势必会遭到怀疑。自古以来皆是。

昌平君的例子，还在眼前。对秦王政来说，那是自己的失策；李信的兵败，是自己的用人不当。若是此时王翦那边再出现意外，便会造成不堪设想的后果。因此，秦王政的处境很艰难，但他仍然选择放手。同时，王翦的处境也好不到哪去，他的内心也会忧虑。王翦并不是担忧与楚军交战的结果，他更加害怕的是在攻打楚国的过程中，出现一些不可控的意外。

人往往都是这样，随着年纪的增大，思虑就会更多，以前发生的种种，时常出现在人的脑海里，无论好坏，都会影响此刻的心绪，尤其是需要做决定时，会不由自主地想起以前，过去做的决定抑或是决定后带来的后果，正是有了思想上的羁绊，才会增添许多忧愁，却不自知。

这样的情况下，尤其考验秦王政和王翦之间的默契以及他们的心理承受能力。

七、南方霸主的覆灭

经过多方考量，王翦进入楚国境内后，选择驻扎在平舆（今河南平舆）一带，此地虽然在楚国境内，但实际上早就被秦国占领。因为秦国一直没有对这个地方进行开发、管治，所以这里一片荒芜。王翦选择在这里驻扎，充分地体现了他在军事战略上的智慧。此地距离秦国边境十分近，且距离楚国的大后方很远。如果楚国主动出击，补给线就是楚军的短板，那么秦军便以自己的长尺对阵楚军的短板，必然会获得胜利。

此次攻打楚国之战，蒙武也在其中。蒙武以为王翦会率领大军直奔寿春，没想到王翦却下令让他们就驻扎在平舆，完全没有要主动出击的意思。

第四章·戎马倥偬 披荆斩棘

王翦此时的确没有出兵的想法，给将士们开会时，王翦就已经说了："楚国虽然衰弱，但仍是大国，若想快速攻克楚国，很难，所以我们要慢慢来，不能轻易出兵，待楚国的主力慢慢集中到此地，就是我们与他们决战的时候。"

蒙武不解，上前问道："将军，如今我们举全国兵力来消灭楚国，不就是要在最短的时间里，以最快的速度拿下楚国吗？"

王翦看了看蒙武，说："有个艰巨的任务要交给你。你偷偷回国，到西北训练骑兵去。"

蒙武蒙了："将军为什么让我去训练骑兵？"

王翦答道："上次攻打楚国时，我军骑兵损失惨重，现如今，严重缺骑兵。"

蒙武不想去："训练骑兵而已，谁都可以，为何偏偏是我？"

王翦正色道："这是军令，你必须去。"蒙武只得领命，悻悻地出了军营。

王翦看向士兵们，厉声道："以后你们谁再敢提速战速决的话，我就让你们去放马。"

全营上下，没人再敢出声。王翦随即又命令道："全军原地休整，任何人不得讨论出战一事。"

将士们听到"原地休整"，都高兴坏了，打了那么多年仗，还是头一回可以休整，大家自然高兴。秦军这一休整，就休了好多天。王翦成日里在军营散步，悠哉得很，而楚将项燕就没那么自在了。

自从项燕击败李信以后，声名鹊起，楚王负刍觉得有了项燕，楚国就有了希望，对他给予了很高的期望。

楚王负刍和项燕一直留意秦国的动静，没想到秦军刚刚经历一场惨败，竟然这么快就卷土重来。王翦率领大部队刚出函谷关时，项燕就已经收到军报，开始着手迎战准备，动员全国兵力，集结了五十万大军，

279

欲迎战王翦。

楚王负刍对此战也是极为重视。他深知，秦国把兵力全部投入到攻打楚国的战场上，就是奔着消灭楚国来的。于是，楚王负刍任命项燕为统帅，昌平君为副帅，率军击退秦军。此时的昌平君已然恢复楚国贵族身份，成为楚王负刍的左膀右臂。若是秦王政得知此事，怕是又要后悔当初的决定。

项燕自信地说道："我们的目的不是把他们打出楚国，而是要他们在楚国境内，全军覆没。"楚王负刍听到项燕气势如虹的宣言，十分欣喜，认为消灭秦军这事儿，那就是板上钉钉，自己从此便可高枕无忧了。

昌平君责怪项燕口气太大，若是拿不下秦军，怎么跟楚王负刍交代。项燕却不以为然，从始至终项燕就没觉得王翦有多能耐。也难怪项燕不把王翦放在眼里，王翦不同于白起有战神的名号，甚至毫无光环加持，他属于那种波澜不惊的大将，加上现在年岁已高，做事没那么激进，追求的是稳中求胜。但在项燕看来，王翦能够在战事上取得胜利，靠的就是运气。项燕这么想，也是有缘由的。稍加了解王翦的人都知道，在很多场战役中，他都险些失败。

昌平君则跟项燕的看法不同，他认为王翦是个有能力却不张扬的人，不显山不露水，但是能有那么多场胜绩，肯定是有本事傍身的。

项燕知道昌平君曾和王翦共事过，信誓旦旦地对昌平君说道："我有我的计划，你不必多问，只管瞧好吧。"

项燕深知楚军的战斗力远不如秦军，所以他和王翦想的一样，没想过快刀斩乱麻，而是计划着打持久战，拖垮对手。毋庸置疑，秦军的军事力量雄厚，可秦军毕竟身处楚国境内，项燕完全可以用楚军全部兵力把秦军围困在楚国，然后抓住时机，实施他的离间计，就是之前跟昌平君提到过的计划。项燕派人潜入秦国，散播王翦要率军造反的谣言。

谣言自然而然地以最快速度传到秦王政的耳朵里，秦王政对身边的李斯说："这一定是楚国的奸计。"

李斯说："大王，这都过去一个多月了，王老将军始终按兵不动，意欲何为啊？"

秦王政厉声道："莫要胡说。我说过，相信王老将军。"

李斯立马收了声，不敢再多言。

项燕的离间计没有奏效，他也不是特别在意，而是把精力全部投放于整肃军纪上面，他以地理上的优势，在淮水和江水两道天堑处，布下重兵，用以抵御秦军。项燕想的迎敌对策就是，如果王翦发动猛烈的进攻，他完全可以放弃淮北地区，奔向下一个防御地点。项燕的思路很明确，就是避免和王翦大军正面交锋，只要防御一直成功，就会耗尽秦军的粮草，粮草一断，就是他反击的机会，王翦大军早晚都是他的囊中之物。

项燕为了此战，做了充分的准备，不仅仅布置好全面防守，他还派人前往秦国消灭的四国旧土去煽风点火，游说那些旧民制造叛乱，以此来牵绊住王翦，就如上次迎击李信一样，采取前后夹击的战斗模式。项燕把自己能考虑到的客观因素全都想了一遍，万一四国的残余力量不配合这次军事行动，对项燕也没有多大的影响，他还有下一个动员的目标，就是尚存的齐国。他大可游说齐国，趁秦国国内现在空虚，派出军队发动奇袭，到时王翦势必要领兵回救，他就可以与齐军打配合，一同攻打秦军，实施夹击。总之，项燕很喜欢打夹击战，在他制订的作战计划中，首选就是夹击。

"兵戈不见老莱衣，叹息人间万事非"，烽火四起、干戈满地的时代，注定了人世沧桑、世事多变。如果事态的发展都如个人所想，岂不是人人可以称王，国国可以称霸了。大部分人做计划时，往往以最好的方向去制定执行，但其中不可控的因素时常以残酷的现实告诉我们，什么是竹篮打水一场空。

统一的前夜：秦始皇横扫六国

项燕派人去被消灭的四国中寻找残余力量，结果徒劳无功。随后，他又派人到齐国动员，希望齐国可以出兵与楚国联合，结果齐王建将使者收押，送给了秦王政，以示对秦国的敬仰之情。

项燕的计划落空，不免有些失望。然而，让他没有想到的是，更加绝望的还在后面。项燕总是想着从内部瓦解秦国，结果有一天，自己却被自己人从内部瓦解了。

此次迎战，楚国是从全国各个地区集结的兵力，才得以凑成一支大军。然而，各个地区却都有自己的小九九，因此看似五十万的大军，实则是一盘散沙，各有各的盘算，而项燕与昌平君的意见相左更是雪上加霜，楚国这次的抗秦之战，艰难程度可想而知。

昌平君一直主张速战速决，他认为兵贵神速，若想耗尽王翦大军的粮草，可以说是天方夜谭，因为秦国拥有巴蜀，粮草远多于楚国，加上被灭四国的物资，秦国的战略资源是楚国无法企及的。但是项燕对昌平君的意见置若罔闻。

这时，各地区的将领也都来找项燕提出意见，他们认为之前迎击李信的时候，轻轻松松就大败秦军，所以秦军没有想象中那么厉害，大家一致认为是项燕怯战，就连楚王负刍都来跟着凑热闹，下令命项燕迅速出兵。

项燕不像王翦那样幸运，遇到一个明君，无奈之下，只好出兵。项燕也不敢再坚持固守，如果此时再不出兵，以楚王负刍的思维方式，定会认为项燕有叛乱之心，恐怕到时他堂堂一名将军不能死在沙场，而是死在黑漆漆的牢笼中。项燕随即向秦军发动总攻，这是他最后的倔强。

浩浩荡荡的50万楚军直奔秦军大营，秦国将士们得知后，欢呼雀跃，摩拳擦掌，大显身手的时刻到了。可王翦却下令不许迎战，将士们不解，他们之所以来到前线，不就是为了与楚国决一死战吗？

王翦意味深长地说道："决战早就开始了。"

对于领兵作战能力超群的统帅来说，决战在自己想要决战的时候就已经开始。而王翦口中的决战，既是指秦国与楚国的决战，亦是指他与秦王政的决战。

王翦率军离开秦国这么长时间，最担心的就是军队的士气。自从李信吃了败仗以后，秦军的士气十分低迷，王翦之所以让军队休整，就是为了能让将士们得到充分的休息，在放松中找回作战的状态。其次，王翦担心的就是秦王政的态度。此时的秦王政内心焦灼，可以说比王翦还要忧虑，换位思考，如果今日是王翦在秦王政的位置上，恐怕早就收回兵权了，所以王翦希望楚国赶紧出兵应战，若是再没有动静，他会因为战线拉得太长而身陷险境。

楚军好像是听到了王翦的呼唤，项燕带着楚国的主力军正在奔他而来。

《史记·白起王翦列传》中，对此战役有着略微详细的记载："王翦至，坚壁而守之，不肯战。荆兵数出挑战，终不出。王翦日休士洗沐而善饮食抚循之，亲与士卒同食。久之，王翦使人问军中戏乎？对曰：'方投石超距。'于是王翦曰：'士卒可用矣。'"。

王翦问手下的士兵："这么长时间以来，士兵们都在玩儿什么？"

部下答道："扔石头。"扔石头也是一个技术活儿，是冷兵器时代军队训练的一门科目，就是看谁扔得远，扔得远的人就是赢家。王翦点点头，依旧没有下令出兵迎战。

王翦熟知将士们出战的激情在慢慢消耗，于是让将士们每天吃饱睡好，为了增加互动，提高娱乐性，还在营中举办起体育竞技赛。这样一来，将士们每天都有事情做，而且还有盼头，慢慢地心情得到放松，每个人都朝气蓬勃，军队的士气也恢复到之前的气势。王翦在无形中，完成了军队的实操训练。

在这样的情况下，楚军的出击，实在不是明智之举。

项燕把 50 万大军分为十支部队，全部上阵，轮番向秦军阵营发动攻势。任楚军怎么叫嚣、进攻，秦军始终严防死守，闭不迎战。

楚军的攻击力一点儿成效也没有，像是出拳打在了棉花上，得不到敌军的任何反应。项燕见状，决定改变策略，让将士们大骂秦军，欲用激将法迫使秦军迎战，结果，又是楚军的一场独角戏，秦军依旧没有出兵的迹象。

秦军面对楚军接二连三的挑衅，始终没有任何反应。项燕都开始怀疑自己是不是过度担心了，秦军很可能就是来此驻守，而不是来消灭楚国的。以项燕多年的征战经验，也知道这种怀疑，是自我安慰，事情不会这么简单。

与项燕有同样想法的还有昌平君。这也是两人在此次战事中，唯一的一次默契。

昌平君认为这种缩头乌龟的举动，不像是秦军的作风。秦军的无动于衷就好像是暴风雨来临前的平静，让昌平君心生一种不好的预感，于是他找到项燕，说道："王翦拒不应战，肯定是在谋划什么，这样很危险。"

项燕认为昌平君终于说对了一次，可眼下并没有解决之法。战争伊始，他采取的作战策略就是"以近待远，以逸待劳，以饱待饥"，可是周围的每个人都在劝他主动出击，速战速决。事到如今，项燕自知已经落入了王翦的计划中，却万般无奈，无法全身而退。

人生就是这样，遇到的很多事情，明知道走得不会很顺利，却又必须这么走，充满无奈。

昌平君并不知道项燕此刻的内心活动，按照他的逻辑分析，他觉得王翦的目的就是拖垮楚军。昌平君的分析有一定的道理，此时楚军的粮草供应已经出现短缺的问题，反观秦军的粮草，仍然堆积如山。

昌平君还在和项燕分析战事走向时，楚王负刍和大臣们催促主动出击的声音不绝于耳。

项燕有苦说不出,他希望楚王负刍能够再给他一点儿时间,王翦在此地驻守这么久,秦王政定会心生疑虑,倘若真的把王翦治罪或者召回秦国,这场战争就可避免,眼前的困境自然迎刃而解。但是,这只是项燕的一厢情愿,他没有等到秦王政的命令,却等来了昌平君的擅自行动。

昌平君决意要带着一半的楚军与项燕分道扬镳。他的理由是,决战的时机不是等来的,而是要靠自己去创造,去抢夺先机,所以他要带领这些兵力开辟另一个战场,他誓要逼着王翦出营应战。

项燕表示强烈的反对,楚军的兵力本就少于秦军的兵力,倘若分兵,会大大减弱楚军的力量,必定会被王翦逐个击破。

昌平君对项燕的态度全然不顾,所谓兵行险着,他不想被王翦耗死,与其死得窝囊,他更想死得轰轰烈烈,于他而言,唯有战死沙场,才能显示出自己的英勇。昌平君决心放手一搏,将兵力分成两路,一路以吸引王翦出兵,一路从后面包抄王翦。

项燕被昌平君的异想天开气得哑然,试问25万人如何包围60万大军?简直是痴人说梦。就在两人为此争论不休时,楚王负刍又派人来催促,并以国君的身份下令:"即刻开战,否则军法处置。"

楚王负刍的命令,无疑是将项燕和50万楚军的人头送给秦国。

现在,摆在项燕面前的只有两条路,一是等到秦王政下令召回王翦。按照楚王负刍下令的速度,此路怕是不通。二是被王翦歼灭。

反观此时的王翦,处境更难。自王翦走后,秦王政无时无刻不在关注前线的动态。一个人的魄力越大,承受的就越重,相应的疑心也会越重。不过王翦理解秦王政的担忧,也会对症下药,每隔一段时间就会派人来求田宅,每每收到这样的请求时,秦王政也懂得王翦的用意,这已经是两人之间的心照不宣。

所有人的煎熬,随着蒙武的归队而得到解脱。

统一的前夜：秦始皇横扫六国

蒙武训练了一年多的骑兵，经过这段时间的努力，秦军的轻骑兵建制得以恢复，王翦十分欣慰，他和蒙武说道："眼下楚军的士气大减，看似是个出兵的好机会，但我还是希望能以最小的伤亡，取得最大的成果。所以由你率领轻骑兵，以原来的魏国为切入口，迂回到楚军背后的彭城（今徐州），而后，我会率领主力与你汇合，咱们来个前后夹击。"

此时的彭城，还是个名不见经传的小地方，然而，在不久的将来，却成为西楚王国的首都，名扬天下。这就是历史的魅力，看似时时在变，却又亘古不变。

蒙武恍然大悟，原来王翦一直按兵不动，就是为了等他和他的轻骑兵归队。霎时间，蒙武觉得自己头顶出现一个光环，认识到自己的位置太重要了，十分感激王翦对他的重视。为了报答王翦的知遇之恩，蒙武由此变得热血澎湃，士气益然，暗暗下定决心，誓要歼灭楚军，消灭楚国。

秦、楚两国的决战就此开始。

项燕收到军报，得知秦军有了出兵的迹象，大为恐慌。他自然也看出了王翦的作战计划，当即严阵以待，欲挥师向东，去驰援彭城。以当时的紧急形势而言，项燕的决策没有问题，可问题是他忽略了昌平君的存在。

两人仅有的一次默契消失殆尽，昌平君又一次跟项燕持有相反的意见，因为他的根据地在西边，如果跟随大军向东，万一王翦趁机出兵攻打西边，那他的根据地就保不住了。所以，昌平君执意要分兵，回去驻守他的根据地。

项燕耐着性子劝说，希望昌平君以大局为重。但昌平君认为，那是项燕的大局，而非他昌平君的大局。在昌平君的潜意识里，他的大局是西边的领地。昌平君直接表明，要动就分开动，要么就谁都别动，一起在原地等待王翦大军。

最后，项燕无计可施，两人只能在战场上分兵。沙场征战，最忌讳的就是战前内部发生矛盾，各自为营。这也预示了楚国在这场战争中的结局。

既然无力改变分兵的结果，项燕希望昌平君可以按照他的计划，由项燕领兵，先向东行进，因为他这路部队兵力较多，假如此时王翦出兵也不怕，起码他可以保住手里这些主力军。这是为大局着想。然而，计划没有变化快，昌平君带着自己的兵团，竟然赶在项燕行动前，就以迅雷之势，火速西退，导致项燕措手不及，陷入困境。

项燕仰天长叹，楚王负刍怎会这般迂腐，指派给他一个如此没有格局的搭档，专坑自己的战友。

在古代战争中，阵前后撤乃是军队大忌。春秋时期，晋军曾和楚军开战，由于晋军不敌，只能连连退军，但是后退的过程中，晋军仍保持阵型严密，所以楚军始终找不到突击的时机，最后晋军得以顺利撤军。这也是历史上少有的大兵团作战中，一方紧追其后，另一方全身而退的战例。

王翦见时机已到，于公元前223年，下令向项燕发动全线攻击。

混乱中，项燕急忙骑马在两翼阵前掠阵，但秦军的进攻速度，如闪电一般，还没看清的时候，秦军前锋已经冲入了楚军阵营。一时间，阵营中乱作一团，厮杀声四起，楚军左右两翼顷刻间被秦军击溃，楚军为了活命，纷乱而逃。

关于秦军与楚军的战事，《史记·白起王翦列传》《史记·秦始皇本纪》中均有简短记载，"翦因举兵追之，令壮士击，大破荆军。至蕲南，杀其将军项燕，荆兵遂败走。秦因乘胜略定荆地城邑。岁余，虏荆王负刍，竟平荆地为郡县。""王翦、蒙武攻荆，破荆军，昌平君死，项燕遂自杀。""取陈以南至平舆"。

从文献的记载中可以看出，王翦率军攻楚，行军路线与当初李信大

统一的前夜：秦始皇横扫六国

军完全相同，结果却大不相同。楚军大势已去，项燕无力回天，秦军大破楚军于蕲（今安徽宿州）。而有关项燕之死，文献中的两处记载稍有出入，不管项燕是如何死的，结果就是他死于这场战役中。

在秦军的高声欢呼中，王翦却显得十分冷静。这看似胜利的胜利，实际上不是完全的胜利，秦军消灭了楚军的主力军不等于消灭了楚国，楚国的首都寿春尚在，楚王负刍尚在，驻守寿春的一支十分强悍的楚国水军尚在，如果不彻底消灭，这都将是潜在的巨大威胁，王翦对此，有清晰的认知。

这种情势下，王翦决定继续挥师南下，欲攻拔楚国首都寿春。全军上下还沉浸在喜悦当中时，一支轻骑部队和一支水军部队悄悄地离开阵营，向寿春进发。

领兵的正是蒙武，他率军绕过驻守淮河的楚国水军，从侧方向寿春北门发动奇袭，直接切断了寿春守军与水军的联系。顷刻间，寿春成为一座孤城。

在楚国摇摇欲坠的紧急关头，楚王负刍终于承担起一国之君的责任，他奋力爬上城墙，号召寿春的百姓与寿春共存亡，一时间，楚国上下，团结一心，寿春保卫战正式打响。

然而，手无缚鸡之力的楚民如何能与虎狼之师抗争。结果可想而知，蒙武率军，以乘风破浪之势，一举攻克寿春，楚王负刍被俘，关在囚车之上，送往秦国，寿春彻底沦陷。

在蒙武成功拿下寿春后，王翦仍没有停下征伐的脚步，而是又派出一支部队，趁热打铁，以寿春为起点，向南方迅速扫荡，将楚国的残余力量全部歼灭。

即便是到了此时，楚国依旧不算灭亡。因为还有一个人存在，就是昌平君。昌平君很快就收到寿春已经陷落、楚王负刍被活捉的消息，这无疑是激发了昌平君潜在的战斗力，他自立为楚国新王，并扬言只要楚国还有一个人在，就一定会跟秦国血战到底，永不退缩。

昌平君带领他的兵团，仔细躲藏，隐蔽前进，终于绕过秦军的搜捕，安全到达楚国广陵。秦军得知后，立即包围了广陵，并展开猛烈的攻势。广陵城中，没有投降者，只有殉国人，包括昌平君。

公元前223年，楚国正式灭亡。

秦王政对于消灭楚国，非常重视，亲自前往樊口，举行盛大的受俘礼。拥有九百年历史的楚国，最后一任国君放弃了王之尊严，匍匐地上，向秦王政行君臣之礼。秦王政宣布将楚王负刍废为庶人，带回咸阳安置。这位末代楚王从此在历史的记载中消失，不知所终。

公元前222年，王翦继而平定了楚国的江南之地，降服了越国之君，设置会稽郡，至此，秦国占领楚国所有领土。

事实证明，如果一个国家的统治者认识不清历史大潮的走向，即使再强大的国家也会迅速灭亡。

秦王政亲自到郊外迎接胜利而归的王翦及奋战前线的将士们，这支战无不胜的虎狼之师，在王翦的带领下，又一次创下了辉煌的战绩，秦王政心中自然欢喜，尤其是王翦没有负他所托，带着全部兵力回到秦国。

秦王政为庆祝王翦凯旋，特意设宴。在宴席上，王翦因为多喝了几杯酒，要归还他跟秦王政要的那些田地、房产和钱财。王翦要这些身外之物的目的，秦王政是知其含义的，王翦也知道秦王政知其意。但是有些话如果明说了，就预示着不会再有心照不宣，两人本就微妙的关系被王翦的一句醉话彻底打破，王翦十分后悔，却为时已晚。

秦王政一直认为，作为一位统治者，思维方式和行为方式不能轻易地让人看透，必须时刻保持一种神秘感，而这种神秘感，是源自于内心的神秘。明确地说，就是不让任何人知道他内心的想法。秦王政自亲政以来，走的每一步，制定的每一个战略，都精准得让人震叹，人们之所以震叹，也是因为猜不透，秦王政把这些精准判断归功于自己的神秘感。

统一的前夜：秦始皇横扫六国

秦王政自认为这几年来，在保持神秘这方面做得一直很好，滴水不漏，直到王翦的一句话，打破了这种美好。

王翦固然是智慧的，能够屹立于秦国军界，且常青不倒，正是因为他的智慧，上可合秦王政的心意，下可与大臣们和谐相处，既有军事能力，又通晓政治，可以说是所有统治者都希望拥有的帝王师。

但也正是因为王翦的聪明，让他失去了秦王政的喜爱。

王翦求见秦王政，言辞恳切地说道："大王，老臣年事已高，这次在楚国待了那么久，体力已经跟不上了，所以我想回家养老，还请大王应允。"

秦王政挽留道："天下未定，齐国未灭，我还需要老将军的力量，为秦国完成大业。"

王翦谦逊地说："大王，我年纪大了，精力确实跟不上国家发展的脚步。而且现在秦国人才济济，能文能武。放眼望去，秦国已然是独尊，天下归秦，已是定局。"

秦王政仍坚持挽留王翦，王翦始终坚持辞官养老，争执再三，秦王政见王翦真的是去意已决，出于为王翦身体着想的好意，便同意让王翦告老还乡。

临行前，秦王政让王翦推荐一个能够担当灭齐大任的人选，王翦毫不扭捏地推荐了自己的儿子王贲。抛开王翦和王贲的父子关系，王翦的推荐是很中肯的，其实秦王政内心的人选也是王贲。这是君臣两人，最后一次的心照不宣。

太史公在《史记·白起王翦列传》中曾说："'尺有所短，寸有所长'白起料敌合变，出奇无穷，声震天下，然不能救患于应侯。王翦为秦将，夷六国，当是时，翦为宿将，始皇师之，然不能辅秦建德，固其根本，偷合取容，以至殁身。"大意为，尺有所短，寸有所长。白起能够精准预料敌情，随机应变，妙计连连，名震天下，然而却不能识破应侯给他制造的祸患。王翦作为秦将，平定六国，功绩卓著，是秦国元老级别的将军，秦王政视他为师，然而他却不能辅佐秦王政建立德政，以巩固秦国的根本，最后迎合以求容身，直至死去。就是说，无论多么优秀的人，总是有自己的短处。

然而，王翦能够在极其盛宠时，急流勇退，谓之知机，最后得以善终，也不失为一个明智的选择。他没有贪财慕势，没有为了自己的私欲而枉费了一生戎马创下的功绩，是给自己最后的体面，亦是给秦王政最大的尊重。

八、齐国心存侥幸却被辗轧

而今，五国被灭，齐国顺理成章地成为秦王政下一个攻打的目标。

齐国有过光辉，而且直至灭亡，光辉仍在。

齐国在春秋时期的时候，通过齐桓公和丞相管仲的努力奋斗，励精图治，成为第一个称霸天下的诸侯国，地位直达顶峰。然而，随着管仲和齐桓公的相继去世，齐国的国力渐渐衰弱，霸主的地位也被晋国夺了去。直到历史上著名的田氏代齐事件发生，齐国的政权发生根本性变化，由姜家转变成为田家掌握政权，虽然易主，国力不似从前，但齐国始终都在强国之列。就算是几经波折，仍没有国家敢把它当作普通的诸侯国。

齐国也曾做过让秦国大为震惊的事。公元前298年，齐国主导了一场合纵，联合韩、魏两国，共同向函谷关发动进攻。这次三国联军结盟攻秦，也是秦国自崛起后，第一次遭遇由齐国主导的联合攻秦事件，由于秦军不敌，无奈之下，秦国被迫割地求和。

也正是因为此次事件，让秦国对齐国刮目相看。在此之前，秦国从未觉得齐国有如此强大的力量。所以，公元前288年，秦昭王在宜阳自封"西帝"时，第一时间便是邀请齐国一起称帝，秦昭王之所以会请齐

统一的前夜：秦始皇横扫六国

国称帝，原因很简单，就是怕自己称帝会引来齐国的不满，导致齐国向秦国发动攻击。

秦王政之前的几任秦国国君，对待齐国的态度，极为谨慎，均是对齐国主动示好，采取笼络的策略，以此来安抚齐国，不要轻易动武。

秦王政自从开始亲政，便加强了对齐国的维稳政策。

秦国以重金收买了齐国的宰相后胜，让后胜在齐王建的面前多多进言，秦国和齐国要一直建立友好邦交，齐国只要不干涉秦国的任何军事行动，秦国不仅可保齐国万无一失，还可以带着齐国一同发展，共创辉煌。

齐王建渴望和平、向往和平，在他执政的期间里，主动放弃了军队的训练和边境的巩固，对任何国家的灭亡都漠然视之。齐王建认为，只有让百姓享受和平才是一国之君该尽的职责，因此，当其他国家的百姓都身陷战乱、朝不保夕时，只有齐国的百姓生活在太平盛世。所以，后胜提出建议时，齐王建觉得甚好。

然而，齐王建忽略了最重要的问题，就是当下齐国所处的环境。

以当时的历史背景来看，秦国一步步吞并掉了其他国家，没留一点儿余地，齐国就算是仍然尚存，实际上也已名存实亡了。

齐国对其他国家的呼救，置若罔闻。对逃亡到齐国的各国难民，除了有钱的各国王室成员，其余普通百姓，齐王建下令一律以武器驱赶，禁止他们进城。

秦国正在发动连续军事行动，以此来开疆拓境。反观齐国，还在妄想，并以短暂的和平来招收有钱的难民，只为从中获取巨大的利润。韩、赵覆灭了，齐国在歌舞升平；燕、魏覆灭了，齐国依旧歌舞升平；楚国覆灭了，齐国还在歌舞升平。

大臣们纷纷觐见劝说齐王建，连楚国都被秦国消灭了，齐国的未来岌岌可危，不能再事不关己，如此下去，齐国是要灭亡的。

齐王建觉得大臣们的意见不无道理，便跑去问后胜。后胜收了秦国重金，自然是要加以安抚，他告诉齐王建那都是没影儿的事，秦国一向对齐国友好，完全没有要消灭齐国的意思，让齐王建把心放肚子里。

后胜的话并没有打消齐王建内心的疑虑。就在齐王建忐忑不安的时候，一个大臣求见，说道："大王，秦国已经消灭了其他五国，只剩我们齐国了，这不是个好兆头，我们得想办法反抗秦国啊！"

齐王建问："有何办法？"

大臣答道："韩赵魏的旧部不愿接受秦王政的统治，如今都逃亡到齐国，齐国现在的兵力可达百万，不如把这百万将士借给他们，以支援他们收复故土，这样他们就有能力与我们联合，共同抗击秦国……"

没等这个大臣说完话，后胜立刻打断，对齐王建说道："大王，此人就是个疯子，我们哪有百万兵力啊，就算是有，也不可能借给那些失败者，万一他们联合起来，反齐怎么办？那不是羊入虎口吗？"

齐王建本就心烦意乱，又被这个大臣胡乱搅和，更是烦躁不安，随即便将这个大臣处死，然后问后胜："我们是不是应该提防着秦国？"

后胜自信满满地回答："完全没有必要，倒是那些亡国的余孽，留在齐国是个后患，应该全都赶出去。"

得到后胜的安抚，齐王建彻底放下对秦国的戒心，继续悠哉度日。

殊不知，此时的秦王政正和王贲商量如何攻打齐国呢。

王贲认为，攻打齐国比攻打楚国容易得多。秦王政叮嘱王贲，不能像攻打楚国那样轻敌，和齐国硬碰硬，会增加秦国的损失，还需想好万全之策。

王贲告诉秦王政，他已经有了一个绝妙的计划。其实，所谓的绝妙计划，并没有十分妙。在当时的形势下，但凡有过作战经验的人，对军事稍作研究，都想得出来。

王贲制订的作战计划，首先在齐国西面安排重兵，以此来吸引齐国

统一的前夜：秦始皇横扫六国

快要荒废的主力军，如此一来，王贲就有机会悄悄率领一路精锐，向齐国北面发动奇袭，然后就可以顺势攻向齐国首都临淄。

攻灭齐国的号角已经吹响，齐国十分配合王贲的表演，落入王贲设下的圈套。

公元前 221 年，齐王建下令主力军火速赶到西境集结，以应对来势汹汹的秦军。王贲抓住时机，在齐国主力军前往西境的路上，从前燕国南部（今河北北部）南下，进攻齐国首都临淄（今山东淄博临淄）。

齐军战斗力本就不强，士气消沉，对秦军突然从北进攻，更是措手不及。秦军所经之处，凡齐国城池，全部投降，包括齐国首都临淄。让王贲大为震惊的是，秦军之所以这么顺利攻下齐国首都临淄，是因为沿途中，没有遇到过任何抵抗，这是前所未见的。

齐王建坐着一辆牛车从临淄城里出来，向王贲投降。秦王政收到前线的军报后，高兴之余没有太多惊喜，他预料到齐国会投降，却不承想齐国会这么快投降，全然没有与敌人斗智斗勇的成就感。

投降的齐王建，对秦国、对未来仍抱有美好的幻想，他觉得就算是降者，秦王政也会善待他，至少会给他一座小城池，让他安度晚年，毕竟齐国与秦国有着深厚的友谊，四十几年来齐王建一直秉持着不干涉秦国蚕食他国行动的信念。

事实证明，齐王建高估自己了。秦王政消灭齐国为的是统一天下，是为了打破从前的封建制，大业绝非友谊能够相提并论的。最终，齐王建的美好愿景落空，他被流放到一处谁都不知道的森林里，自此在历史中消失。

随着齐王建被俘，齐国正式灭亡。秦王政在齐地设置了齐郡（今山东淄博东）和琅琊郡（今山东胶南）。

历史中，走向灭亡的国家，所经历的过程总是惊人的相似，大都拥有一个不作为的国君、一两个甚至更多搅乱内政的大臣。齐国自太公望封国建邦开始，一度富甲一方，兵甲数万。至齐桓公时期，已是东方大国，经"尊王攘夷"，一跃成为春秋五霸之首。到了齐康公时期，由于齐康公沉迷酒色，荒淫无度，大夫田和将齐康公放逐，自立为国君，是为田齐太公。公元前386年，田和被周王封为诸侯，至此姜齐被田齐取代，这次事件就是著名的田氏代齐。田和正式称侯，仍沿用齐国的名称，被称为"田齐"，成为战国七雄之一。到了齐湣王时期，齐国也曾开疆拓土，南吞宋国，西却强秦。直到齐王建时期，齐国非但没有得到发展，实力还一落千丈。

前面提到过，齐国的辉煌时期很长。然而，沦落至灭亡的下场，跟齐王建的统治风格有很大的关系。齐王建自继位开始，就在享受历代国君为齐打下的良好基础。可以说，他身为一国之君，不思进取，不懂得居安思危，就已经预示着齐国没有良好的前景。最为致命的一点，是他用人不当，连齐国人民都知道他任用宾客之前，不去审查宾客的品行，不具备一位明君应有的独立思考的能力，人云亦云，所谓"君之所以明者，兼听也；其所以暗者，偏信也"。正是因为齐王建的偏信，最终导致齐国走向灭亡。

齐国的灭亡，宣告着秦王政已经完成统一大业。

预判到的结果，终得实现。秦王政内心是激动的，但更多的是对未来的踌躇满志。自三皇五帝以来，历史上还没有出现过拥有如此广阔的土地，以及如此多的百姓的国君，秦王政是头一个。当然，秦王嬴政不会止步于此，虽然已经平定六国，但是接下来需要他做的事情还有很多，之后还有很长的路要走。

据《史记·秦始皇本纪》中载："丞相绾、御史大夫劫、廷尉斯等皆曰：'昔者五帝地方千里，其外侯服夷服诸侯或朝或否，天子不能制。今陛下兴义兵，诛残贼，平定天下，海内为郡县，法令由一统，自上古以来未尝有，五帝所不及。臣等谨与博士议曰：'古有天皇，有地皇，有泰皇，泰皇最贵。'臣等昧死上尊号，王为'泰皇'，命为'制'，令为'诏'，天子自称曰：'朕。'"

丞相王绾、御史大夫冯劫、廷尉李斯等大臣都认为，秦王政创造了五帝都不曾创造的奇迹。从前五帝的领土纵横各千里，并划分侯服、夷服等地区，尚且不能控制他们是否前来朝见。而今，在秦王政的统治下，天下得以平定，全国范围内的郡县都已设置完毕，法令归于一统，这是自古以来都不曾有过的局面。所以他们与博士商议，希望秦王政能以"泰皇"为尊号，发政令称为"制书"，下命令称为"诏书"，天子自称为"朕"，以此来彰显秦王政的无上尊贵。

公元前221年，秦王政时年39岁。只见他端坐在威严、深邃的咸阳宫前殿，专注地看着面前竹简上的两个字"泰皇"，沉思许久，说道："去'泰'，著'皇'，采上古'帝'位号，号曰'皇帝'。"(《史记·秦始皇本纪》)秦王政定尊号为皇帝，继续说道："朕闻太古有号毋谥，中古有号，死而以行为谥。如此，则子议父、臣议君也，甚无谓，朕弗取焉。自今已来，除谥法。朕为始皇帝。后世以计数，二世三世至于万世，传之无穷。"(《史记·秦始皇本纪》)

秦王政认为，上古有帝号无谥号，这样甚好。而中古开始有帝号，死后据生平事迹定谥号，相当于给了儿子评论父亲、大臣评论君王的机会，没有道理可言。其实，很可能是秦王政不想死后被他人评论。于是，秦王政下令，废除谥号，并宣布以后他就是始皇帝，他的后代从他这开始，称二世、三世直到万世，永远相传。

由此可以看出，秦始皇对秦国大业抱有无限美好的愿景。

据《史记·秦始皇本纪》中记载："始皇推终始五德之传，以为周得火德，秦代周德，从所不胜。方今水德之始，改年始，朝贺皆自十月朔。衣服旄旌节旗皆上黑。数以六为纪，符法冠皆六寸，而舆六尺，六尺为步，乘六马。"按照文献记载的内容可以得知，秦始皇以水、火、木、金、土五行相生相克、终始循环的原理，认为周朝占有火德的属性，而秦国如今得以平定天下，秦德自然要取代周德，就必须取用克制周朝火德的水德，方能彰显秦德的威武。而今，就是水德的伊始，如此更需改岁首，朝贺都以十月初一为元旦。在阴阳五行学说中，德行与颜色有搭配关系，土德尚黄，火德尚赤，金德尚白，水德尚黑，木德尚青。所以秦国的衣服、符节和旗帜的装饰都以黑色为贵。秦始皇还下令数目以六为单位，符、法冠都定为六寸，车厢宽六尺，六尺为一步，一车驾六马。

不仅如此，秦始皇对皇帝所用的大印的要求也极高。以秦始皇的逻辑，皇帝的大印，必须特别，且一定要是特别中的特别，不是随随便便谁都能拥有的，样式更是以前从未出现过的。

秦始皇把制造皇帝大印的事宜，交由李斯去办。

李斯提议，玉乃天地间的精灵，其中和氏璧又是世间独一无二的玉，用来制作成皇帝大印，最为符合秦始皇的身份。秦始皇觉得李斯的提议甚好，并下令在制作大印时，在玉上刻了八个大字：受命于天，既寿永昌。

意思是，顺受天命当皇帝，应该使黎民长寿、国运永远昌盛。这种口气，无不彰显着秦始皇的自信。最后，只限皇帝使用的、以玉质雕刻的大印称为"玺"。

这也意味着一个崭新时代的开端。原来被中原各国弃之敝履、避如蛇蝎的秦国，最终靠着自己的双手，统一天下，也从侧面说明了法家文化在战乱的时代，取得了最后的胜利。自此，中国进入了鼎盛时代。

九、唯一的小幸存，卫国

东周五百年剪不断、理还乱的纷争，秦始皇仅仅用了十年的时间，彻底改变格局。整个过程如同一场外科手术，秦国以干净、利落的刀法，

统一的前夜：秦始皇横扫六国

一刀一刀，快、准、稳。

在秦始皇统一中国的进程中，六国被强势消灭，唯独一个小国在这场声势浩大的战事中，全身而退，没有遭到秦国无情的碾压，就是卫国。

卫国，是周朝的姬姓诸侯国。周公旦时期，管叔、蔡叔怀疑周公旦的用心，与武庚禄父发动叛乱，周公旦奉成王的命令，戡定内乱，将原本管、蔡监管的殷商遗民迁到卫国，并封康叔为卫国君主，治理卫国，居住在黄河与淇水之间原来商的旧都殷墟。卫国因此而来。

卫康叔成为卫国的第一任国君，他是周武王的同母弟弟。在卫康叔的治理下，卫国得以和睦与安定，国民生活幸福。然而，后代历任君主的能力都不是很高，无所作为，导致文献中对卫国的历史记载少之又少。卫顷侯时期，曾以重金厚赂周夷王，使卫国的伯爵升为侯爵。到卫武公时期，卫国又恢复卫康叔时期的安定。

武公在位期间，重新执行卫康叔的政令，并亲自率军辅佐周天子平定了犬戎之乱，建立大功，周平王因此赐卫武公为公。随着卫武公的去世，卫国的盛势再度走向衰微。

卫国在卫宣公在位期间，一度发生了父亲抢夺儿子心上人、父子之间相互残杀、兄弟之间相互摧毁这样惨烈的事件，卫宣公及他的儿子们便是事件的主角。如此君主，注定不会带领卫国走向美好的未来。

到了卫悼王时期，曾夺取晋国大权的智瑶欲攻打卫国，据《战国策·宋卫策》中记载："智伯欲伐卫，遗卫君野马四、白璧一。卫君大悦，群臣皆贺，南文子有忧色。卫君曰：'大国交欢，而子有忧色，何？'文子曰：'无功之赏，无力之礼，不可不察也。野马四、白璧一，此小国之礼也，而大国致之。君其图之。'卫君以其言告边境。智伯果起兵而袭卫。"就是说，智伯在攻打卫国之前，还送予卫悼公厚礼，若不是南文子机警，提醒卫悼公无功劳的奖赏、不出力的馈赠，不可不详查，恐怕卫国早已被智瑶收入囊中。

这也说明，卫国在春秋时期，地位很低，是任何国家、任何政权都可以随意出兵进行打击的。

卫国曾先后建都于朝歌、楚丘、帝丘、野王，范围大致为现代的河南北部与河北南部一带，在西周初期，曾是一个较为出名的诸侯国，到了东周时期，随着周边大国的强势崛起，卫国又屡遭戎狄滋扰，内乱频繁，开始不断衰弱，最终沦为一个夹缝中求生存的小国。

战国时代，就连七雄中最为弱小的韩国也能轻而易举地消灭卫国。但是，秦始皇统一六国后，并没有对卫国发动军事行动，直至秦始皇病逝时，卫国依然是一个特别的存在。

秦始皇之所以留下卫国，无外乎如下原因：其一，卫国不堪一击。卫国在春秋时期已经衰落成为中等诸侯国，战国时期更加衰微，从而导致卫国君主的称号一贬再贬，在卫成侯时期一度自贬为侯，至卫嗣君时，又自贬称号为君，而此时的卫国，已沦为魏国的藩属。

想必这也是商鞅离开卫国的原因，如此弱小的国家，只有挨打的份儿，怎么会有机会得到发展呢？倘若卫国具有其他六国一样的实力，无论是否归属秦国，秦始皇都会下令消灭卫国，比如韩国和魏国，早已向秦国俯首称臣，但最终仍然被秦国所灭，尽管当时的韩国、魏国已经无法对秦国构成威胁，但毕竟它们曾是大国，它们的存在会阻碍秦国统一的脚步，而弱小的卫国，灭与不灭，对秦国来说，影响不大。因为在秦国的眼里，它根本就不存在。

其二，卫国名存实亡。《史记·秦始皇本纪》中曾记："（始皇）六年，韩、魏、赵、卫、楚共击秦，取寿陵。秦出兵，五国兵罢。拔卫，迫东郡，其君角率其支属徙居野王，阻其山以保魏之河内。"在秦王政继位六年后，卫国与韩、魏、赵、楚四国联合攻打秦国。此举惹恼了秦国，秦国当即出兵攻占了卫国的濮阳城，即卫国仅剩的一座城池，并废黜了卫国君主卫元君，将新立的卫君角和他的亲眷迁徙到秦国管辖范围内的野

统一的前夜：秦始皇横扫六国

王。此时卫国的名号虽在，但实际上和灭亡也没有太大的区别。随后，濮阳城也成为秦国东郡治下的濮阳县。卫国的地位都比不上商君商鞅和武安君白起等封君的大人物。

其三，树立良好形象。秦始皇强势横扫六国，对民众来说，是一件极为恐怖的事情，尤其是六国旧民，人人自危，成日惶恐，这种情绪的积累，造成了对秦国强烈的抵触。这时，留下卫国就显得尤为重要。秦国可以利用卫国充当仁德的招牌，从而在中原大地树立起一个典型，既能彰显秦始皇的宽仁豁达，同时能够向所有民众传递善意，以此来取得民众的信服，减少民众对秦国深深的敌意。如此一来，不仅减少了秦国的损耗，还加快了秦国完成统一大业的剩余工作。

秦国没有消灭卫国，其中还有一点原因，就是商鞅、吕不韦原本都是卫国人，他们对秦国的发展做出了重大的贡献。秦始皇也可能是念及他们为秦国做出的贡献，所以才留下卫国。

由此看出，秦始皇留着卫国，是有自己的考虑。无论其真正的原因和用意是什么，历史所呈现的结果就是，秦始皇留下卫国，为秦国和自己带来了正面舆论，而这是武力无法做到的。直到秦二世时期，卫国才正式灭亡。

据《史记·卫康叔世家》中记载："君角九年，秦并天下，立为始皇帝。二十一年，二世废君角为庶人，卫绝祀。"秦二世将卫君角贬为平民，卫国的祭祀从此断绝，这也意味着卫国的历史结束了。

卫国是周王朝时期诸侯国中生存时间最长的国家，也是除秦国之外，最后灭亡的国家，其存在时间比秦国和已灭亡的六国都要长，九百年左右的历史，是周王朝也不及的，卫国可以说是当时存在时间最长的诸侯国。

十、横扫六国的辛路历程

"古之立大事者,不惟有超世之才,亦必有坚忍不拔之志",以此来形容秦始皇,一点儿也不为过。凡事没有一蹴而就,更何况是统一天下,其中过程之艰辛,历史给予了最客观的见证。

自秦始皇亲政开始,他便为消灭六国做全面的准备。秦始皇的军事行动如下:

公元前236年,主将王翦、次将桓齮、末将杨端和三军并为一军,攻打赵国邺城,夺取九座城邑。

公元前235年,秦国与魏国一同攻打楚国。

公元前234年,桓齮率军攻打赵国平阳,斩杀赵将扈辄,斩首十万赵军。同年十月,桓齮再次领兵攻打赵国。

公元前233年,秦军在平阳与赵军交战,攻占了宜阳,随后斩杀赵将,平定了平阳、武城。

公元前232年,秦国大举出兵,一支军队主攻邺城,一支军队主攻太原,并夺取狼孟。

公元前231年九月,秦国派兵接收韩国投降的南阳城,并任命内史腾为代理南阳太守。同年,魏国向秦国献地。秦国设置丽邑。

公元前230年,内史腾攻打韩国,俘虏韩王安,占领韩国土地。韩国灭亡。

在秦始皇确立了自己绝对的权威后,对六国的军事行动也由先前的蚕食变为吞并,并采取了"先取韩,以恐他国"的策略。韩国的灭亡,标志着秦始皇正式开启横扫六国之路,吞并六国的过程如下:

公元前229年,秦国出兵攻打赵国,王翦带领上地的将士们,一举攻占井陉,杨端和则带领河内的将士们,与羌瘣联合攻打赵国,并将邯

统一的前夜：秦始皇横扫六国

郸包围。

公元前 228 年，王翦、羌瘣完全占领了赵国东阳地区，擒获了赵王。同年，秦国出兵攻打燕国，驻军中山。

公元前 227 年，王翦、辛胜率军攻打燕国，燕国与代国联合抗秦，于易水西面与秦军交战，结果燕军大败。

公元前 226 年，秦始皇命王贲领军攻打楚国，并增派援兵到王翦军中，以攻打燕军，占领燕国蓟城，取太子丹首级。

公元前 225 年，秦始皇派王贲率军攻打魏国，引汴河之水倒灌大梁，大梁城墙塌坏，魏王请降，秦国占领魏国全部土地。

公元前 224 年，秦始皇再次诏令王翦领兵攻打楚国，秦军占领了陈县以南直至平舆的土地，并俘虏楚王。

公元前 223 年，王翦、蒙武领兵攻楚，大败楚军，昌平君战死，项燕自杀。(《史记·白起王翦列传》中记，项燕被秦军所杀，前面提到过。)

公元前 222 年，秦国再次兴兵，由王贲率军，向燕国的辽东郡发起攻击，秦军大胜，俘虏燕王喜。秦军遂掉转矛头，攻打代国，并俘虏代王嘉。王翦领兵平定楚国长江以南的地区，并成功收服越族首领，设置会稽郡。

公元前 221 年，秦始皇命王贲领兵经由燕国南攻打齐国，俘虏齐王建。

从公元前 230 年起至公元前 221 年，秦始皇耗时十年，陆续兼并了六国。纵观秦国统一六国的艰辛历程，不难发现，此事始于偶然，终于必然。

战国时期，人口数量不像现在这么多，尤其是各国的兵力，对各国来说，极为珍贵、难得，所以才会出现强制兵役、以爵位论赏的政策。当时，兵力能达到百万之多的国家，只有秦国和楚国，其余国家的兵力最多也就几十万人。

经过长平之战后，赵国的大部分兵力都被秦国消灭，因此导致赵国在秦始皇统一之前，再也没有恢复到以前的强大。而韩、赵、魏三国因所处的地理位置，致使他们三国是在抗击秦国战争中损失最惨重的国家，其次便是楚国。

《史记·白起王翦列传》中曾记："白起为左更，攻韩、魏于伊阙，斩首二十四万。""白起攻魏，拔华阳，走芒卯，而虏三晋将，斩首十三万人。与赵将贾偃战，沉其卒二万人于河中。""白起攻韩陉城，拔五城，斩首五万。"

从文献记载的斩首人数来看，仅以白起发动的军事行动为例，除长平之战被白起坑杀的四十余万赵军之外，在伊阙之战中，白起还斩杀了韩、魏联军二十四万人，在秦昭王三十四年的战役中，消灭魏、赵联军共十五万人，以及在秦昭王四十三年的战役中，斩首韩国五万人。大概可以推算出，秦军消灭敌军的数量多达四十余万，还有之后秦军所消灭的各国兵力，都是数以万计。

如此看来，秦国的统一，可以算是消耗人口的统一战。在不断地蚕食之下，致使他们无力反抗，最终得以获胜。可以说，秦国是踏着数以万计的尸骨，登上统一六国的巅峰的。

在当时的历史背景下，秦国似乎又别无他法。秦国统一的步伐之所以会如此残暴，因为秦国也是第一次发动这样的统一大战，而且这场统一大战是空前的，所以它没有可以汲取的经验，也没有比较柔和的方式，尤其是面对各国强烈的反抗，好像只有武力镇压，才能实现真正的统一。

在此之前，各个国家的百姓具有很强的地域归属感，哪怕是被暂时打败，也时刻谨记自己是哪国人，自己的仇人是谁。这种现象随着秦始皇统一的开始，发生了变化，百姓会认为大家同属于一个国家。这在无形当中，使得统治者拥有了人心。

综上所述，不难发现，秦国的统一，并不是一次偶然的事件，它是

统一的前夜：秦始皇横扫六国

长时间内各种事件积累的结果。

秦始皇能够顺利吞并六国，其中很大一部分因素是秦国历代国君打下的基础，尤其是秦孝公统治时期，当然，其中还包含了历代秦王通过蚕食逐渐积累的成果。这些成果，如同一块块基石，不断地积累，不断地堆砌，才造就了秦国的高度。

秦始皇正是踏着这些基石，寻找出一条走向统一的道路，并取得了前所未有的成功。而秦始皇成功的关键，显得格外重要，因为在秦国之后的每一个像秦始皇一样的开朝皇帝，几乎都是踩着秦始皇的足迹，一步一步走过来，最终取得成功的。

秦始皇一步一个脚印，也被归功于孟子所说的"天时、地利、人和"。这六个字，在成功者的眼里，可以说是一个成功的秘诀。

秦国的地理位置，我们一直都有提到，这也是秦国取得成功的关键之一。秦国从最初在关中得以建国，之后经历了被各国孤立于中原之外，通过奋发努力，能够凭借实力一步步蚕食山东地区，再到后来有能力取得四川地区，作为自己的战略基地，最后以秋风扫落叶之势，横扫六国，正是因为地理上的优势。

秦国的东面是黄河弯道，黄河以南能够进入秦国的几条通道，都被山脉阻隔，只有少数几个战略要地能够通行，自然也是秦国重点防御的区域。在当时的历史背景下，这个地理位置于一个国家来说，简直是上天的垂青。在秦国尚未强大之时，虽然无法向外扩张，可其他国家也进不来，确保了秦国可以悄悄地、稳稳地凝聚力量，不被东方各国发现。

而后，秦国获得了关中地区和四川地区，相当于坐拥充足的战略资源，从而保证了秦国所需的军事储备。

当时的秦国，政治文明程度不是很高，常常被其他国家嘲笑为蛮夷，更不用说国内的行政管理了，但有时劣势就是优势，正因为如此，反而给商鞅提供了变法之便，经过变法，秦国成为名副其实的虎狼之师。

拥有如此"地利",在交通、经济并不发达的冷兵器时代,更显宝贵。因为在当时,关起门来埋头苦干,才是正道。其他国家也曾兢兢业业,任劳肯干,但都没有像秦国这般崛起之神速,发展之强大,究其原因,就是秦国的地利。而关中地区和四川地区的地理优势,在秦国统一的步伐中,作用也凸显出来,为秦国提供了胜利的法门。

秦国统一伊始,进展十分缓慢,境遇亦很艰难。因为尚处在摸索阶段,许多战略计划都是在秦国的尝试中,慢慢地定型。就拿攻打楚国为例,秦军采取的战术是从长江上游作为切入点,并利用地势,进行分路包抄,最终获得显著的成效,这一战略计划,被后来的王朝多次效仿。正是因为秦国的一路摸索,这些战略要地才得以出现,之后的历代将军才能循着秦军的行迹,排兵布阵,在战事中获胜。

秦国崛起,并开始对各国进行实质性的打击时,它们都没有清楚地意识到秦国的战略决心。东方各国也曾结成联盟,却各自为营,每次联合攻打秦国,都没有起到任何效用;相反,秦国可以从容不迫地进行连横,逐个击破,它们的狼狈模样增加了秦国灭掉它们的信心。

秦国自秦孝公后,继承了秦孝公扩张思想的是秦惠文王和秦昭襄王。

秦惠文王时期,张仪是秦国主要的政策制定人,他致力于破坏其他各国的合纵联盟。当时秦国的军事优势已经十分显著,国家的实力与其他国家相比,至强不弱,正是因为秦国越来越强,才使得其他国家意识到危机感,但仅凭一国之力,又很难与秦国对抗,恰逢此时,苏秦主张合纵,并游说六国国君联合起来共同抵抗秦国。张仪的连横之术,就是针对合纵政策所创立。

当连横成为秦国的潮流之时,楚国被秦国视作最大的威胁。相较于其他国家,楚国的国土面积实在太大了,最重要的是,当时只有秦国和楚国可以集结成百万兵力的军队。

从地理位置上看,秦国与楚国交界,两国于武关形成对立地势。在

统一的前夜：秦始皇横扫六国

这样的背景下，楚国自然而然地成为秦国向外发展、扩张领土的最大阻碍。因此，全力以赴地削弱楚国的力量，以此来破坏六国的合纵政策，成为张仪工作的重中之重。

秦昭王在位56年，可以说是秦国历史上对统一大业贡献最大的一位国君。秦昭王在魏冉和白起的辅佐下，蹈锋饮血，所向披靡，致使楚、赵、魏、韩四国的国力不断地被削弱。秦昭王时期，为秦国完成统一大业，打下了雄厚的基础。

秦昭王统治下，所采取的一系列战略计划，可以说是春秋战国时期的战略思想的一个高峰点。秦昭王能够精准地选出最强劲的对手，并最先予以打击，在这个过程当中，还能适时地与其他国家联合，从而削弱对手的实力，待被视为最强对手的实力受到严重打击后，能够迅速地挑选出下一个打击的目标，周而复始，反反复复，直到秦昭王认为再没有可撼动秦国的力量，任何国家不会再威胁到秦国为止。

在这种情势之下，没有一个国家是秦国忌惮的。当一个国家不再有所忌惮，这就是天时。时势造英雄，大概就是这个道理。

当然，可以更加直白地理解天时的含义，那就是当生存在几百年的诸侯并立、征战不止、动荡不安的时代，无论是任何国家、任何国家的人民，都会被这种情势压抑得困苦不堪，战争停止成为每个人内心深处的迫切希望。可如何才能终止战争的唯一办法，就是只有一个国家存在。

在古代人的心里，人和天是不可分割的，当所有人的愿望一致时，就是被视为天人合一时，那么心中所愿定会实现。而当时能够实现大众之愿的国家，只有秦国。因此，秦国就是所有人民潜意识里的希望的寄托，这也正是秦国吞并六国引起的反抗中，没有百姓参与的原因。

所谓人和，从字面理解就是个人、组织的共同努力。如果更深层次地去剖析人和，会发现少不了天时、地利的配合。总而言之，在天时、地利、人和的相互配合下，才能达到由量变到质变，由质变到裂变，由裂变到大业有成的效果。

秦国的努力，天地可鉴，日月为证。

儒家学派的代表人物荀卿曾到处游历，其中秦国给他留下了深刻的印象。秦国的百姓质朴豪爽，勤奋上进，敢于做别人不敢做的事。秦国的官员，无论官职大小，都很有责任心，他们人人都能够严谨地履行自己的职责。荀卿以为，一个国家强盛的动力来源于好的秩序，而责任心就是产生好的秩序的源头。

在秦国游历的日子里，荀卿还发现一个现象，就是秦国卓越的官员，尤其是高级别官员，好多都是他国人员。前面的内容提到过，秦国曾一直被东方各国排挤、打压，幸好它具有地理上的优势，否则早就被东方各国消灭了。也正因为经历过低谷，所以秦国历代国君都敞开胸怀，敢于重用其他国家的人。这种敢用、重用他国人才的胸怀，弥补了秦国缺少人才的短板，并使秦国在短时间内，成长为强国。

秦国的百姓文化水平不高，不理解东方国家的礼乐诗书，也不明白温良恭俭让是怎么一回事，他们直率到想做什么就做什么，不喜欢被束缚，所以他们崇尚武德。商鞅变法后，秦人的尚武之气被彻底激发出来，在他们的眼里，要想富就得上阵杀敌，这也是秦人的战斗力为何会如此强悍的原因。

当然，再强悍的秦人，也需要一个拥有智慧的领导者。在秦国历史中，没有知识水准特别高的国君，但是他们能抛开那些文化思想的缠绕和束缚，所以他们的目标会更清晰，决断会更直接，效率也就更高，最终把其他国家远远抛在后面。

常言道"一辈新鲜一辈陈"，任何一位新任国君，无论出于什么目的，因为什么原因，都会或多或少地改变上一任国君留下来的政策，秦国也会面临这样的问题，但是秦国的运气会好一些。秦国在商鞅变法后的一百五十余年里，新继任的国君在位时间普遍很长，这也是秦国政治

统一的前夜：秦始皇横扫六国

的稳定性和连续性得以保证的重要原因。

一个国家能够稳步发展，其政治的稳定性和连续性是必要条件。

秦国能够统一六国，还有一个不可或缺的重要因素，就是作战刚需用品——兵器十分硬朗。

魏国是战国时期最先使用铁质兵器的国家，铁质兵器的特点之一，就是比青铜兵器更加坚硬。其他国家也跟随魏国的脚步，逐渐把铁质兵器投入到军队的使用当中。由于当时的炼铁技术尚不发达，导致铁质兵器在战场上比青铜兵器的使用效果差了许多。而秦国因为所处地理位置的原因，始终与东方国家隔绝，军队中使用的一直都是青铜兵器。战国时期的青铜冶炼技术已经很成熟。所以，从兵器的角度而言，秦国占据了一定的优势。

还有最重要的一点，就是前文一直在强调的"法"，其实这是上面内容的一个重复，但是也是重中之重。秦国正是因为有严格的法律条令，才会使得行政效率非常快捷，就拿国君颁布的法令来说，早上刚刚宣布，晚上就能传遍全国，第二天就得到高效地执行。如此高的效率，即便是科技十分发达的今天，也不是所有国家都能达到的。

不能说严酷的法律是好的，但也不完全是坏的。由于法律过于松弛，有法不依、执法不严而覆灭的国家比比皆是。倘若一个成年人，不去承担本该属于自己的责任，那么就注定会影响自己，影响周围的人，甚至影响国家。

1975年，我国考古工作者在湖北省云梦县睡虎地11号墓中，发现了大量记有秦国法律的竹简。经过考古工作者的整理，发现总计有简1155支，被称为"睡虎地秦墓竹简"。

据考古资料显示，该墓的墓主是一个叫"喜"的人，他生于秦昭王四十五年，死于秦王朝建立后的第五年。根据墓中的陪葬品等古物推断出，喜生前是地方司法刑狱的官员。据舒之梅先生考证，喜在秦始皇时期，抄存了这批竹简，死后将这些抄录的法律文书、参考案例等随葬在墓中。

云梦睡虎地秦简虽然是在秦始皇时期抄写的，但竹简中所抄写的秦国法律文书，成文时期却有早有晚，最早的可追溯到商鞅变法时期，最晚的到秦始皇三十年。所以说这些竹简抄录的内容，反映了秦国自商鞅变法至秦始皇三十年长达近一个半世纪的秦国法制建设的历程。这一发现极具历史意义。

云梦睡虎地秦简可以说是商鞅制定的律法的延续。韩非曾说过："及孝公、商鞅死，惠王即位，秦法未败也。"（《韩非子·定法》）而云梦睡虎地秦简的发现，从侧面证实了韩非的话。

《秦律杂抄·傅律》中记载："百姓不当老，至老时不用请，敢为诈伪者，赀二甲；典、老弗告，赀各一甲；伍人，户一盾，皆迁之。"由此可见，云梦睡虎地秦简的连坐法与商鞅的连坐法，是一脉相承的。

《秦律十八种·军爵律》中记载："从军当以劳论及赐""隶臣斩首为公士"，由此可见，在赐爵制度方面，与商鞅的爵制基本上是一致的。

商鞅变法中关于罚作奴隶的法律，在云梦睡虎地秦简中亦是层见叠出，比如"耐为隶臣""刑为隶臣""以为隶臣"。除此之外，还有严惩盗贼、禁止私斗、赏告奸、统一度量衡等等，在云梦睡虎地秦简中也多次出现。

可以说秦国的法律很严厉，但并非想象的那么随意株连、冷酷残暴。从云梦睡虎地秦简中摘录了几条有关秦律的记载，可以看出，秦律没有想象中的那么可怕，比如其中的："夫盗千钱，妻所匿三百，可以论妻？妻智夫而匿之，当以三百论为；不智（知），为收。"就是说，一家之中，丈夫偷钱触犯了法律，若是妻子知情不报，也会被处罚，若是妻子不知道，便不予追究。

还有："甲盗，臧［脏］直［值］千钱。乙知其盗，受分赃不盈一钱，问乙何论？同论。"就是说，如果甲行窃了，乙知情后，哪怕是使用不到赃款全额的百分之一，也是与甲得到同样的刑罚。

再有："甲盗钱以买丝，寄乙，乙受，弗知盗，乙论何也？毋论。"就是说，甲用行窃来的钱购买了丝线，寄存在乙那里，如果乙在不知情的情况下接受了丝线，乙并不会被处以刑罚。

由此可见，秦国的法律，有情有严。接下来的两条内容，简直堪称思想品德教育的典范：

其一："削［宵］，臧［脏］直［值］百一十，其妻、子智［知］，与食肉，当同罪。"就是说，妻子和儿子知道丈夫在夜间行窃，并且用偷来的赃款，买吃食，那么妻子和儿子应当与丈夫受到同样的刑罚。

其二："有贼杀伤人冲术，偕旁人不援，百步中比［野］，当赀二甲。"就是说，大家看到有人在街上行凶，距离事发地点很近的人，没有及时伸出援手，也将获罪，并进行罚款。

这只是云梦秦律中很少的一部分内容，而秦律的条例是十分详细的。云梦秦律不仅详细地展现了秦国较为完善的法律，充分地反映了秦国法制建设的进程，也从侧面说明了秦国的严法是真，但是秦国法律被戴上酷刑的帽子，是有失偏颇的，它并没有过度的严苛酷刑。

云梦秦律是商鞅秦律的继续，又与商鞅秦律存在着一定的区别。

秦国在商鞅变法时期，在律法方面，主要成果是秦国初步建立了完全不同于之前的法律制度，也为后来秦国的法律建设奠定了坚实的基础。倘若秦国没有实行商鞅变法，在短时间内不可能得到蓬勃的发展，秦国统一六国的脚步亦不会如此神速。

在商鞅去世以后，到秦国统一六国的时期内，秦国的法制建设，总的来说，是在商鞅变法的基础上，有了更深度的发展，此时的秦国法律，已经具备了刑法、刑事诉讼法、行政管理法、军事法规、民事法规等方面的内容。

当然，秦国的法制建设也并不是一帆风顺，其中存在时代与阶级的局限性。我国自夏商以来，是一个君主制体系的国家，正是这种类型的国家体制，使得秦国民法和民事诉讼法的建设偏于落后。

事实证明，秦国自商鞅变法之后到统一六国之前，国内的各项制度，已经以法律条文的形式固定下来，自此，拥有一套较为完备的封建主义的法制体系。这一时期，可以说是秦国法制建设的关键时期。中国历代封建王朝，大部分把儒家思想作为治国的指导思想，因而中国任何一代封建王朝都不会全面地实行以法治国，更谈不上建成法治社会了。但是，秦国就是一个例外，虽然它的法律没有很完美，可它自此实现了以法治国，这就是前所未有的进步。

史书上曾说，秦始皇得以开创统一大业，是继承了前任国君的庞大遗产。事实确实如此，没有历任秦王打下的基石，秦始皇无法做到以短短的十年时间横扫六国。可换一个角度来看，如果此时的秦国不是秦始皇统治，如果秦国不存在秦始皇，那它统一天下的进程还会如此神速吗？

秦始皇对自我属性的寻找与实现，对任人唯贤的精准把握度，还有惊人的无限创造力，以及他敢想敢做的魄力，才是他能够完成大一统的关键之所在。倘若中国没有秦始皇这个人，势必也会实现统一，但绝不会是在公元前221年。

中国得以结束春秋战国以来长期的诸侯割据的局面，建立一个统一的多民族的中央集权制的国家——秦王朝。而后人称秦始皇为千古一帝，也正源于此。

第五章

气吞山河　唯我独尊

统一的前夜：秦始皇横扫六国

一、千古一帝式的统一

十年征战，秦始皇终圆梦。

秦国未来发展的路还很长，秦始皇又是十分注重效率的人，所以，在完成统一大业后，立即着手在国内实施政治改革。秦始皇为了便于由中央统一管理全国上下，下令将原来的管理体制进行了变革，具体实施方法是在中央设立了三公九卿，在地方实行郡县制。

除了秦始皇以外，中央管理层最高的职位便是三公，分别是：丞相、御史大夫、太尉。丞相，可以说是百官之长，主要负责协助秦始皇处理国家政事。秦朝还分别设立了左、右丞相，建朝之初，秦朝的左丞相是隗状，右丞相是王绾，后来，李斯升任为左丞相，右丞相为冯去疾。丞相的任命，是由秦始皇直接颁布，国内的各项政事，也完全由秦始皇决定，丞相之职再无决断之权。也就是说，秦始皇决定着一切。

御史大夫，主要负责监察的工作，其次，还是丞相的助手。在秦朝以前就有御史这个职务，而且是比较低微的官职。直到秦始皇统一后，为了掣肘相权，平衡高级官员之间的利害关系，并加强对他们的监察，所以才改设御史大夫的职务，使其位列三公。

太尉，主要负责协助秦始皇处理国家的军事事宜，是秦朝最高的军事长官，但只有领兵作战的权力，没有征调兵力的权力。也就是说，秦朝的军队调动权，只属于秦始皇一人。

三公之下，还设有九卿，但实际职位的数量并不是九，只能当作一个概念。九卿也都分别掌管秦朝政府的不同行政事务，由丞相、御史大夫和太尉领导，但依然直接听秦始皇的命令行事。

由是，绝对听命于秦始皇的中央集权体制结构基本形成。

除此之外，秦朝中央政府还设有其他重要官职。比如博士，是熟练掌握古今通史，以便秦始皇随时咨询的官职，同时博士还负责国内的图书收藏。典属国，是专门负责向秦朝投降的少数民族及涉外番邦的事务。詹事，主要负责皇后和太子的相关事宜。

秦朝之后的历代王朝，在组建政权机构时，都会效仿秦始皇建立的这套中央集权行政机构。

说到詹事这个职位，就不得不说一下关于秦始皇的后宫，是历史中流传至今的一个疑点。

在历史文献、资料中，对中国历代王朝的皇帝的后宫，都会有所记载，哪怕记录的内容很少，大多也是可以查到史料的，尤其是母仪天下的皇后，在制度上曾有专门的规定，是必须进行详细记载，歌功颂德的。

令人不解的是，史书上对秦始皇的皇后，没有任何记载，至今没有人知道秦始皇的皇后是谁？名何？哪里人？秦始皇是中国历史上第一位皇帝，按照制度，他的皇后应该被作详细地记载。然而，史料中查无此人。更让人骇然的是，除了秦始皇的皇后以外，有关秦始皇后宫的所有信息，历史文献、资料中均无记载。

如果说，史书中是遗漏了秦始皇的皇后的记载，那么后宫嫔妃众多，应该不会再出现遗漏的情况。由此推断，关于秦始皇后宫的记载，是秦始皇出于某种原因，不允许任何人作相关记载。至于是何原因，众说纷纭。有人认为，秦始皇应该是没有册立皇后，因为后宫嫔妃太多，皇后人选也多，所以迟迟定不下来。也有人觉得是因为秦始皇痴迷于长生不老这种很难达到的愿望的特殊要求，导致他延迟立后的进程。还有人认为，秦始皇曾因母亲的私生活不检点，给他造成了严重的心理阴影，导

统一的前夜：秦始皇横扫六国

致他从对母亲抱有怨恨，发展到仇视女性，甚至成为一种心理障碍，所以未能立后。还有很多其他的主观臆想。

以上的认为，都是大家的自认为，纯属猜想。没有历史的证明，我们也无从知晓。这也是秦始皇留给后世的一个大大的谜团。

完成中央集权行政机构的组建后，秦始皇采纳李斯的建议，在国内全面实行郡县制，由此，秦朝的地方行政机构分为郡、县两级，郡县主要官职的人选，直接由中央选定，这也是秦朝的重大改革之一。

郡，设守、尉、监（监御史）三个职位。郡守，主管郡的一切事宜。郡尉，就是郡守的助手，还负责郡内的军事。郡监，主要负责监察工作。秦始皇在全国建立了三十六郡，随着国家的发展，又陆续增设郡的设置，共设立了四十一郡。

郡下面是县，满足万户以上人家的才有资格设县令，不足万户的只能设县长。县令、县长主要负责县内的政务，领导着县丞、县尉及其他属员。县尉负责县内军事事宜，县丞负责县内司法事宜。

县以下还设有乡，主要作用是为了便于中央摊派徭役，征收田赋。

乡以下设里，是最基层的行政单位。里有里典，后代称里正、里魁，以强有力者为之。里中设户籍组织，以便支派差役。

此外，还有一些其他职能的官职，在这里不一一说明。

从以上秦朝政府设立的官职可以看出，秦朝已经具备相对完善的政权体系，职责有效地、细致地落实到各岗各位。

由于秦始皇统一六国不久，遗留下来的问题还有很多，比如在文字、货币、度量衡等方面，各国之间存在很大差异。所以，秦始皇在完善了中央集权行政机构后，为加强统治、巩固政权、维护统一，以柔软的方式，实行了一系列统一政策，具体如下：

度量衡的统一。战国时代，各国的度量衡制度大不相同，拿日常生活中最常用的长度来说，就有数种不同尺度的铜尺。以长沙出土的楚国铜尺为证，两边长度分别为22.7厘米和22.3厘米。还有安徽寿县出土的楚国铜尺长为22.5厘米。一国之内的铜尺，还有分毫之差，更何况那个时代还有很多国家存在，差异可想而知。

在量制方面，当时的各国之间也存在较大差异。以齐国为例，自田氏代齐后，齐国采用升、豆、釜、钟为单位，即"五升为豆，各自其五以登于釜，十釜为钟"，而魏国则以益、斗、斛为单位。

在衡制方面，单位名称差异很大，甚至出现比较混乱的现象。当时楚国是以铢、两、斤为单位，而赵国则是以镒为单位。

度量衡，是商品交换中不可或缺，且是国家收取赋税的重要标准，于国家而言，十分重要，与百姓亦是息息相关的。为了改变度量衡的混乱现象，秦始皇下令，以原有秦国的度、量、衡为单位标准，命人在标准器上再加刻诏书铭文，或另行制作相同的标准器刻上铭文，面向全国进行发放，并淘汰与此不合的度量衡。

秦始皇还做出了新的规定，度制以寸、尺、丈、引为单位，以十为进位制度；量制以合、升、斗、斛为单位，十进制；衡制以铢、两、斤、钧、石为单位，进位是24铢为1两，16两为1斤，30斤为1钧，4钧为1石。在田制上，规定6步（约合今23.1厘米）为一尺，240步为一亩。

币制的统一。货币，是商品流通的媒介，是度量商品价格的工具，是保存财富的手段之一。货币的混乱现象严重地阻碍了各地商品的流通及国家的财政收支。所以，秦始皇下令统一币制，并对统一币制的途径加以规定：其一，由国家统一铸币，禁止私人铸币，将货币的制造权掌握在国家手中。其二，统一通行两种货币，即上币黄金和下币铜钱，并改黄金以"镒"为单位，一镒为二十两，铜钱以"半两"为单位，明铸"半两"二字。铜钱造型为圆形方孔，俗称"秦半两"。

考古工作者曾在咸阳的考古发掘中，发现一个极具代表性的器物。其外形有点儿像铲子，上边有喇叭形的浇口，下边有主、次浇道和钱型，

统一的前夜：秦始皇横扫六国

钱型位于主浇道两侧，各有两排，钱径约 2.7 厘米。个别残块表面有黄色细砂和黑垢，浇口、浇道和"半两"字样都凸起，这就是翻铸过钱范的模。有专家称其为模范，即模具。此遗物就是"秦半两"的模具。

据考古资料记录，钱模是以接近 3.5 厘米为长度单位进行的设计，浇口高 ≈ 3.5 厘米，顶部长径 ≈ 7 厘米，底部长径 ≈ 10.5 厘米，短径 ≈ 7 厘米，浇口口径 ≈ 3.5 厘米，钱模总厚度 ≈ 3.5 厘米，钱与钱的中心距离 ≈ 3.5 厘米，也就是一寸半。而秦朝的 1 尺约合今 23.1 厘米，1 寸为 2.31 厘米，1 寸半为 3.47 厘米。铸钱模具一合分为面和盖两片，使用时二者合扣，盖的表面平整没有凹槽。

这些精细的数据，不仅体现出了秦朝工艺的精致、严谨，也体现出了秦始皇对币制统一的决心。

若是查阅资料，不难发现，中国古代钱币，包括半两钱在内，都是外圆、内有方孔，这也恰恰体现了天圆地方的说法。正所谓"天道曰圆，地道曰方"。但是说的并不是天空和大地的自然形状，而是中国古代的一种哲学思想，天与圆象征着运动，地与方象征着静止，两者的结合则是动静互补。天圆地方的设计理念，不仅影响了中国古代的建筑，还有钱币的设计。

秦始皇统一货币后，外圆内方的形状被彻底固定下来，一直沿用至清代。而原六国通行的珠玉、龟贝、银锡等不得再充当货币；黄金以镒名，为上币；铜钱识曰半两，重如其文，为下币。金币以供秦始皇赏赐，铜币才是主要的流通媒介，而珠玉、龟贝、银锡之属为器饰宝藏，不为币。

货币的统一，消除了各地区之间在币制上的不统一的状态。

文字的统一。文字产生后，经过长时间的发展演变。春秋战国时期，民间文字因地域不同，存在一定的差异，各地的文字形体和读音都不同，甚至出现了"语言异声，文字异形"的现象，严重阻碍了各地的文化发展及人民之间的交流，也给秦朝的各种文书工作造成了巨大的困难。

面对文字带来的困扰，李斯向秦始皇建议可以使用小篆，来规范书体，秦始皇予以采纳，并于公元前221年，发布了"书同文"的诏令，诏令明确规定，秦朝自上到下，均以小篆为统一书体，与小篆不同的全部废除。

除了小篆以外，隶书也是秦朝比较流行的一种字体，是人民在抄写公文狱讼时，由于书写较为草率，久而久之就创造出了这种字体。隶书早期用于徒隶，因此叫作隶书。

秦始皇命人将隶书进行了整理。之后，秦朝的百姓大多使用隶书，各地的官吏也多用隶书，只有少数重要的诏书除外。隶书的出现，打破了古体汉字的传统，得到广泛的使用，为楷书的形成奠定了基础。

秦始皇对文字的统一，可以说是对中国几千年来文字自然发展的一次总结，在中国文化的发展史上，起了不可取代的作用。

自完成大一统后，秦始皇一系列的统一政策，对中国封建国家统一产生了深远的影响，同时，在中国历史上占有重要地位。

秦始皇不仅致力于文化方面的改革，在交通、土地等方面，也做出了相应的改革。

秦始皇于公元前216年下令，全国农民自报占有田地的实际数额，以便征收赋税。实行即使是平民，只要有军功也可授予土地及爵位的政策。虽然秦朝在商鞅变法时就已经实行了"授田制"，但实际上农民的土地是私人耕种，名义上是国家所有，这无疑是让全国的百姓占有了原来"王有"的土地。而这种现象导致了农民和官员们都可以自由地买卖田地，也就是说商鞅变法便利了私有土地的发展。但是，秦始皇不允许私有制。自此，秦朝的土地所有制基本仍维持西周的"王有"土地制，而"王有"实则为"国有"。

秦始皇对交通方面也进行了改革，大幅修筑以首都咸阳为中心，向四面八方延伸出去的驰道，且实行"车同轨"，均宽五十步。在战国时代，各国使用的车辆，形制大不相同，为此，秦始皇也做出了统一的要求，并规定车宽以六尺为制，一辆车可在全国通行。

除了秦直道和秦栈道外，大多是在秦朝故地与六国旧道以及在秦朝征伐六国时修建的道路基础上拓建而成的，这为秦朝政府对六国旧地的管理带来了交通上的便利。同时，为北方战争前线的补给提供了便利。驰道的修筑，还为秦始皇之后的巡游之路带来了畅通无阻的便利。

秦始皇下令修筑的著名驰道包括：上郡道、临晋道、东方道、武关道、秦栈道、西方道及秦直道。

可以说，秦朝交通的整合，促进了首都咸阳与各方各地的紧密联系。

秦始皇在社会方面也积极实行改革，并推行了"行同伦"的政令，此政令就是为了规整民风，将伦理道德和行为进行统一的规范。公元前210年，秦始皇巡视到会稽时，命人在会稽刻石上留下铭文，内容便是鞭答当地盛行的淫泆之风，并制定了杀奸夫无罪的条文，以此来矫正吴越地区混乱的习俗，保证了男女之间的正当关系的权益。

秦始皇统一中国后，在政治方面做出了杰出的贡献，为中国文化的开创奠基做出了任何朝代都无法比肩的辛勤实践。

然而，谁都不会想到秦始皇艰辛开创的大业，会在秦二世时期终结。秦始皇期许的千世、万世没有实现，辉煌最终落幕。即便是秦朝最终退出了历史的舞台，但是它留给我们的无限遐想，终究不会结束。

每一个时期，每一个事件，每一个人物，与秦朝历史都有或多或少的联系，这是整个秦朝历史的细枝末节，盘根错节，不分对错，都是历史不可或缺的一部分。

二、秦始皇有话说

从古至今，秦朝始终都是那个改变了中国历史的朝代，以自己独特的风味，特立独行的自我，傲然于中国的历史长河之中。秦始皇亦是如此。

秦始皇是中国历史上颇受争议的一位帝王，很多人都认为他嗜杀成性、心狠手辣、残暴冷酷、荒淫无度。在西汉初年，众人对秦始皇的评价尤为犀利，甚至将秦始皇视作妖魔。

其中的缘由，跟所处的朝代有很大关联。刘邦在楚汉之争结束后，曾问身边的文人学士，秦朝灭亡的原因，以及汉朝得以建立的缘由。这个看似无意，实则极为用心的问题，自然引起了研习儒学的书生们的兴趣，并争先恐后地发表自己的意见，以此来表现自己的才华以及对刘邦的崇高敬意，其中较为出名的就是《过秦论》。

贾谊在《过秦论》中是这样评价秦始皇的："秦王怀贪鄙之心，行自奋之智，不信功臣，不亲士民，废王道而立私爱，焚文书而酷刑法，先诈力而后仁义，以暴虐为天下始。"贾谊认为，秦始皇贪婪卑鄙，刚愎自用，是一个听奸佞、信乱臣的国君，亦是一个不懂得体恤百姓、压榨士兵的国君，他放弃仁政王道只为树立个人的威严，把控权力，为了一己私欲竟然禁除诗书古籍，在他的严刑酷法下，人民苦不堪言，他就是一个不折不扣的暴君。可以看得出，贾谊眼中的秦始皇，除了残暴，一无是处。

贾谊的这番评论，时常被后人引用，导致秦始皇暴虐贪婪的形象在后人的心中根深蒂固，甚至还有对秦始皇的相貌的评价。据《史记·秦始皇本纪》中记载，尉缭曾说："秦王为人，蜂准，长目，挚鸟膺，豺声，少恩而虎狼心，居约易出人下，得志亦轻食人。"从尉缭的评论中，可以感觉到他对秦始皇的鄙夷,从秦始皇的相貌到内心,都被他评论了一番,讽刺了一番。尉缭形容秦始皇长着高鼻梁,长眼睛,有着挚鸟一样的胸部,豺狼般的声音,缺少仁爱而有虎狼之心;穷困时容易谦卑对人,得志时也能轻易地吞掉别人。

然而,就是这个极度贬低秦始皇的人,极具军事才能却无处施展的人,最后在秦始皇诚心的邀请下,在秦朝被委以重任,他的军事才能得到了极高的发展平台,最后成为秦朝的重臣。

从记载有关秦始皇的历史文献中,不难看出,从贾谊到司马迁,再到那些汉代儒生,他们笔下所写的秦始皇,基本都是没有可取之处、暴虐无道、冷酷无情的,在他们的眼里、心中、笔下,秦始皇是一个极其丑陋的负面形象。究其原因,也许是秦始皇的性格使然,也许是秦始皇是秦朝最后一位卓绝的统治者使然,也许是旁人无法超越的秦始皇首创的辉煌使然。

如果仔细阅读历史文献,会发现与秦始皇一样被妖魔化的还有夏桀、商纣、周幽王、王莽、隋炀帝等多位末世帝王。

就拿其中的王莽来说,大家把他批判得支离破碎,如果说秦始皇是被妖魔化,那么王莽就是统一妖魔的魔神。史学家以"正统"的观念,认为王莽是篡位的"巨奸",批判他"篡汉""复古改制、逆历史潮流",但历史却告诉我们,他是"中国历史上第一位社会改革家"。而夏桀、商纣、周幽王、秦始皇、隋炀帝等帝王,他们被后人非议的原因也大同小异,基本都是残酷无道、暴戾恣睢,所犯下的错误基本也都是一样的。

毋庸置疑,他们都有各自的缺点和不足,甚至这种缺点不足,给人们带来了灾难与伤害。只能说人无完人,即便是现代如此发达的社会,已经非常文明的我们,也很难保证一生不犯上几个错误,只是因为我们大多是普通人,没有给后人留下诟病的机会。

我们对古代帝王的认识,基本来源于历史文献的记载,对他们的主观看法，在一定程度上是受到了文献所记的内容的影响。可以说，历史文献对他们的记载，尤其是个人品行和生活作风方面，都或多或少地被放大，甚至夸大，这也导致我们忽略，乃至无视他们创造的盖世之功。以隋炀帝为例，大家耳熟能详的科举制度、大运河，都是出自于隋炀帝之手。大运河至今仍在使用，为我国南北畅通无阻的沟通做出了杰出的贡献，地位还超越了秦始皇时期所建的郑国渠。而我们忽略了隋炀帝做出的贡献，只记住了他虚伪的一面，正如我们完全无视了秦始皇的贡献，只记住了他残暴的一面，是一样的。

我们之所以这么无视他们的功绩，还是源于文献的记载。不能否认的是，其中有些历史文献都是出于后继王朝的政治需要，这些王朝以有组织的舆论宣传，达到否定前朝，并彰显它们合法性的目的。

渐渐地，末代帝王不称职的现象，悄无声息地成为中国古代文明中的一个不成文的传统。

如此说，秦始皇统治时期是不是就没有犯下过大的错误呢？不能否认，肯定是犯过的。比如秦始皇统治后期，过重的赋税，使得百姓生活十分艰难，一度造成了民不聊生的局面。在百姓被过度奴役的情势下，秦始皇建造了长城。可以说，秦始皇为现在留下的遗迹是建立在当时百姓的痛苦之上的。但我们真的要在为今天所见的奇迹惊叹的同时还要去丑化它的创造者吗？错误可以批评，但不能作为全盘否定的依据。

从秦始皇的种种行为可以确定，他的性格是存在一定的问题，以现代的心理学角度分析，应该是存在一定的缺陷，而造成他这样的性格养成，跟他从小成长的环境是脱不开关系的。

童年的经历，导致了秦始皇性格的扭曲，可从另一个角度来看，秦始皇的性格扭曲却又成就了秦始皇的霸业。秦始皇继位时，才13岁，不仅有华阳夫人、赵姬及她们背后的外戚势力干政，也有吕不韦的独揽大权，欲凌驾于王权之上的野心，还有六国的虎视眈眈。如果秦始皇性格柔弱、多愁善感、心慈手软，那么，秦始皇还能安然到老，秦国还能顺利一统天下吗？年幼的秦出子被乱臣杀害的事件还历历在目。可以说，秦始皇是幸运的，没有遇到对他痛下杀手的佞臣。

世人都说秦始皇残暴、多疑、冷酷，可他在我们看不到的地方承受着怎样的压力与艰难，是我们看不到的。因此，我们只看到了秦始皇的冷酷，却看不到缺失温暖给他带来的伤害；只看到了秦始皇的多疑，却忘记了他如何被父亲留在敌国受尽欺辱；只看到了秦始皇的残暴，却没想过赵姬对他拔剑相向，欲置他于死地。

纵有万般不是，一定也是情有可原。

秦始皇凭借着自己的能力、秦军的骁勇善战、秦国历代君主打下的基石，横扫六国，统一天下。既是偶然亦是必然！

"秦王扫六合，虎视何雄哉！挥剑决浮云，诸侯尽西来。"眼前好像浮现出身着玄衣纁裳，手持佩剑，目光如炬，正颜厉色的秦始皇。此时的他不再是妖魔，不再是暴君，不再丑陋，而是一位首次完成中国大一统的大人物，是创造了一个新时代的明君。听，随风飘来的呜呜声，仿佛是他在说："我没有你们想的那么糟糕……"